JN085639

カマやんの

日本一めんどくさい
釜ヶ崎
まちづくり
絵日誌

ありむら潜

明石書店

これが 2000 年頃までの状況だ　ここから街が　人々が変わり始めた
ここらは仕事を求めて全国を旅する日雇い労働者の街だった
おいらは時を駆ける旅ガラスだァ
プロローグ
1987 年制作の釜ヶ崎マップ
ありむら潜
カマやんの釜ヶ崎あんない
北
南海電車
環状線
新今宮駅
JR線
通勤風景ウォッチング
南かすみ町駅
ジャンジャン横丁
至天王寺
職安
雇用保険金受給の行列
歯科診療所
あいりん職安
西成労働福祉センター
医療センター
路上宴会
釜ヶ崎銀座通り、仲間がいっぱい
生活相談
更生相談所
あいりん銀行
飛田本通
野宿者がたくさんいる
"赤ヒゲ院長"で有名になった
小学校
労組やボランティアの人達が活動
解放会館
日本最後の秘境地帯やぞ
"喜望の家"
国道26号線
毎日おかゆの"炊き出し"がある
公園
西成けいさつ
アブレの日の姿
古着・古本古道具屋などが多い所
三角公園
チンチン電車
夏は盆踊り・コンサートなどがある"人民広場"
名物野外テレビ。いこいの場だ
地下鉄
花園町
南海和歌山本線
もうかりまっか?
自彊館
飛田
(スケベ地帯)
このヘンなヤツが昔のワシや　ノーテンキな男やったわ
今もや・・・

少し前までこうやった！

その中にもまちの良さ　おもろさはう～んとあった　けど
どうするか決めるのは内側で暮らしたり働いている人々や
ほんで　どうなったカァ～？

↑→1990 年 バブル経済のピーク期。横断歩道にまで求人活動があふれていた

↑1990 年 第 22 次釜ヶ崎暴動

↑1990 年 第 22 次釜ヶ崎暴動。左の写真の翌朝。どこか虚無感が漂う釜ヶ崎銀座通りだった

↑1998 年 三角公園での炊き出しの列はなんと 1300 人規模

↑2000 年頃 行き場が無く、あいりん総合センター3階の床に寝る日雇い労働者たち

↑撮影：2003 年 この頃はまだこの程度の労働者のにぎわいはあった

↑2000 年頃。路上は段ボール集めのおっちゃんたちや放し飼いの犬たちが行きかう。犬は増えに増えて、200～300 匹ほどに。「左」の人も「右」の人もやたら咬むので、たまらず「左右」を超えて集まった(2006 年頃)。これが「萩之茶屋地域まちづくり拡大会議」の最源流だ。マジ。本書 240 頁に詳述

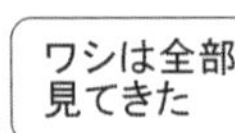

本書での写真：特に記載がない場合は筆者が撮影、または管理しているものです

そして　これが４半世紀後（2020年代）の状況だ

変わるべきもの・すでに変わったもの・変えないほうが良いもの　いろいろある　慎重に考えないといけない

一番変わったものは何だと思うカァ～？

↑ 2021年、萩之茶屋小学校跡地に隣接敷地から大阪社会医療センター付属病院や市営住宅の本移転が完了。2022年秋にはその一画（萩小の森）で萩之茶屋文化祭がにぎやかに共催された。異なる住民層間の多文化共生的進展が期待される流れだ。

↑最奥に見えるのがあべのハルカス。そこに向かって中央奥に延びているのがJR関西線・環状線。その左側（北側）が新世界一帯（浪速区）、右側（南側）があいりん地域（≒通称：釜ヶ崎。西成区）。この一帯が大阪ディープサウスと呼ばれるようになった。所蔵：釜ヶ崎のまち再生フォーラム2019年空撮

↑↓ 2010年代半ばから中国系のカラオケ居酒屋の開店ラッシュ（上）、インバウンド客の宿泊ラッシュ（下）、ベトナム系人口の急増などが進んでいる。撮影：2018年4月

撮影：2021年9月

←この１枚がシンボルやな。奥に見えるのが星野リゾート経営のホテルOMO７大阪や（浪速区側）。手前はJR新今宮駅をはさんだ西成区側で、高齢者特別清掃事業（通称：とくそう）で働くワシの仲間たちや。読み進めばいろいろわかると思うので、とりあえず先に進もか

このジイサン　ほんまにボケてるのかボケてないのか　わからん

「こどもの声が再び聞こえる」まちづくりもめざしている
（この地域でがんばってきた高齢労働者たちへの支援に加えて）

←30 年以上も放置された萩之茶屋北公園を大人も子供も集まって整備。愛称「こどもスポーツひろば」に変えた。アッパレ
撮影：2010 年 10 月

↓まちづくりへの子供参加のために同公園でウォールアートの講習会
撮影：2014 年

↑地域ぐるみで覚せい剤撲滅キャンペーン（行進）を始めた。これが府・大阪府警・市連携の環境整備５ヶ年計画を引き出し、劇的な改善につながった
撮影：2010 年

↑荒廃した壁をアートで賑やかに。「今から ここから まちづくり」のスローガンも入れて 撮影：2015 年

ワシは全部見てきた

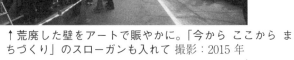

あいりん地域の生活環境改善について**地域住民自身も約８割が肯定的に評価ァ～　この事実は重い**
2023 年 3 月 22 日～25 日調査　　出典：あいりん地域の環境改善に関するアンケート調査の報告（萩之茶屋地域周辺まちづくり合同会社）

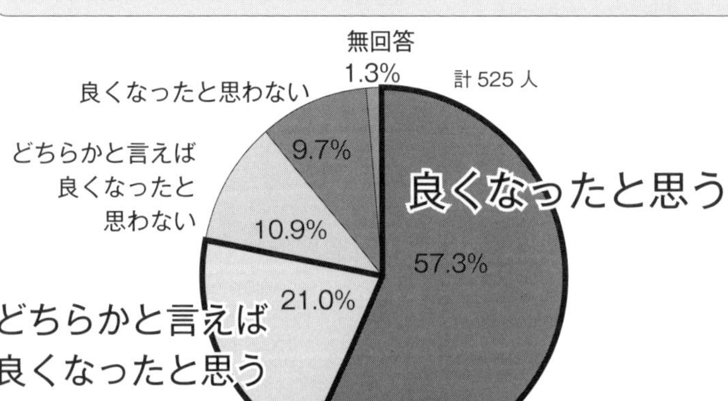

↑〈施策の例〉通称まち美化パトロール（地域労働者を雇用）2014 年～

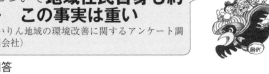

この一帯はエスニック化でミニ地球のイメージなんよね

でも　でも　でも～～
一番変わったのは
地域の人々がまちづくりを
自ら始めたことなのだ

その内情を　この徘徊ジイサン・カマやんとありむら潜とその仲間たちが世に示すのがこの本ってわけやぁ～

下は全部住民が参加する会議やでぇ
あんたらの街でできるんか？

撮影：2019 年 所蔵：釜ヶ崎のまち再生フォーラム

例

↑萩之茶屋連合町会主催「**仮称萩之茶屋まちづくり拡大会議**」2008 年～　写真提供：同会議

↑ 1999 年から続く釜ヶ崎のまち再生フォーラム主催「**定例まちづくりひろば**」

↑（労働者支援団体）センターの未来を提案する行動委員会主催「**センター跡地＆まちのあり方大討論会**（ワークショップ）」2018 年～

↑大阪市西成区役所主催「**あいりん地域まちづくり検討会議**」2014 年 10 月

釜ヶ崎が良い方向に変わりたいと皆ががんばっておる。ワシは目撃者、兼　たまに参加者や

←西成区役所主催「**あいりん地域まちづくり会議**」（本会議。これにいくつものテーマ別分科会が付属する）2015 年～ 西成区役所 HP

そしたら 世界銀行（貧困削減と途上国開発支援をする国連の専門組織）が視察＆研修にやってきた

（2018 年、写真提供：世界銀行東京開発ラーニングセンター）

いやぁ　みんな驚いたよ〜　このやり方って世界に通じるのカァ〜と

↑撮影：2019 年　所蔵：釜ヶ崎のまち再生フォーラム

つまり　この本はやな

❶釜ヶ崎をはじめとするＪＲ新今宮駅南側界わいの生活環境が大きく改善したそのことは世間のみなさんもなんとなく聞いている　しかし、本当の理由は知られていない

❷そこに至る内側での長い長い努力の情景をこの本は書いている　地域の内側の人にしか絶対書けん内容や　カマやん（あんさんのことやで）に象徴される内部ジレンマやいらだちやお笑いも正直に出しながら　愚直に記録しているわけや

❸貧困集中地域改善の「西成モデル」と世界に認めてもらってもよいくらいボトムアップ型のまちづくりの苦労話や実際　国際視察団も何回か来ている

　愉快犯的な「西成もの」ＳＮＳでは読めない　たくさんのことを知ってほしいわけや

そう　人々のその姿をワシはしっかりと見たちゅう　まぁ　絵日記や　これ読んで読者の皆さんも変わりなはれ

それにしても　このイヌ賢過ぎてかなワン　汗　汗

本書のセールスポイント

いわゆる「西成もの」は最近やたら多いけど、この本の特長は何なの?

この本はエッセイと4コマ漫画で構成されています。

エッセイは、釜ヶ崎で地元の人々とまちづくりをコツコツと積み上げてきたことを、私、ありむら潜が内側から克明にルポし、解説したものです。**それに対して4コマ漫画は、**この街を拠点に危なっかしくもオモロイ人生を、だいたいなんとかこなしてきた元日雇い労働者カマやんの、日常生活の気分やファンタジーです。

ちょっと読んでみたけど、見事なミスマッチよね。笑。逆に、その組み合わせがオモロイと私は思うわ

おおきに。老いてもなおカマやんは、相変わらず自由気ままで、人生丸ごと旅人意識で、まちづくりなどというものとは多くの場合ですれ違い、ある時はおちょくり、ある時は寄り添い、でも結局は補完しあっている関係です。

私はこの街に50年近く居ますが、両方とも私が知る釜ヶ崎です。

エッセイは記録性が高いと自負しています。なぜなら、私、ありむら潜は釜ヶ崎のまち再生フォーラムというまちづくり団体の事務局長として釜ヶ崎の流れをつぶさに見てきたからです（２０２３年1月に交代）。というより、その源流から開拓・参画しているからです。

この本ではそのうち２０１２年から２０２３年までの、地域住民によるボトムアップ型のまちづくりの取り組み記録が日誌的に収められています。この約10年間は１２０年に及ぶ地域史の中でも特別な意義を持つ時間帯だったと思います。後世の研究者にも資料として役に立つことを願っています。

表紙タイトルの「めんどくさい」は褒め言葉です。「実にさまざまな角度からしっかり議論している」等の言い換えです。

時々のマスメディアだけでなく、最近SNSでトンチンカンなフェイクニュースがひんぱんに流されてるから、そこへの対応にもなるといいわね

おおきに。外から来て即ＳＮＳで発信する人、それを信ずる人双方に読んでほしいです。

漫画は、ありむら潜が１９７５年に当地に流れ着いて、ひょんなことから作品を描き始めて以降、**単行本はこれで9冊目になります。**よくぞ続きました。この地域の歩みと共に歩んだ作品群ですから、その中にも記録性が埋蔵されていると自分では考えています。

エッセイ自体は2012年から2023年の期間の切り口ではあるけど、釜ヶ崎（≒あいりん地域）や新今宮駅界わいの過去・現在を正確に知るとか、「釜ヶ崎」とは何であったかとか、どうやってここまで変われたかとか、その未来は? とかを考える本になっていると思うわ。はい、みなさん、買いましょうね!

かまワン　ありむら潜　カマやん　アイリーン

ありがとうございます

目次

まちを知るにはまずそこに住んでいる人を知らなアカァ～ん

第1章　私が出会った人々の例
～たくさんの「カマやん」たち～

私、ありむら潜は50年近くこの街に居ますので、実にさまざまな人々と知り合いました。

この章で登場するのは、２００４年からずっと私が実施している「釜ヶ崎のまちスタディ・ツアー」（本書巻末に掲載の資料⑩⑪）の中で語り部をしてくれている人々がほとんどです。

日本有数の貧困集積地域である釜ヶ崎はこの社会のリアルを知ることや社会政策のあり方を考える貴重な学びのフィールドなのです。その際に参加する学生たち等に語ってくれる、それぞれの人生話がこの章のベースになっています。よく聞かれる「釜ヶ崎やから、来たらだいたいなんとかなった」の意味もわかると思います。

こうして本にする過程で、我が拙いエッセイを久しぶりに読み返してみると、おっちゃんたち一人ひとりのお顔が浮かび、言い知れぬ感情が湧き出てきます。

エッセイ後に亡くなってしまった方々もいます。

一人ひとりへの鎮魂と、感謝の思いが去来します。

この方々を通して、日本資本主義の近現代史の底辺に生きた何万人という日雇い労働者群像のただ中に自分は居たという想いが湧き上がってきます。

それがありむら潜の人生だったなと。

ワシのトモダチの紹介や

写真　（上）サポーティブハウス（簡易宿所転用型生活支援付きアパート）に住む元日雇い労働者たちと、「健康＆仲間＆生きがい」づくりをめざした菜園活動。2列目真ん中が著者。この写真の方々は多くが亡くなってしまいました（黙禱）
撮影：2006年10月

釜ヶ崎のまちスタディ・ツアーでまち歩きガイド中の筆者
写真：世界銀行東京開発ラーニングセンター提供、撮影：2018年

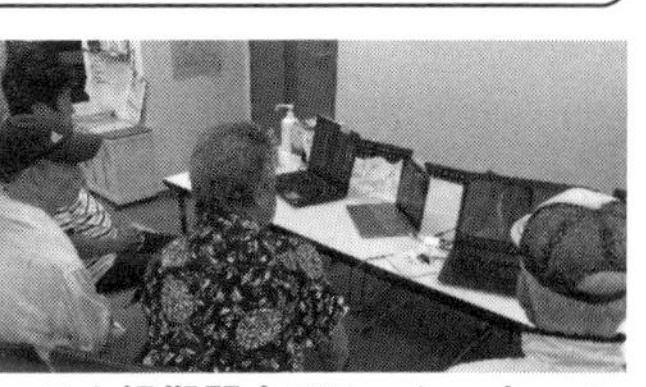

コロナ禍期間中では、おっちゃんたちはオンラインで学生たちと暮らし・街・人生を語り合いました（中央が著者）　撮影：2020年7月

2016年3月　街を歩けば♪

ここは大都会の中の村みたいな町だ
～こぶしの花が春を告げる釜ヶ崎銀座通りにて～　撮影：2020年4月

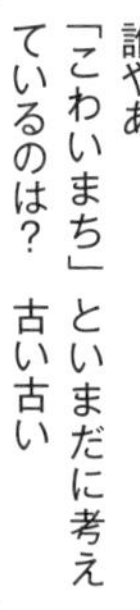

誰やぁ
「こわいまち」といまだに考えているのは？　古い古い

春らしく軽やかな話にしよう。私は今は週3日の嘱託勤務。非勤務日に祝日が加わった週など、1週間ぶりに出勤することもよくある。すると、あらためて気づく。路上での声のかけあいがなんと多い街であることかと。たとえば、私にかかる声。「お～、今日はご出勤かい？　ギャハハハ」。もう頭ン中は5時からの居酒屋のことでいっぱいなんちゃうか？　これはツルツル頭に前歯1本だけのSさんだ。「このまえも学生たちを連れて歩いとったのぉ」といつも後ろからふいに話かけてくるMaさん。あいりん総合センターの柱に所在なげに腰かけながら「ゴクローサン」と言ってくれるMiさん。黙ってお辞儀してくれるXさん。手で軽く会釈する某社の手配師さん。ヘルパーが押す車椅子から目くばせしてくれる要介護のおっちゃん（お互い名前など知らない。これが普通）。不機嫌そうにも見える流し目で過ぎ去る支援団体のXさんも含めよう。書いていると切りがない。私は会釈を返しながら、いろいろなことを考える。大都市なのにこれほど声をかけあえる空間は、私にはもはや「村」だ。**一人ひとりは極度な無縁状態なのに、肩寄せあって暮らすという矛盾が両立する、不思議な都市空間が釜ヶ崎だ。誰かが表現したように、ここは「刹那（せつな）の縁」の街だ。**

まちづくりは地域社会という「面」に対してだけではなく、「個」にもしっかり向き合わなければいけない（逆に個々の施設や窓口で働く人々は地域全体のあり方という「面」にも向き合うべきだが）。

個に対して私はどう向き合ってきたか。その成績結果が街頭でかかる声の度合いだとしたら、悪い成績ではないようだなどと、自己満足感もよぎる。そして、この不思議な街も日本資本主義史の特定の段階に形成されたものであって、社会の変容に伴ってまもなく衰滅していくかもしれないと思われる流れにある。だからこそ、この声のかけ合いには無常感と、この特定の時代を共有したという連帯感、つまり文字通り「同じ釜のメシ」を食った仲という抱擁感のようなものが共有されている。私にはそのように思えてならない。感傷的な春である。

【関連コラム➡本書第2章55頁「立ち話力」を考える　第3章179頁「「つながり」は距離感がだいじ～徳島・海陽町を訪ねて～」】

各コラムと、それに続く頁の漫画は直接の関係はありませんが
なんとなく似たものを並べました。以下　すべて同じです　（作者）

ささえあい

アッ ちょうど よかったァ いっしょに どや？
レストラン 萩まち
ワシ一人じゃ 食われへん ねん
ええよ さみしい もんなァ
気持ち わかるわい
食ったァ うまかったァ〜〜〜
カマやんも 老いたなァ……
カネないと 先に言えよ
ちゃんと 言うとる 2コマ目を もういっぺん 読んでみィ
レジ

ごもっともな怒り

NPO
おのれ〜〜〜 こんなもん なんで世界中が 使い始めたん や!?
そもそも デジタルとかに 移らんでも すべてうまく いっとったんや
アナログとかで 日本はうまく いってたやないかッ
わからん！ わからん！
エイッ エイッ
パスワード程度で
スマホに やつ当たり せんでも
なにも 泣かんでも……
いーや よくぞ 言うた！ その気持ち ワシもや
ワシも オレも
ウエ〜ン

2021年5月
貧困巡礼の旅人・カマやん

ありむら潜『HOTEL NEW 釜ヶ崎』（秋田書店ヤングチャンピオンコミックス）より抜粋

本書でエッセイの並べ方はほぼ年代順ですが、ここは例外です。まずはカマやん自身の紹介が必要なので

近頃は、コロナ禍で打撃を受けている世界中の貧困地域がメディアに映し出される。そのたびに、私は取材や学びの旅先で縁あって会話を交わした人々を想い出す。あの時のあの人の安否はどうなっているのだろうかと。

最近は私個人がすっかり海外に出なくなったために、カマやん漫画もすっかりドメスティックな展開になっている。しかし、このカマやん、実はとんでもなく大きなスケールの放浪者（徘徊者？）なのだ。時が流れて、世代も変わり、そんなこともう知らない人ばかりなのだろうね。

挿絵群は、ベトナム、バングラデッシュ、インド、南ア、ザンビア、米国（ニューヨーク、ダラス）などだ。大阪大空襲で天涯孤独の戦災孤児となったカマやん。少年時代から外洋貨物船で働いたりした。生活拠点となった釜ヶ崎でも日雇い労働者特有の、どっぷりと旅人的暮らしをしてきた。

ちなみに、**釜ヶ崎界わいは「宿の聖地」なので、まちづくりでは定住・中間居住（暫居・滞在）・宿泊がキーワードになる。それとワンセットで、住居喪失者の問題、つまりホームレス問題も課題となる。もはや宿命といえる。逆に、宿の街であることを強みとするまちづくりでもあるのだ。**

カマやんの話に戻そう。彼の80年代～90年代は、右上の凧（たこ）の絵のように、当時最強の日本経済と円高の風に乗って、無い無いづくしの人生を逆手にとって、国際大放浪もしたおヒトなのだ。実際に釜ヶ崎では、特に団塊の世代の日雇い労働者たちが80年代後半から、建設飯場で集中的に働いて30～50万円を貯めては一定期間海外放浪（↓長めの〝チョイ住み〟、居心地が良すぎて脱出できなくなる〝沈没〟も）する潮流が登場した。私自身には漫画作品のテーマ意識が発展して、「世界中にあるカマガサキ」探しをする時代になった。発展途上国のスラム、中進国の日雇い労働者の寄り場、先進国のホームレス集中地域などだ。

カマやん、および私が人生を通して見続けたもの。どの国もどの時代も、結局人々は幸福や平和のために貧困とどう闘うか、そもそも貧困および豊かさをどうとらえ、折り合うか（質素な暮らしこそ理想とするのもその一つ）、そのための社会福祉的しくみのあり方は？　というのが人類共通の課題であることだった。このコロナ禍では、そうした貧しき人々の方が裕福だった人々よりも気にかかる。今はどうしているだろう。

2008年4月　Yさんのジレンマ

「仲間を守るか　自分の仕事を守るか
ワ、ワシ　どないしたらええねん…！」
？

本書の中ではこのエッセイだけ年代的に外れますが、これまでの単行本に未収録だったので、載せます。この頃はまだ野宿生活のテントもかなり残っていました

Yさん（64歳）が相談に来た。かつて普通のサラリーマン生活だったが、リストラの波の中で職を失った。大阪城公園でテント生活に入った。いわゆる「非寄せ場経由型」の野宿生活者だ。2002年に制定されたホームレス自立支援特別措置法にもとづく行政による支援と、地理的には少し離れた釜ヶ崎の独自のホームレス支援の諸資源とを併用する形で苦境脱却の道を歩み始めた。今は西成区のアパートに移り、警備会社で10万円ほど稼ぎ、足りない分を生活保護で補てんしてもらう、いわゆる「半就労・半福祉型」だ。シェルター入居後、ホームレス対策の技能講習をいくつも受けたが、仕事には結びつかず、半年前にようやく警備会社の職を得たのだ。笑顔が柔和な、とても穏やかな人柄だ。

「やあ、元気？」「それがそのオ…、仕事をやめようかと思ってる」「な、なんで〜？」

理由は配置換えだと言う。なんと、野宿者のテントが路上に並ぶある区域を巡回して、新参者がこれ以上テントを張らないよう監視する仕事なのだそうだ。

「ワシ、その苦しさがわかるから〝こらこら、ここでテント張ったらアカン〟なんて言われへん。かといって、仕事は失いとうない。どないしたらええんやろ」

「う〜ん（汗）。私の漫画カマやんの作品を思い出す話やな。カマやんは〝おまえ、張り方がへたやなあ。こうするんや〟と、逆に教えてあげるんですわ。おかげでクビになって、そのテントにいっしょに入るんやけど…。現実世界ではそんなワケにはいかんよなあ。ウ〜ン…（汗）。会社に事情を話して再度の配置転換を申し出てみますか？」

「いや、自分が元ホームレスだったことを会社の人たちに知られたくないんで。かんべんして」

結果。生活保護の担当ケースワーカーに相談して、もしクビになったら半福祉から全福祉に切り換えるという事前約束をもらう。そのうえで、「野宿者が居る警備現場ばかりではないだろうから、ごまかしごまかししながら、いけるところまでいこう」ということになった。さて、Yさんはどうなるのだろう。

→2008年4月の叙述はここまでだった。その後の経過は、そのとおりにあちこちの現場に配置されたので、雇用は継続できた。私が主宰する「釜ヶ崎のまちスタディ・ツアー」で学生たち等への語り部をやってもらった時期もあったが、今は音沙汰がない。どこで、どうしておられるのだろうか。

恨まないコツ

このボケジジィ
求人
9,000

覚えてろよ!!
クソッ
求人

オレは覚えておくでエ
ヒヤ〜ハハハ

3日後
けどおまえが先に忘れてしまうやないか
なァなんかして遊ぼ……
オラァ哀しいよ
34

騒　音

工事
安全
コラ〜〜工事の音やかましいぞ
また近隣の人

ここは高級住宅街や！環境保護に厳しいんじゃや
ガミガミガミ
はい、コレ

おまえら下層労働者とは生活感覚がちがうんじゃ
ガミガミ
ネチネチ
あ、スゴイ出た出た

工事音が75、近隣の人の声が昨日85、本日90デシベルや
ガミガミガミ
ネチネチネチ
たしかにやかましいでんな……
あ…

2015年4月 Hさんは職人ピラミッドの頂点まで行った

「貧乏のどん底から這い上がって
オレは今ここにいる」

社会福祉の原点を考えてしまう個別事例を紹介しよう。Hさん（71歳）が育った長崎県の実家は貧困を極めた。終戦後も数年間は、一家は防空壕に住んでいたほどだ。とうとう中学3年生の1学期で、口減らしのために中退。独り、大阪へ。右も左もわからない大阪駅で早朝の路面電車に乗った。その終着駅が現在の釜ヶ崎の太子交差点だったという。目の前に、日雇い労働者であふれかえる青空日雇い寄せ場の早朝風景があったという。まるで映画のような導入部だ。呆然として突っ立っている、体格がっしりのH少年に「兄ちゃん。仕事したいのかい？」と声をかけた鳶職人の親方があった。「私はその親方に拾われたんですよ」とHさん。その後、その親方に師事して馬車馬のように働いた。目に浮かぶようだ。やがて、数十人の職人たちを率いる橋梁鳶の棟梁になっていった。**建設土木産業の職人世界にも階層ピラミッドがあり、その頂点だ。**東京湾のレインボーブリッジをはじめ、全国の巨大大橋の工事に飛び回った。ただ、「鳶なのに、飛行機は怖くて乗れなかった」と笑わせる。全盛時は年収1千万円も超えたという。子持ちの女性と親しくなり、念願の家庭も持った。日本経済の右肩上がり時代のインフラ整備はこうしたエネルギッシュな労働者たちにささえられていたのだ。

しかし、暗転。バブル経済崩壊で仕事が皆無に。高齢化も重なり、「代わりに事務仕事を」と当時関東にあった所属会社から言われたが、今さら無理だ。そこへ、隣家の火事で自宅が全焼。「人間関係に打撃を受けた」という。内縁関係にとどめていた妻とは貯金を折半して離縁し、62歳で釜ヶ崎へ戻った。浦島太郎状態だった。そのうちに胃潰瘍と大腸がんになり、生活保護を受け、今がある。

今から思えば手ぬかりがあった。年金や保険など将来への備えは無防備だった。悔やまれるが、それが職人の世界であり、建設業界の体質だったとも言える。

Hさんは私と知り合って以後、学生たちの前で、手がけた仕事への誇りも悔恨も語ってくれる。最底辺から発起し、懸命に生きた迫真の人生が伝わってくる。

釜ヶ崎には馬車馬のように働く労働者がいたけれど、この人はその典型やと思うぞ

履歴書

履歴書の書き方支援
こんなもん初めて書くわい
エ〜と え〜と
これ見て家で書いて来て下さい
見本

3日後
やれやれ何回書き直したか…
これでいいですよ
借りた漢和辞典
清掃作業 ・高令者可 ・短時間 ・面接

2015年5月
ギャンブル依存症地獄を抜けたTさん

「なに？年金もらえるって？
あんた そっちが万馬券やで～」

Tさん（75歳）は、学生などの前で自己紹介の時、いつも見事なツルツル頭を指さしながら、「私は要らんことに神経使い果たしまして、ホラ、頭がこのようになりました」とまず笑わせる。そうしてから、自身の人生を語り始める。東大阪市の比較的恵まれた家庭に育ちながら、破壊的なギャンブル依存症（もっぱら競馬）だったこと。ついには、いとこ達も含めた全親族から勘当された。「すべて私が悪いのです」。いっさいを失って、気がつくと釜ヶ崎の三角公園のベンチに座り、途方に暮れていた。50歳代前半だった。「その時に公園にいた人がくれた即席ラーメンのうまかったこと！　西成の街の温かさが身に染みました」と。以後、野宿者用シェルターや高齢者特別清掃事業を利用したり、警備員などの仕事もしながら、釜ヶ崎の住人となった。迷惑をかけた父母の遺影を肌身離さず、簡易宿所の自室で今でも両手を合わせている。持ち前の人当たりの良さも幸いしたのだろう。だんだん人間関係がつくれるようになった。コミュニティ・アートのNPOの表現活動に参加したり、私たち主催のスタディ・ツアーで語り部や〝おっちゃんガイド〟も引き受けるようになった。気がつくと、ギャンブル依存症がすっかり治っていた。「なぜかはわからない。ただそれどころではなかった」。ギャンブル依存症というのは、自然治癒できる場合があるという事例かも。[*1]

　ある時に生活保護申請に行ったら、それと同額程度の厚生年金受給資格があることが判明し、受給中だ（月に11万円強）。ギャンブル依存症時代には仕事先を何十回も変えたともおっしゃるので、「なんで年金の掛け金支払い期間を満たすことができたん？」と私は問うたことがある。Tさん「あちこちで雇い主が掛けてくれていたんですわ。ワタシ、知らんかった」。私**「カマやんなら、こう言うやろな。〝なんや、Tさん。ウマのカケは全～部ハズレたけど、年金のカケ金は、全部当たっとるがな！　超ラッキーや。万馬券や〟**と」。Tさん「あ、ほんまやなあ。アーハハハ。ただな、生活保護に比べたら、この年金額では医療費などは全部自分持ちやから、そこがつらいねん」。うなずく私だった。

＊1　本章39頁のT・Yさんの場合も「ギャンブル依存症が釜ヶ崎で治った」という同じ事象が語られている

2015年7月　天はなぜにGさんにかくも重き荷物を…

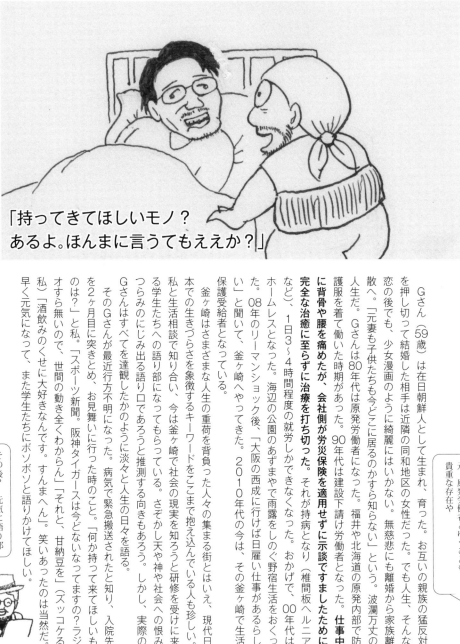

「持ってきてほしいモノ？
あるよ。ほんまに言うてもええか？」

Gさん（59歳）は在日朝鮮人として生まれ、育った。お互いの親族の猛反対を押し切って結婚した相手は近隣の同和地区の女性だった。でも人生、そんな恋の後でも、少女漫画のように綺麗にはいかない。無慈悲にも離婚から家族離散へ。「元妻も子供たちも今どこに居るのかすら知らない」という。波瀾万丈の人生だ。Gさんは80年代は原発労働者になった。福井や北海道の原発内部で防護服を着て働いた時期があった。90年代は建設下請け労働者となった。**仕事中に背骨や腰を痛めたが、会社側が労災保険を適用せずに示談ですましたために完全な治癒に至らずに治療を打ち切った。**それが持病となり（椎間板ヘルニアなど）、1日3～4時間程度の就労しかできなくなった。おかげで、00年代はホームレスとなった。海辺の公園のあずまやで雨露をしのぐ野宿生活をおくった。08年のリーマンショック後、「大阪の西成に行けば日雇い仕事があるらしい」と聞いて、釜ヶ崎へやってきた。2010年代の今は、その釜ヶ崎で生活保護受給者となっている。

釜ヶ崎はさまざまな人生の重荷を背負った人々の集まる街とはいえ、現代日本での生きづらさを象徴するキーワードをここまで抱え込んでいる人も珍しい。私と生活相談で知り合い、今は釜ヶ崎で社会の現実を知ろうと研修を受けに来る学生たちへの語り部になってもらっている。さぞかし天や神や社会への恨みつらみのにじみ出る語り口であろうと推測する向きもあろう。しかし、実際のGさんはすべてを達観したかのように淡々と人生の日々を語る。

そのGさんが最近行方不明になった。病気で緊急搬送されたと知り、入院先を2ヶ月目に突きとめ、お見舞いに行った時のこと。「何か持って来てほしいものは？」と私。「スポーツ新聞。阪神タイガースは今どないなってますの？ラジオすら無いので、世間の動き全くわからん」「それと、甘納豆を」（ズッコケる私）「酒飲みのくせに大好きなんです。すんまへん」。笑いあったのは当然だ。早く元気になって、また学生たちにボソボソと語りかけてほしい。

元・原発労働者とゆうことも貴重な存在や

その後？　元気に語り部としてカムバックしてくれてます

間　引　き

間引き作業は自分の人生みたいでつらかばい
子供の頃家が貧乏で間引きみたいに親戚をたらい廻し
ホイ

ところがどっこい捨てられたのが片隅でしっかり生きてる
おお〜ッ

釜ヶ崎のワシらみたいなやっちゃがんばれホレ
それアカンて!

コミュニティ農園
言うてるでェ
ほう…放っといてくれ! オレは自分の力で生きるんや
ウ〜ますます気に入った

自分にできること

都心部冒険遊び場開設実験
みんなでカをあわせてこの取組みを成功させましょう

と言われてもジジイになんか何もでけへん
だれか来て!

ワシなんか何もでけへんで
いいからいいから
あかんうまくいかん…なんでやろ?

火おこし体験BBQコーナー
すごい! あっという間や尊敬!
野宿の経験のせいで尊敬されたの初めてや

2017年3月　最後は丸～くなった男

「ケッ 言っとくけどな ワシはニシナリなんて大ッ嫌いやからな」
（と言いつつ、筆者の定年退職間際に、相談窓口で記念写真に応じてくれたＴさん。右側）

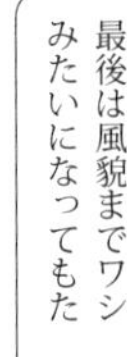

ワーハッハッハ
最後は風貌までワシ
みたいになってもた

Ｔさん（現在70歳代前半）は80年代前半に釜ヶ崎に来て以後、ずっと西成労働福祉センターの求職や労働相談の窓口を利用してきた。はっきり言って、私を含めて他の職員や日雇い労働者たちもこの人が大嫌いだった（汗）。窓口では日々悪態をつき、釜ヶ崎総体を侮蔑し、どの会社で就労しても必ずトラブルを起こし、釜ヶ崎労働者の評判を落とし続け、謝るどころかすべて他人のせいにする。憎悪の塊だった。この人にだけは〝寄り添う〟支援はご勘弁願いたい。そう思わされる人だった。

時が流れて風向きが変わってきたのは、２０００年代からだ。「歴史発見ウォーク」という学び＆親睦イベントに参加してきたのには主催者だった私（釜ヶ崎のまち再生フォーラム）はぎょっとした。その中で彼は、釜ヶ崎労働者のような無縁人のための共同墓づくりのＮＰＯの構想に興味を示してきた。彼も60歳代だ。自分の死に方を意識し始めたようだ。まともな会話が成立し始めた。ほどなく彼は河川工事で指を骨折し、労災保険手続きや休業補償費の立替え払いをする西成労働福祉センターでの担当者に私がなった。戸籍回復や口座開設など総合支援プログラムにのせるため、あらためて人生全般の聴き取りから始めたが、彼は意外にも素直に応じてきた。熊本県で生まれた**彼の生い立ちはやはり複雑で、「酒乱だった」という父と継母を憎んでいた。「あんな人間にはなりたくない」と。その反動で、あれほどとんがり続けないと生きてこれなかったのだろう。**「今後？　これまでの人生経験を基にして自殺とか悩んでいる人を助けたい」とまで言った。パソコン技能習得に熱心で、それにも助言した。あれほど侮蔑していた生活保護も観念して申し込み、適用された。

２０１７年2月のある日、Ｔさんは私の職場に久々にやってきた。居合わせた職員たちはあっと声をあげた。イラストのような好々爺というか、大哲学者の風貌に変身していた。３～４キロ離れたアパートから足を引きずりながら、自転車でやっと着いたと言う。「ワシももうここには来れん。最後のあいさつに来た」と言う。「昔のような皮肉屋でないとアンタらしくないがな。笑かしたらアカン」と私は彼に言いながら、スマホで人生初のツーショットの写真を撮った。去っていく彼の背中に私は心から拍手を贈った。

桃源郷めざして

残存能力

＊シケモクとはタバコの吸い殻のこと

2017年4月　H・Mさん。釜ヶ崎に最も似合わない人？

85歳にもなられた今でもまだ元気で、高齢者特別清掃事業で働いておられる。ハハ～　恐れ入りますわ

部屋に遊びに行ったら、帽子がこんなにあった。そう言えば、会うたびに違う帽子をかぶっとるもんな

釜ヶ崎は人間不信の渦巻く街と思われがちだし、実際、前号（第1章24頁）のTさんのように、そうしたものを引きずり続ける人も多い。しかし今号のH・Mさん（81歳）はそれとは正反対の人だ。なぜなら「私は幸せな生き方をしてきました」「今も幸せです」と、機会あるごとに語る人だからだ。釜ヶ崎暮らしの語り部として学生たちの前でもあんまり何回も言うので、私が「ここは社会制度のゆがみや欠損を学ぶ場だから、あまりそれ言わないでよ～」と、みんなで大笑いしたことがあるくらいだ。

何が幸せなのかというと、亡くなった夫人とのことだ。JR大阪環状線の中で交わしたふとした会話がきっかけで、仲睦まじい夫婦となった。「妻はべっぴんでね。3歳年上。料理上手で。やさしかったよ。長崎の女(ひと)でした。幸せな歳月でした」と。子供が授からないぶんも夫人への愛が増していたのだろう。その夫人が脳こうそくで倒れると、14年間も病院や自宅で懸命に介護したという。その間、家を空けられず、仕事にも行けなかったので、かなりあった貯金は完全に使い果たした。夫人を最後まで看取ったのちは、とりあえずの仕事と宿を求めて釜ヶ崎へやって来た。**来る直前は家賃滞納・強制立ち退きやらですべてを失ったが、人が生きていくうえで一番大事なものだけは持って来たわけだ。それは人への「信頼」だと私は思う。**人を信じることができることは生きる力なのだと私は思う。だから、70歳で釜ヶ崎へ来てからでも、驚くほど何事にも前向きだ。高齢者特別清掃事業（特掃）で月3万円と年金8万円では生活保護の額をも下回るので、特掃で覚えたペンキ塗りや営繕のアルバイトでがんばる。そのおだやかさゆえに特掃でもアパートでもすぐに友人ができて、「カニ食い激安日帰り旅行」に共に行ったりもする。釜ヶ崎に来てから俳句・短歌を覚え、西成労働福祉センターや西成警察署の発行物に投稿するのが生きがいだ。

北海道・帯広で7人きょうだいの3番目として生まれ育ち、夜間高校中退後、すし屋の板前見習い、仮枠大工、鉄筋工などを経て、大阪に来たのは30歳の時だった。そして、現在がある。なんと105歳になる母親が北海道でまだお元気だという。Hさんの一句

冬至る　からだいたわり　頑張ろう　　「センターだより」499号

家　族
これでお正月は大丈夫よね家族とすごすの？
いえ天涯孤独の身なので
おおきに
給与
経理
オレ家族やないのか!?
ボクも家族のつもりやで
株式
建設
酒
給与
そやったごめんごめん！
カラオケ居酒屋
1曲 100円
寄ッテイッテヨ
オト〜〜サン！
家族ジャナイノォ
なんかうれし〜〜
カネ貸してメシ代！
人類みな兄弟
ワシもオレも！
借金返せコラ
しらんわ
やっぱり独りがええわ〜〜
給与
メール保存
夫の遺したメール見てはなつかしがってるの
あら、そう
スーパー
タイムセール
メール
あッ！ウチも亭主からメールよ
フムフム……
♪ピッ
了解
と、これだけ返信したら即削除よ
それでよく夫婦続けてるわね
キャッ
プチッー
あらすぐ忘れるから夫婦続けられるのよ
オ
おたくわかる？
通りがかりのワシに聞くなわかるかい！
スーパー

2017年5月　N・Sさん。糸の切れた凧は今いずこ?

この人の生活エピソードは、ほんまにおもろかったです

ミスター飄々男（ひょうひょうおとこ）
「自分がまさか釜ヶ崎に暮らすことになるとは夢にも思わんかったわ」

私がまだ30歳前後で「センターだより」の編集実務担当者だった頃（1980年代初頭）から、このNさん（現在74歳）は釜ヶ崎での日々のおもしろトピックスをいつも相談窓口に語りに来てくれた。最初は口述筆記だったが、やがて「短文エッセイ」として新聞の折り込みチラシの裏などに自ら書いて投稿してくれるまでになった。

たとえば、仕事にあぶれてとぼとぼ西成区の路上を歩いていたある日、匂いにつられてなけなしの50円で買った、たった一個のコロッケ。同じく腹をすかして近づいてきた野良犬と取り合いとなり、「勝利」する話。三角公園名物の街頭テレビの前で相撲や野球中継を観る群衆の中の常連一人ひとりの個性を、勝手にニックネームまで付けて解説する話。「昨夜は寒かったなあ。ワシ文無しでなあ、凍死を防ぐために一晩中歩きっぱなしやったわ」と疲れと安どの混じった顔で語ったこともあった。「しょせん、ワシらは百円ライターや。使い捨ての消耗品や」と「就労拒否宣言」をして、廃車となり放置されている大型トラックの運転席に暮らし、そこが蚊取り線香さえあればどれほど「自分だけの城」として快適かという近況報告。夜間は誰もいなくなるある会社の事務所に実は最近夜間だけ「居住」していて、絶対に気づかれないように朝はきれ〜いに掃除をしてから出てくるのだという、そのコツを自慢する話。それでも、**「少年の頃は、自分が将来まさかこんな最底辺の人生になるとは夢にも思わんかった」とつぶやいたこともあった。**

Nさんの父は東京で貿易関係の仕事で経済的には安定していたようだが、その父との確執があったようで、高校生の頃に家出をして、山谷地域で日雇い生活に入り込んだ。1964年の東京五輪の頃だ。それ以後は、飄々としたキャラで風まかせの人生。やがて、吹田万博工事で求人ラッシュの釜ヶ崎へ（60年代末）。

ところが、90年代のある日、道端で野良の子犬と出会い、そこからあれよあれよと人生が転回し、なんとなんと一度は結婚相手まで見つかり、釜ヶ崎を脱出する運命が待っているのだが、その実話（！）は、次号（次々頁）で書く。それも経て、2000年代初頭には再び「挫折」して釜ヶ崎に戻ってきたNさん。私たちがやりはじめた「釜ヶ崎のまちスタディ・ツアー」の「おっちゃんガイド」を見事にこなし、語り部となってくれた。しかし、さすがはNさん。この数年また姿を見せない。無事であることだけは風の便りに聞いている。

遊牧生活

！ほんまかいな…日本列島縦断

島の若者たち

実話である。誰か行ってあげて

犬好きの人には泣きたくなるほどの、ほんとうにあったお話

2017年6月　N・Sさん。愛犬チャロがくれた奇跡

これちょっとした映画にもできる実話やと思うわ

前号（第1章28頁）からの続きだ。消耗品扱いに異議を唱えて就労拒否宣言をし、孤独な野宿生活をしていたNさん（当時50歳前）。ある日、道端をとぼとぼ歩いていて、野良の子犬と出会い、そのままいっしょに暮らし始めた。子犬にはチャロと名づけた。初めての家族だ。あまりのかわいさに「このコだけは世間並みの暮らしをさせたい。うまい肉も食わせたい。保健所に登録して野犬狩りから守りたい」。本気でそう思うようになった。何年ぶりかで工事現場の日雇い仕事に出始めた。昔の就労生活のリズムが徐々に戻ってきた。就労日数も増えていく。汗して働いて、夕方公園に戻ると、この絵のような情景があった。犬好きの私など胸キュンだ。かたわら、朝晩は散歩が欠かせない。育児の世界に「砂場デビュー」があるように、**犬の散歩の世界でもゆるやかなつながりができる。釜ヶ崎の外の住民に初めて知り合いができた。やはり親切な人がいた。**Nさんの境遇を察知した、大家さん風の初老の男性。「あんたはええ人や。アパートに移りなさい。わてが身元引受人にもなったる。保証金足りんなら貸したる。犬のためにもそれがええ」と説得された。こうして、Nさんはついに自分の部屋を手に入れ、野宿を脱したのだった。

この話はまだ終わらない。真面目に働くNさんを見て、下請け建設会社の社長が言った。「ええヒトがおんねん。お見合いをしなさい」と。断ることもできず、お見合いに出かける当日、ネクタイまでして過緊張のNさんは私の職場に助言を求めて来た。42年の職員生活の中でも指折りのユニークな相談だった（笑）。しかし、お見合い終了後は「あかんかったわ。何～にも話せんかった…」と落胆して帰ってきた。ところが、これがうまくいったのである。なんとNさんはそのお見合いの席に犬を連れていった。それが女性のハートをつかんだのだ。女性は離婚等で人間不信になっていたそうだが、大の犬好き。「犬好きに悪人はいないの」と、仲人さんにつぶやいたのだ。

その年、1991年の大晦日。NHK紅白歌合戦を見ながら、こたつを囲み、みかんを仲良く食べる新郎新婦の姿があった。夫人はその晩は老母まで呼んだという。これが実話だから、すごい。

ただ、さすが現実社会。数年後、Nさんは釜ヶ崎へ舞い戻ってきてしまう。「でも、ええ経験をしたわ」と明るく笑うNさんであった。**釜ヶ崎は哀切とおかしみを包み込んだ街である。**

資格認定
社会福祉会館
こっちよ よく来たわね
何の用事やねん?
会場
新春のつどい
しんどいんたいつも寄りそってささえあうお手本として栄誉を
いやァ そんなワシは何も…
ハハハハ
表彰状
おめでとうカマワン!
パチパチ パチパチ
ハ～イ
あちゃ～ こっちかい
表彰状
これも授与よ
日本で初の犬の認定
クソ～～ みんなワシのおかげやぞ
伴走型
生活困窮者自立支援士
1級
資格1級
散歩
うれしそうやね
?
♪
きょうはアイリーンと散歩やもん
アラ～ カッコいい女のヒト…
♪
うれしいなァ 鼻高々やァ
翌日
飼い主が一日で退院してきよった
コラコラ なんや そのイヤそうな歩き方は!?
ケッ
ガックリ
ヨロヨロ

願望
ア、もと鉄筋工のテッちゃん
アイツも介護受けてんのか……
順番やで
パンパン
今年こそ体が弱って
ワシたちもやさしいヘルパーさんが来てくれますように
できれば恋に落ちて幸せいっぱいになれますように
できれば結婚まで
あつかましいわい
忠犬
救急
病院
どかんかコラ
イヤヤ
?
救急
病院
あ〜〜カマワンやないの!?
あっアイリーンアイリーン!
ワンワン
カマやんが救急車でここに運ばれたんや
オレずっと追いかけてきたのに面会させてくれへん
家族なのに!
規則で犬はダメです!
ワンワン
ギュ
1週間後
ホラ退院してきたわよ
とうとう退院まで動かんかった
ワンワン
ワンワン
たいしたもんや

2017年8月　Tさん。釜ヶ崎の映画人

この後、2020年にお亡くなりになりました。最後は北海道在住の娘さんに看取ってもらえたようです。その点、ご本人もうれしかったと思います。

「売っててわからんのかい。これ、たいへんな名画でっせ」
「へぇ〜、そうなんかい」

今回のT・Mさん（84歳）は、00年代初頭に脱野宿を果たしたたくさんの群像の中ではひときわ異質な雰囲気を漂わせていた。それもそのはず。色白で長身の都会派紳士で、関西の「4大私学」卒のインテリだ。日本映画全盛の50年代に父は関西で映画館を経営していた。客層も客の入りも考えず、やたら大島渚監督作品にこだわり、日本映画の斜陽も加わって、倒産。そこからTさんの転職人生が始まる。レストランの経営でもつまずき、警備員を経て、60歳で建設現場の仕事を覚えるのはたいへんだったという。その仕事にすら90年代のバブル経済崩壊後はつけなくなり、2000年前後にはついに野宿生活に至る。「なぜかほぼ5年おきに転職がやってきた」と苦笑いする。大阪市役所周辺で野宿生活をしていた頃に、釜ヶ崎を中心にホームレス支援の活動が活発化していた。その支援網にかかる形で声をかけられ、釜ヶ崎のサポーティブ・ハウスに居所を得て、生活保護の暮らしになった（70歳前）。**釜ヶ崎では建設日雇い人生どっぷりの男たちの中での人間関係の築き方に、今でも苦心しておられるように見える。**それでも、歴史街道ウォーク、月例まちづくりひろば、スタディ・ツアーでの語り部など、私たちが推進したイベントにはよく顔を出された。平均年齢78歳の紙芝居劇グループ「むすび」にも、断続的ではあるが、加わってくれた。でも、周期的に気持ちが落ち込む時期があるように見える。**自分の人生への「不本意」感と「自分らしく生きたい」という二つの感情が底流で葛藤し続けているような気がする。**私のこの個人史記録篇はともすると「その後は西成でたくましく、したたかに暮らしましたとさ」的になりがちな点を戒められているようにも思う。でも、私の声かけには随分感謝された。スタディ・ツアー参加後に届いた留学生からのお礼の英文手紙を読むのに、英語辞書を贈ったら大感謝された。慰安のつもりで他の語り部のおっちゃんらと共に京都での行事に誘った時のうれしそうな顔が忘れられない。良き青春の日々を思い出したのかな。

　しかし、だ。最後は、やはり映画がささえなのだと思う。露店などで古い名画のビデオやDVDを入手してはプロの目で鑑賞し批評していた。最近はなかなかお会いできなくなったが、これだけは続いているはずだ。それがTさんには癒しとささえなのだ。私も学生時代に映画研究会に所属していたが、名画とは生きる力を与えてくれるものだから。

デ バ イ ス

ウ～ムム…わからん
お～いデバイスって何や？
NPOから借りたスマホ
パソコンやスマホその周辺機器などその一つひとつのことや
カマやんにはむつかしいわなアハハハ

ほぉ～じゃあおまえもデバイスやな
エッ
現代人の暮らしの中心
従属物

デバイス兄ちゃん
デバイスねえちゃん
なんでそのへんだけ鋭いねん？
？
？

ツエ～老人たち

釜ヶ崎もツエをつく高齢者が増えた
カチン

無礼者！あやまれい
そっちがよろめいたんやないか！

許さぬ！ワシは剣道の有段者やぞ!!
ワシは介護助手とフォークリフトの有資格者や
ケッ
ジリッ

さすがサムライの国！
老人でも武道に励んでる
チャンチャンバラバラ
おのれ
ちょっと違うんやけど…

2018年1月　財布を拾った生活困窮爺さんのお話

「ヒェ〜　万札が…ど、どないしょ　どないしょ」汗汗〜

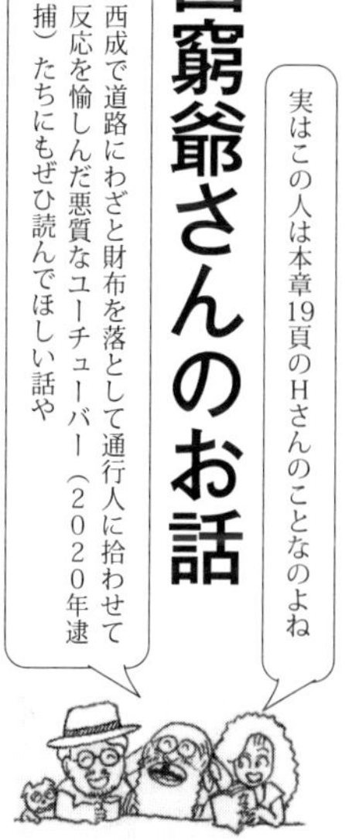

実はこの人は本章19頁のHさんのことなのよね
西成で道路にわざと財布を落として通行人に拾わせて反応を愉しんだ悪質なユーチューバー（2020年逮捕）たちにもぜひ読んでほしい話や

100室はある簡易宿所転用型アパートに、今は生活保護で暮らすH・Iさん（75歳）。ある日の夜、そのアパートの前の路上で財布を拾った。恐る恐る中を覗くと、1万円札が5枚も。ゴクリ…。車の免許証などと共に、部屋代の支払いカードが入って、自分と同じアパートの住人のようであるが、部屋まではわからない。警察にすぐにでも届けるべきか。いや、自分と同じく、落とし主も警察はどうも苦手のような気がする。しかし、アパートの帳場さん（フロントにいる管理人）はもう帰宅した。しかたなく自室で一晩その財布を抱えたまま過ごすことになった。拾ったのは誰にも見られていない。ゴクリ…。H・Iさんは〝良からぬ心〟との葛藤で朝まで眠れなかったそうだ。それはそうだ。月々の生活扶助7〜8万円での暮らしはたいへんだ。「スーパーの閉店間際の安売りで乗り切るなどして、我ながらやりくり上手になりました。ワハハ」と笑えるようになったとは言え、だ。ようやく朝！　帳場さんに「このアパートの人のものではないか」と財布を渡した。葛藤に勝ち、ほっとして、その日の夕方。散歩から帰ると、帳場さんにすぐに声をかけられた。「落とし主がたいへんに喜びましてね。どうしてもお礼をしたいと、1万円預かっています」と。H・Iさんは「そんなものは要らん」と断った。すると、次の日、またも帳場さんが「どうしてもお礼をしたいそうです。最近西成に泊まりに来ている人ですが、〝私はこの地域のことを完全に誤解していた。感動した。せめて5千円だけでも受け取ってほしい〟と、懇願されましてん」と言う。H・Iさんはおカネよりも、釜ヶ崎への言葉のほうがうれしくて、ようやく受け取ったという。

数日後。H・Iさんは私が実施している「釜ヶ崎のまちスタディ・ツアー」の「おっちゃんたちとの懇談」の時間に、この実話をしてくれた。参加者は拍手喝采である。ところが、この話にはまだその先があった。その5千円をH・Iさんはどうしたか？「スーパーの閉店間際の買い物ついでにデパ地下に行き、私の大好きな御座候（ござそうろう。回転焼き）を5千円分丸ごと買って帰り、帳場さんに頼んでそれをアパートのみんなに配った」のだ！　私も含めて、参加者一同、大歓声と拍手喝采だ。涙さえ出てきた。実はこの日の参加者というのは日本の三大新聞の東京・大阪・西部各本社のデスク等10人強で、貧困問題の政策研修のつもりで来たのだが、**政策よりもっと大事なことを感動とともに気づかされたに違いない。**H・Iさん、ありがとう！

気づかい

674円です
トシとるとな相手のこと考えてきっちり小銭で払いたがるねん
コレ日本の気づかい文化
知ったかぶり
助かります

サイフのファスナーが固い、指が乾いて小銭をつかめない トシをとるとこうなる

どっちでもええから早よしてよジイサン
ますますあせる
674円

すまん結局持ち金が足りひんわ
全員がズッコケてみせるのはオオサカの文化さ
ドテッ
知ったかぶり

変わりゆく街

スーパー

めっけ
カラダが反射的に動く
速い！

ウ〜ンやっぱりシケモクこそタバコの味
この生活文化久しぶりに目撃！
そう！この人です

別名「歩く釜ケ崎文化遺産」って呼ばれてます
写真とっとこ
パシャッ

2019年1月　カマやんに最も似ていた男、カワやん

若かりし頃の私

「ほれ　ワシとそっくりのヤツがおるやろ」

実は兄弟やったりして…

その人の名はK・Kさん（戦前生まれ）。彼は80年代～90年代にあいりん総合センター内外によく姿を見せていた。通称カワやん。本名に「川」の字があったからだけではない。風貌やキャラが私の漫画のカマやんにそっくりだったからだ。早い話、挿絵のような感じだ。赤ら顔の丸い大きな顔にどんぐり眼、ツルツル頭。バチバチのとび職人だったので、典型的なニッカボッカ姿。しかも、キャラクターがユーモラス。この世のあらゆる悩み事を笑い飛ばすような、大きな口あんぐりのガハハ笑いだ。行く先々で人々を笑わせていた。初めて見たのは、私が西成労働福祉センターの職員として求職窓口に出ていたある日。そのお姿とガハハ顔が突然目の前にニュ～と現れた時は、ヨシモト風にずっこけた。「ほ、ほんまにおるんや、カマやんて…」（汗、汗）と。言っときますけど、漫画が先に存在したんですよ、漫画が。なぜかツルツル頭にはいつもローマ法王のような白い小さな帽子がピタリと乗っていた。だから、周囲からは〝ローマ法王〟とか〝パウロ何世〟とか呼ばれる場合もあった。「ツルツル頭なのに、よお滑って落ちんもんやなあ」とか「これほどサイズがぴったり合うのをどこで見つけてくんねん?」とか労働者仲間からもいじられていた。ある日、窓口で私も同じ質問をした。そしたら、「自分で編んどる」「そ、そのごっつい手で?」（目をぱちくりする私）。とび職なので、誠に節くれだったごっつい指だ。「どこで?　いつ?」「仕事の行き帰り。電車の中で」。その場面を想像して、ずっこけた私。起き上がれない（汗、汗）。もっとびっくりしたことがあった。別の日に道端で彼に出くわしたら、「ワシの部屋や。見に来い」と、すぐ後ろのアパートの2階を指さした。部屋についていくと、なんと「ワシが描いた」という絵が、何枚もあった。ベニヤ板を器用にキャンバスにした油絵で、楽しんで描いているのがよくわかる絵だ。私は思わず言った。「あんたは釜ヶ崎のヤマシタキヨシやったんか」と。**釜ヶ崎はなんておもろい街や。**ガハハと笑い飛ばすカワやんだった。

　そんな彼にも90年代にはバブル経済崩壊と長期大不況に高齢化が重なって、仕事が無くなった。それから彼は粋な着物姿で求職窓口に来始めた。またずっこけた。ついに生活保護暮らしになったのだが、その状況への彼なりの照れ隠しだと思った。**今頃は天国で神様たちを笑わせているはずだ。**会えて良かった。

話し相手

2つの大阪万博

2021年1月

T・Yさん。「職住食」一体型就労の終着点に釜ヶ崎が

「西成に行けばな、とりあえずの宿と現金仕事があんねん。ワシらそこから来とんねん」「ほぉ～、ええこと聞いた」

T・Yさんは1947年（昭和22年）生まれの団塊世代だ。釜ヶ崎に行き着いた経緯を聴いていると、日本経済の長き右肩上がりの時代にピッタリ乗っかったこの世代特有の楽観性と落とし穴が見える気がする。山形県の食糧庁（当時）職員の長男として生まれ、大学受験で地元の国立大学に失敗し、京都の有名私立大学の文学部に入った。「何かをめざすわけではなく、学力的にここなら入れるからという理由だけで選んだ。そこも若い人に伝えたい苦い教訓」と振り返る。授業料は親が仕送りするが生活費は自力で稼ぐ必要があり、もっぱら観光旅館で食事付き住み込みのアルバイトの日々。時間給の高さも手伝って、ギャンブルを覚えた（最初は競艇）。学園紛争真っ盛りの時代で授業は休講ばかり。登校はそっちのけになり、6年在籍後に中退。その後は郷里↓再び京都↓大阪と移りながら、正社員の時代も含みつつ、パン製造会社社員・パチンコ店店員・ガラス製造工場作業員・道路工事現場の警備員（通行車両の整理）などの仕事についてきた。**ギャンブル依存症に足を引っ張られ続け、常に「とりあえずの生活費と寝場所」をすぐに確保できる就労先ばかり選んできた。仕事自体はすぐに見つかる時代が多かったが、これも「落とし穴」への誘導路だったのかもしれない。**末端建設会社の作業員寮（飯場）には釜ヶ崎から期間雇用で来ている日雇い労働者も珍しくない。警備員として大阪市住之江区の**建設会社の寮に住んだ頃に、日雇い労働者との会話で、釜ヶ崎の簡易宿所という便利な存在を知った。**ほどなく自分も移り住み、日雇い生活に入り込んだ（48歳前後）。しかし、脊椎管狭窄症でもはや就労不可となって生活保護を受け始めた頃から行動様式が変容した。高齢者たちの紙芝居劇グループ「むすび」[*1]に入り、さまざまな人々との触れ合いが始まった。「その中で、なんとギャンブル依存症がいつのまにか治ったのが不思議ですわ」と、悟りを開いたような飄々とした表情で笑う。同じような他事例もあり、確かに釜ヶ崎には不思議な力がある。医者も驚くほど極度の小食家ぶりと体重ではあるが、週に2回通うデイサービス施設で、地域の元気なおばあちゃんたちに好かれている。コミュニケーション上手な善きお爺さんの姿がそこにあった。

こういう働き方は仕事を失うと全部失う場合が多いからのぉ。派遣労働者みたいに…

＊1　本章21頁。

変化への不安

米中激突とコロナ禍で世界は激変中！
News
なんだか不安……

デジタル化加速で新生活様式へ…
ワシなんかついていかれへん
わかったわかった
プチッ

えぇい控えおろう！この紋所が目に入らぬかァ
水戸光圀公なるぞォ

ははぁ〜
世界に何が起きようがこれだけは変わらん
心安らぐわい
ホッ
毎日毎日よぉ観れるもんやで

今日一日

単身高齢者調査
自分が亡くなった後、ペットが心配じゃないですか？
そやねん

そやからただその日その日が無事でいっしょに過ごせればそれで良しと
そういう気持ちじゃよ毎日が

やっぱり晩年はそうなりますよねェ
そやろ？そやからワシは

その日の事しか考えずに人生やってきたんじゃずうっと子供の頃からのォ
ちょっと意味がちがうと思う
全然ちがう

2011年8月　生き延びて生き延びて、再びつながる

時期的にはこの本の対象期間から外れるのですが、この人のことは忘れられないので、再掲します

65年ぶりの再会　釜ヶ崎ってほんとうに物語がある街

Aさん。78歳。北海道生まれ。母子家庭で、12歳の時に母は妹だけを連れて再婚。「再婚先が男の子の連れ子を嫌ったようです。私は捨てられたんですよ」。そのまま無賃乗車で東京の上野駅へ。憲兵に捕まり、川越市の軍需工場へ。東京大空襲の中を逃げ回る。終戦。やがて東北の靴職人の元に奉公に出た。7年間懸命に技術を磨いたのに、機械化で失職。1950年代末に大阪の釜ヶ崎へ漂着。2万人以上の日雇い労働者の群れに混じって、独りぼっちの長い日雇い人生。「1960年代は暴力団経営のタコ部屋も多く、賃金不払いなど当たり前でした」。自身も力で反抗することもあったようだ。90年代。高齢・失業。電機屋街の軒下で段ボールでの野宿の日々。しかし、このどん底から転機をつかむ。94年の特別就労事業創設を求める釜ヶ崎反失業連絡会のあいりん総合センター占拠闘争（三日三晩）の隊列の中に入り込んだことがきっかけで、高齢者向けの家庭生ごみ収集車助手の仕事をつかむ。66歳にして奇跡の就労自立！　また働く。70歳。さすがにそこを失職するも、NPOの世話で、市民活動の成果物・サポーティブハウスでの居宅保護が受け止めてくれた。そこから、アパート自立。たくましい！　しかし、買い物もしんどくなった今、Aさんは「最後の住み家」として、「見守りがあるから」と、サポーティブハウスにもう一度戻った。その談話室で、とつとつと人生の道のりを語ってくれたのが以下のお話である。

◆

「小学生の時、母親による虐待も加わった逆境に耐えられず（母親自身も追い詰められていたのでしょう）、私は2歳下の妹を連れて家出をし、海に入って死のうとしたことがありました。海水が膝の高さまで来た時に、恐怖であまりにも妹が泣くので、あきらめました」。

やがて、右記のように、12歳の時に家族は離別してAさんは独りぼっちになった。**「70歳でここのサポーティブハウスに移って、一匹狼をやめて、やっと人間らしい気持ちで暮らせるようになりました。そしたら、妹に会いたいという気持ちが湧いてきました」**。Aさんと私はすでに知り合いだったので、妹さん探しを応援した。わずかな手がかりをたよりに5～6の自治体から戸籍関係書類を取り寄せ、数ヶ月かかったが、ついに妹さんの最終住所地が判明した。神奈川県だった。4人の息子やたくさんの孫もいるらしいことも。Aさんが口述し、私が代理で筆記した手紙を出した。妹さんが生きているなら、65年ぶりの兄からの便りにさぞかし驚くだろう…。半月程して電話がかかってきた。妹さん自身の声だった。

その電話が終わって、私は会話の中身を聞けずにいた。けれど、Aさん自ら語ってくれた。「〝いっしょに死のうとしたのを覚えているかい？〟と聞くと、〝もちろん覚えてるわよ。あの時私はとても泣いたのよね〟と言ってくれました。それがとてもうれしかった。あの時死なずによかったですわ」と。

人生の最後の最後につながり直す。私も胸がいっぱいになった。

世間では「行方不明」 かもしれない人たち
この空の下で　どっこい　生きている
写真右下付近には通称三角公園も見える（2019年撮影　@釜ヶ崎のまち再生フォーラム）

↑「萩小の森」で将棋を楽しむ　撮影:2022年

↑一日の仕事を終え　この街に帰ってきた人たち
撮影：2013年

この本で一番読んでほしいのは第３章だが、
その前に「そもそも釜ヶ崎とはどんな街？」
なのカァ～を　今一度　問い直してみよう

第2章　釜ヶ崎原論（げんろん）

原論とは大げさですが、まずは考え方の基本に属するエッセイをここには集めました。

基本と言っても、固定的に考えるのではなく、今実際に起きている変化の中から考えていきます。

それだけでなく、あぁ、そういう街「だったのか」と、今だからこそ見えてきた側面も考えてみます。

2012年8月　建設末端労働者をめぐるミステリー（1）
～人材派遣業と日雇い寄せ場の関係～

この頃から建設派遣会社と釜ヶ崎の寄り場との関連は把握しにくくなりました。寄り場がむしろ時代の流れに取り残され始めたのかも。２０２３年の今も同じかと。

ロ、労働者はどこへ消えたんやろ…？

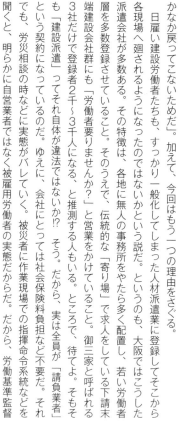

この頃の早朝求人現場
大阪市西成区のあいりん総合センター１階の「寄り場」撮影：2012年

写真のように、いわゆる伝統的な日雇い寄せ場では「日雇い仕事はあるのに、労働者がいない」という逆転現象が２０１０年頃から依然続いている。なぜこんなに寄り場は空っぽか？　答の一つは「第一のセーフティネット（日雇い雇用保険制度）も第二のセーフティネット（パーソナル・サポート→その後の生活困窮者自立支援法とその制度）も機能せず、労働者たちは最後のセーフティネット＝生活保護に大量に駆け込み、労働市場になかなか戻ってこないためだ」。加えて、今回はもう一つの理由をさぐる。

日雇い建設労働者たちも、すっかり一般化してしまった人材派遣業に登録してそこから各現場へ廻されるようになったのではないかという説だ。というのも、大阪ではこうした派遣会社が多数ある。その特徴は、各地に無人の事務所をやたら多く配置し、若い労働者層を多数登録させていること。そのうえで、伝統的な「寄り場」で求人をしている下請末端建設会社群にも「労働者要りませんか？」と営業をかけていること。御三家と呼ばれる3社だけで登録者2千～3千人になる、と推測する人もいる。ところで、待てよ。そもそも「建設派遣」ってそれ自体が違法ではないか⁉　そう。だから、実は全員が「請負業者」という契約になっているのだ。ゆえに、会社にとっては社会保険料負担など不要だ。それでも、労災相談の時などに実態がバレていく。被災者に作業現場での指揮命令系統などを聞くと、明らかに自営業者ではなく被雇用労働者の実態だからだ。だから、労働基準監督署に駆け込めば労災保険適用が指示される。では、この業界がなぜ広がるのか？　派遣を受ける建設業者にとっては必要な時に迅速に人手を補充してくれる。しかも安く。登録労働者にとっては、仕事が途切れず、宿舎が清潔である等、双方にメリットがあるようだ。

さて、**問題は寄り場との関連だ。実はいまだ実体不明なのだ。**登録労働者の募集ルートはｗｅｂサイトやタウン誌なので、寄り場の日雇い労働者がそちらへ、どれくらい流れていったのかは確定できない。社会にとってポジティブな流れではないと思われるので、警鐘乱打しておきたい。

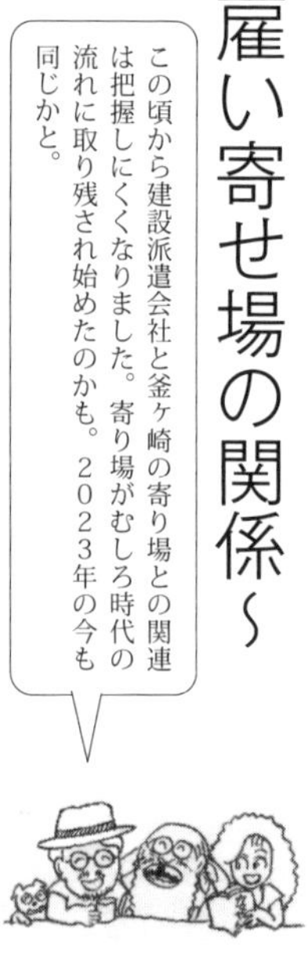

経験豊か

安全第一
すまん！交通渋滞で大幅遅刻や
仕事始めよか…

？
もうとっくに作業は進んでますよ
そうそうアンタはそれをやる…

それはここへ置け
テキパキ
テキパキ
オッサン誰や？

ワシ？ただの通行人や
みんな指示待ち人間なので言ってみただけや
現場のベテラン
人手不足でかき集めた応援作業員たち

新・3本の得

1990年
うちで働け！これつけるからよ
行こ！
ほんならこっちもぜ
求人
求人

「早起きは3本の得」言うて缶コーヒーもらえたもんや

2016年
ワシもうトシであかんて…
ええからもっとけ！その気になった時のために
求人 土工 10000
求人 10000

今はケイタイや！よっぽどつながっていたいらしい
たいへんな労働者不足なのね…
←プリペイド
NPO

2012年11月　西成から「ケア・支援補助金制度」を提案します

これが、2020年に始まった「日常生活支援住居施設」への補助金制度開始などにつながっていったと考えるわ

第一期西成特区構想有識者会議の報告書では、「ケア・支援補助金制度」創設も正式に提案され、実現へ向けて大阪市も努力する義務を負うことになった。この一見地味な提案はマスコミなどには取り上げられていないし、その重要性を一般市民もまだ気づいていない。

しかし、さすがに福祉現場で組織や事業を運営している人たちは違う。たとえば、東京・山谷地区のNPOはさっそくこれに反応して、わざわざ状況視察に来るほどに、高く評価してくれた。

実は、本欄でも2010年10月号でその必要性と意義を書いた。こういう提案だ。福祉現場では単身の高齢者や障がい者へのケアや就労困難者への就労支援等々に対して介護保険制度・民生委員&生活保護ケースワーカー制度等では対応できず、無償の支援行為で切りぬけている場合が多い（救護施設等では地域生活移行のための支援費が期限付きで出ている）。生活支援付き住宅の家賃収入や事務費から捻出しようとするが、スタッフの人件費も容易に出せず、支援をすればするほど疲弊する状態だ。もし費用を生活保護費からもらうと「貧困ビジネス」と批判される。**この状況を根本打開し、ささえあいが持続可能な道に進むにはケア・支援補助金制度の創設が妥当である。効果は、当事者は助かり、支援団体は資金と人材の両面で組織基盤の強化につながる。**そうして、地域全体が安定し、「老いても、一人でも、住み続けられるまちづくり」から「ささえあいの国」へ前進できる。

介護保険が適用されない無料低額宿泊所でのケアに補助金を付ける（東京都）、就労困難者への就労支援に補助金をつける（伴走型パーソナル・サポーター制度）のように、この制度への萌芽的な模索もある。介護保険でのケアは断片的・スポット的支援であるが、この提案を加えれば24時間のつながりを持った支援体制を組める。財源は、市の単費、国の自立支援プログラム（セーフティネット対策補助金）を活用する。**これを西成特区でモデル化し、全国に波及させる。そういう提案だ。**前号（第3章164頁）で「（提案やまちづくりが）ボトムアップ型になった」と書いた中身の一端をご理解いただけただろうか。（突然、後ろからカマやん）「あかんわ。話が今月号も固すぎや」。ゴメンソ。

「おおきに。さみしかったんや。うれしいわぁ…。ワシ、孤独で」（→たとえば、こういう入院見舞いでもそのNPOに支援費が出ればよいのに、の提案）

酒の管理　　　　フェニックス

酒の管理
ええか 酒は百薬の長にも、害にもなるんや
自己管理をきちんとしなさい
はい
何してんの 出勤しなさいよ！
助成金活用で NPO臨時スタッフ
調べとんねん
きちんとせんとな
どこまでが薬でどこからが毒なのか
ア、ここかな ここかも ヒャホホ♪
ほんまもんのアホや
酒
酒
フェニックス
伴走型継続支援ってね 不死鳥みたいなものなのよ
相談
なるほど
どんな苦況でもへこたれない
やっぱりカマやんは不死鳥なんですね
アホ
エッ？
不死鳥とは私らのことよ この人に裏切られても裏切られてもへこたれたらアカンもんなの
テヘヘ すまん

「フワフワ君にはせっかく体験就労で来てもらったし、このまま雇用を継続しようか。少し不安はあるけど」
「はい。私たちがサポートします♪」

2013年1月　企業も就労支援を待っている

今読み返しても、このコメントは有効というか、新鮮よね。あとは現場での実践をどうブラッシュアップするかの問題じゃないかしら

いわゆる就労困難な若年層に対する支援の中で最近ふと感じたことを一点書く。この領域は就労という出口に結びつけられるかどうかが決定的である。そのための基本は、まず就労困難者その人への支援である。職能だけでなく生活基盤全般を向上させる取り組みが要る。パーソナル・サポート（PS）事業など伴走型の総合支援が各地で取り組まれている。「仕事」と呼ぶ中身も「その人の身体的・精神的・職能的状況に合った働き方を」という発想にもとづいて、柔軟で幅広い再定義が探られている。次に、出口そのものの開発がある。社会的起業やコミュニティ・ビジネスでの仕事づくりである。これによって中間労働市場＝中間就労を創り出そうとの努力が高まりつつある（テンポはもう少し早めるべきだが）。一般労働市場へのいきなりの就労は無理な人が目立ち始めたからである。

しかし、**ここで私が付け加えたいのは一般労働市場への働きかけをあきらめるのは早い、という点だ。実は一般企業でもこの方面で貢献したいが、どうしたらいいかわからず、助言や連携を待っていることを最近感じる。**次年度（2014年度）から障がい者雇用促進法で障がい者の法定雇用率の引き上げがあるからだけではない。特に中小企業では新しい人材確保に四苦八苦しているので、新人材の定着方法を支援団体・機関に求めているのだ。

私の持ち場、大阪の釜ヶ崎でいえば、西成労働福祉センターではそうした層を雇用してくれる事業所の開拓や就労開始初期の給料の一部前払い（立替）制度の提案等をする中で、手助けを待っていることが伝わってくる。釜ヶ崎のまち再生フォーラム主催の1月「まちづくりひろば」では、大阪府豊中市のPSセンターの方々が「個別企業に当たってみると、（どうしたらいいかわからないことも多く）助けを求めている。自治体の看板を後ろ盾にすると、たいへんよく協力してくれる。**ハローワーク等での旧来型の一方通行の対応ではそれはできない」**等の体験報告があった。社会的諸課題解決にも貢献し、新しい力も得たい切迫感は一般企業も同じなのだ。

かすむ

近頃目がかすむ
社長

アカン ふいてもふいてもかすむ
なんでや？
わからん
アルバイト
社長

それは社長はんの存在そのものがかすんでるからや
ゲッ
社長

ええかげんバトンタッチしなはれや人生引き際が肝心でっせ～
ズバリ言われた
あ、ありがとうよくぞ言ってくれたジイサン
社長

雇用創出会社

社会的企業とはボクらのような者を雇うんでしょ
ボクをお願い！
ワシやがな
まちづくり合同会社
募集1名

若者にチャンスを！
がんばる高齢者こそ！
わかったわかった二人とも採用するッ
エッ

いったいどう配置するんですか？

ハァハァゼェゼェヨロヨロ
いいかキミは警備員の警備や
ウヘッ

2013年4月 「中間就労」で目から ウロコ

(2013年3月まちづくりひろば)

「なるほど。これならフワフワ君でも仕事を見つけられるし、継続もできそうね」

こういうやり方がもっともっと社会に広まってほしいです。この日はその場で即協働が団体間でできたことがとてもうれしかった～

ホームレス支援の世界は歴史が浅い。他分野に学び、手を組めば活路が開けるかも、という話をしよう。この10余年の取り組みを概括すると、高齢者・若年層いずれとも、一般労働市場に入れずホームレス状況に陥った人々には個々の能力や適性に応じた中間就労(半就労・半福祉とか社会的就労とも呼ばれる)が予想以上に必要であることがますますはっきりしつつある。だから、厚労省から最近発表された、生活保護手前の新貧困層に対する生活支援戦略(改称され、生活支援体系)でも中間就労を展開する事業所を全国につくる提言等がされている。

私たちもその流れを活用すべく、この方面の先行事例の勉強会をした(写真)。すると、障がい者の就労支援(工賃倍増プロジェクト)を最前線で実施しているある団体の専門スタッフの話が目からウロコだった。**既存の一般就労の場に中間就労を果敢に組み込ませるのだ。①労働力がほしい会社側と当事者及びその福祉施設の支援員が話し合い、プランを練る。②その会社での作業と同じ作業を、まずは慣れた自分の施設で訓練する。品質や納期を守る訓練もする。③その作業をその会社の作業場で行う。支援員もついていって、共に作業もして問題点を洗い出す。まだ福祉施設内就労という位置づけで、会社とは雇用関係までは結ばない。会社側だって雇うにはまだ不安だからだ。④最後には、障がい者は自分でその会社に通い、雇用関係も結べる段階に到達する。支援員はこまごまとしたフォローを続ける。**そうすると、会社側は「実はあなた方に廻せるこういう仕事もある」と言いだすそうだ。会社側には作業場の整理や無駄な作業工程を見直す効果もあるようだ。

これは、ハローワークのような単純なマッチングではなく、対象者がそこで就労できるように能動的に「職場環境を整えていく」「ゆるやかな小ステップをつくっていく」という発想だ。一般企業へ乗り込んでいくその支援員にも拍手だ(別途手当もつく)。もちろん雇用を強力に後押しする根拠法がある障がい者支援と、それが未だ無いホームレス自立支援分野との違いは大きい。しかし、この日の勉強会では、**車の運転ができる元ホームレスの人を、障がい者が製作した商品を運搬する仕事に組み込んで補完しあう話が出席団体間で即興で決まった**(拍手!)。

刺激的な集まりだった。まちづくりっておもしろい! とこの日も実感した♪

たずね人相談

困ったジジイ

アルミ缶集め名人

就労支援

2013年7月　夏の夜に見た、ほんとうの話

まぁ、かわいそうに！捨てられたのね

駐車場

「あの～、こっちもホームレス状態なんですが…」

釜ヶ崎周辺だからこそ書ける話かと

私は釜ヶ崎での仕事や社会活動を終えて帰路につく前、よく行きつけの居酒屋に立ち寄る。私の漫画のキャラ「フワフワ君」のモデルだともささやかれる青年が最近開いている手作りの小さな店だ。何でもおいしい。今や我が仲間たちが集まる「水飲み場」となり、私はビールに焼酎の水割りなどを少々？　摂取してから、駅に向かう。路地裏からやや広い通りに出ると、目の前にぱあっと通天閣が大きくそびえ立ち（写真はそこでのスマホ写真。満月がぼやけている）、やがて駐車場がある。そこには、釜ヶ崎内にあるシェルター（臨時夜間緊急避難所）を利用せず、野宿を選ぶ高齢の日雇い労働者たちが10人前後、アスファルト上に段ボールを敷き、持参のバッグ等を枕代わりにして寝ている。Sさん（60歳前後）はその中では常連で、私とは知り合いなので、よく声をかけ合い、西成暮らしの情報交換や雑談をする。仕事のことから夜回りボランティアさんのことまで、Sさんは時折ケラケラ笑いながら話してくれる。**こういう釜ヶ崎周辺でないとゼッタイ体験不可の触れ合いを私はとても大事にしている。**書き物の締め切り間際などはインスピレーションもかき立てられる。

そんなある晩。Sさんとの雑談を終えて、くるっと向きを変え、駅へ歩き始めて数メートル。小声で「あっ」と叫んだ。絵のような光景があったからだ。「まるで漫画のような」という言葉そのままのパラドックスだ。よっぽど猫好きの人たちなのだろう。野良猫にエサをやること自体に私はとやかく言わない。私だって我が家にレオ（2歳）が来て以来、たいへんな愛犬家である。その気持ちはよくわかる。しかし、この場合の問題点は異なる2つの情景が同じ空間で組み合わさることから来る違和感だろう。おばちゃんたちが関心があるのはネコ様のみだ。目と鼻の先で、ニンゲン様が同じく家を喪失し、同じ苦境の最中にあっても、それにはとんと関心がござらん風情である。

「う～むむ。スゴイものを見てしまったのぉ。やっぱり浪速の下町の奥行きは半端やないわなあ」。カマやんの声か自分の声か、少々酔ったドタマの中を、駅にたどり着くまでグルグル駆け巡った。

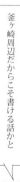

野　　宿
商店
まァここにも！
！
大丈夫なの!?
おおきに！
今夜は居場所がなくて……
しかし世間も捨てたもんやない
アレ？
商店
かわいそうに捨てられたのネ
冷たい社会よね〜
大流行
事故で死んだサンちゃんのユーレイ！
どしたん？元気ないな
今年の夏はへんなのが流行してる
ホラ来た
ア、このんバーチャルやわゲームの新キャラかも
ポケモンGO
いっしょに写真お願いしま〜す
トホホ…

撮影：2013年8月15日

ここに並ぶといろんな知り合いにまとめて会えるので、ぺちゃくちゃぺちゃくちゃ、よおしゃべるカマやんなのだ

釜ヶ崎は夏祭り会場で炊き出しも出る、ささえあいの街。でも、人と人のつながり自体は瞬間的に生まれては消え、消えては生まれる、即時的なものだ

2013年8月「立ち話力」を考える

この時の問題意識は本書第3章179頁「「つながり」は距離感がだいじ～徳島・海陽町を訪ねて～」に発展しました

今回は聞きかじり知識のおすそ分けである。最近、私たち（釜ヶ崎のまち再生フォーラム）主催の「定例まちづくりひろば」でゲスト講師をしてくれた森川すいめいさんという、ホームレス等生活困窮者や東日本大震災被災者への支援で活躍している若き精神科医から聞いた話だ。同じ徳島県内で人口規模も同じなのに、**自殺率が日本一低いA町（漁師町）**と極めて高いB村（山村）の違いを比較研究した、岡檀（おかまゆみ）氏の報告のことだ。まちづくりに熱心なのはむしろB村のようだ。が、推進者たちは特定の人々に偏っているという。B村は問題が起きないように日常的に見守りあおうとする。その結果、いざ助けられるときには「申しわけない」と萎縮し抵抗感を抱く人の割合も多いそうだ。**逆に、漁師町A町は人生にはどっちみち何か起こるものと考え、早期発見・早期対応で助け合えばいいという意識傾向らしい。**そして、人と人のつきあい方がゆるやかで、助けられることへの抵抗感が希薄というのが特徴だという。開放的とも言える。そして、A町がB村を明確に上回っている指標は、「立ち話が多い」こと。背景には、海沿いのA町は道路が狭く、やたらあちこちで人と人が出くわす構造であることもあるのだろう。

「立ち話力」。この日の語り手・森川さんのこの言葉に、会場（西成市民館）の我々は沸いた。「立ち話なら釜ヶ崎こそ総本山」だからだ。3畳間の簡易宿所や、ベッドだけの臨時夜間緊急避難所（あいりんシェルター）を住居としているがゆえに、押し出されて、人々は交流の場を路上や公園というオープン・スペースに求める。用事がなくても、道路に出る。ワケありの過去を抱えた人々も多いので、みんな一匹狼である一方、みんながどこか心に痛みを抱え持つことを認識しあっている。多くがどこかの工事現場や求職窓口で出会ったことがある気がして、ゆるやかな仲間意識も感じている。気兼ねなど誰にも要らない。こうして、釜ヶ崎ほど気軽に立ち話ができる街はない。ただし、お互いを〝カマやん〟などの通名程度でしか知らない、ゆるやかなつながりの中での立ち話だ。我が意を得たり！　**実は私たちは立ち話力をこの街の良さととらえ、コレクティブ・タウンと名づけ（たとえて言えば、シェアハウスならぬ〝シェアタウン〟）、まちづくりの次のステージにも継承すべしと提唱してきた。**「よし、次は、この〝立ち話力〟を調査・実証して、普遍化しよう」と、終了後の酒呑み場はこの日も盛り上がった。

特掃…高齢者特別清掃事業の略称

2013年9月　夕暮れ時の釜ヶ崎慕情

撮影：2013 年 9 月
おつとめ今日も一日ご苦労さん
オレもこれくらい汗して働きたい・・・
おおきに

夕方に工事現場から戻って来る日雇い労働者たち。
交差点前方には「おつとめ今日も一日ご苦労さん」の看板

経済的貧困と社会的関係性の貧困の両面が一体となった街、釜ヶ崎。その街で、私が好きな風景といえば、夕方の情景だ。早朝から関西各地の工事現場に働きに行っていた日雇い労働者たちが、夕方6時頃から三々五々帰ってくる。全盛時ほどの人数ではないが、まだ残っている風景だ。一日ドロドロに汗して働いてきたことがすぐにわかる、彼らのその姿を見るたびに私は「ご苦労様でした」と頭が下がる。すれ違う自分自身も働いた帰り道なのだが、冷や汗しかかかない事務職（職員）なので、リスペクト（尊敬）の心が働く。**仕事につけて、賃金をもらい、今夜のメシ代も宿代も、とりあえずある。この安堵する、ポジティブな風景が私にはいとおしい。**みなさんにはどう映るだろうか。

その建設土木業は今、複雑な状況下にある。万年「日雇い労働者は仕事が無くて困っている」論者には意外だろうが、深刻な人手不足、特に職人不足だ。大震災後の東北復興工事に建設資材も労働力もシフトしているところへ、消費増税前の住宅建設ラッシュ、アベノミクスや2020年東京五輪へ向けた再びの公共投資増へと、久しぶりの上げ潮が続く。しかし、人手不足が長期に足を引っ張るという危機感は業界にも強い。新規参入者が少ない理由を私は3つあげたい。一つは、昔は建築片付や雑役工など、工事現場での「中間的就労」とも言えるし、ビギナーでも参入しやすい職種があったが、生産性効率化の中で駆逐された。もう一つは、賃金デフレがあまりにもひどい。かつては一般土工で1万3500円だった日額が今は9500円である。職人の賃金の下落幅はもっとひどい。根底にあるのは異常な低価格での入札競争だ。もう一つは、第一のセーフティネット（雇用保険・健康保険・年金制度・退職金制度等）の崩壊や未整備だ。それを再建し若い労働者を支援することだ。そうして、第三のセーフティネット（生活保護）にも第二のそれ（中間就労や生活支援による新貧困層支援体系）にも近づかないですむ、安定した状況を確保すべきだ。

だからこそ、そうした悪条件を超えて、今日も一日汗して働いてきた彼らの姿を見るたびに私は、「ご苦労様でした」と頭が下がる。建設土木業は国土の基盤をささえる基幹産業なのだから。

観光客が増えれば増えるほど、
その中にこの風景を見つけると、
私なんか胸キュンとなります

釜ヶ崎慕情

だから釜ヶ崎は離れられない

釜ヶ崎の夏

2013年12月　生き方のヘタな人々　それ以前の人々

人生、生きているだけで丸もうけ
今年もよろしく　ガハハハ

エ〜？　ワシが生き方上手やて？
いや　そんなことは…（汗）

カマやんって生き方がヘタなのか、上手なのか…

人は失敗した時、「自分はなんて生き方がヘタなんだ」「どうしたら上手に生きられるのか」と苦悩する。今月は頭の体操だ。とりあえず上手の定義を「世渡りのうまい人」「金銭、名誉、幸運等をあまり苦労せず手にする人」、反対語を「要領が悪い人」としておく。これを、ホームレスとか釜ヶ崎等のどん底の世界で考えてみよう。すると、まずボランティア団体やＮＰＯの支援者たちって、笑い出したくなるほどヘタな生き方の人々である。私自身も含めてと言っておこうか（笑）。生き上手の人なら、「何を好き好んでこんなことに貴重な人生を費やす…」と言うはず。「有名大学を卒業したのに、こんな街で…」と親が嘆く話も聞く。そもそも今月この話題を選んだのも、日頃から彼らを見ていてそう感じるからだ。「せっかくの人生、他の栄達の道もあるだろっに。ほんまにご苦労様」と言いたい。

しかし、まだ我々はマシだ。選んで来たのだし、人生の分岐点での選び方がヘタだっただけかもしれない。その点、**日雇い労働者やそのＯＢたる生活保護受給者たちは「選択肢すらなかった」人々が多い。貧乏のどん底で小中学校も中退して都会に出ざるをえず、自分にできる仕事は限られ、やがて釜ヶ崎へ「追いやられていく」しかなかった人々。「生きるのがヘタ」以前の人々である。**上手ヘタで言えば、コミュニケーションや人間関係づくりは確かにヘタだ（なお、人生の選択肢のない人々は釜ヶ崎だけにいるわけではない。釜ヶ崎へ逃げ出すことすらできないでいる人々は広く存在する）。ただし、釜ヶ崎に来てからも、「ワシは国の世話にはならん」と生活保護を頑固に拒絶する生き方ベタな人と、上手に柔軟に支援団体につながって相対的安定を得ていく幸運な人に分かれたりする。

だから、上手ヘタ論はどん底にも追いかけてくる。そういう人々を見ていると、顔を上げて前向きに物事を考えようとする人が「結果として」生き方上手になっている。暗い気持ちばかりなら生き方ベタになる。だから、ある支援団体は「置かれた日常の中に小さくとも楽しみや目標を見つけよう」と呼びかける。結局、挿絵への答だが、我らがカマやんは生き方上手なのかもしれない。

ホンモノ

おおっ
また上がってる
フォッポポ
先生
次の患者さんです
株価

でもね
人生とは生きるだけの価値があるんだよ
がんばろうよ
ネッ
ハッハッハ
なんかインチキくさいなァ

メンタルクリニック
カサもないのかよ
みじめな下流老人め
!

フン それでけっこう
だがしかし
ワシの人生
生きるだけの価値はあったぞオ
こっちの方が説得力あるわ
うん

ライバル関係

足腰は弱るし
目はかすれるし

人生も残り少なくなったのぉ
ブッブッ

とりあえず
自分で歩けるし
目はかすれるけど
まァまァ見えるし

トシとるってわびしいのぉ
いやいや
人生
大もうけや
引き算の男
足し算の男

２０１４年１月

舞台は生活困窮者自立支援法の体系へ

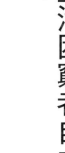

ホームレスも含めたこの国の生活困窮者支援のあり方が大きく変わる。ご存じだろうか。出発点は２００２年成立のホームレス自立支援法。一番の弱点は「ホームレス」を「野宿生活者」に限定したことだ。この法律と生活保護法にもとづいて、全国の支援活動は規定されてきた。しかし、国民多数の貧困化は止まらず、全国の支援活動の試行錯誤や教訓を摂取して、生活困窮者自立支援法が昨年（２０１３年）12月に成立した。**対象者を、ニートや派遣労働者、母子世帯等々の、生活保護一歩手前の生活困窮者全般とし、この段階で各人への包括的・継続的な丸ごと支援をする、とした。**これは前進であり、評価できる。各地の支援現場がそうさせたのだ。ただ、「正当な生活保護適用への通せんぼではないか」論もある。この新法にもとづく生活困窮者自立支援制度が２０１５年から全国で始まるし、前段としてモデル事業も自治体によってはすでに始まっている。

さて、釜ヶ崎。これに先立つこと2年前に西成特区構想に対して、**私たちは「あいりん地域トータルケア・ネットワーク」というワンストップ型地域包括支援システムを提言した。これが認められ、半年前から区役所の音頭で地域内の約30の各種支援団体が参集するしくみの形成途上にある。**重要なことは、生活保護の措置権を持つ区役所の部署もちゃんと参画しているので、生活保護が必要な人はすぐに適用できる点だ。そこへ折しも、この新法とモデル事業が始まった。**2つをうまく合体させれば、この陣形全体に国の予算で支援員配置や就労の出口づくりがされていくことになる。**言わば、「生活保護その他の措置権限を持った旧来の市立更生相談所は行政単独で支援に動いていただけだが、今後は約25団体参集の広範囲な民・官ネットワーク、さらには国の生活困窮者支援制度とも結びついた、強力なサポート陣形ができる」という構図になる。すごい構図だ、と考えたい。

ただ、これを「絵に描いた餅」にしないためには、①システム全体のコーディネーターとなる団体（公募事業の受託団体）が機能するかどうか　②私たちを含めた地元団体がどれだけ濃い協力をしていくか。この2つにかかってくる。それにしても、地域のケアがトータルに底上げされるチャンスではある。おっちゃん、もう少しがんばるゾ。

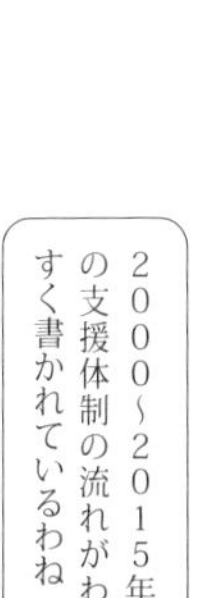

２０００〜２０１５年頃までの支援体制の流れがわかりやすく書かれているわね

貧困療法

生活困窮者自立支援
事例勉強会
Fさん
20歳台
釜ヶ崎歴
5年
このコに忍耐力つけさせる支援って何なのかしら
カマやんによると簡単ですって

とことんカネが無くなることや
クソ～しょうがない
おっ行くか
求人
解体工事
10日間
フラフラ～

おのれ～クソ～～
しょうがない

よくぞ10日間シンボウできたなァ
しょうがないわな
なっ生きる力がつく
賃金

困るのは誰？

生活困窮者自立支援
事例勉強会
Kさん
73歳
釜ヶ崎歴
73年
困った人なのこのヒト
そんなにタイヘン？

Kさん
73歳
そう！単身高齢で病気で野宿がちなのに
本人の意識は全然困っていないの
アハハ逆か

支援って本人に困った気持ちがないと成立しないでしょ？
そのとおり

困った困った
困った人やね
福祉ってむつかしいのね

2014年3月 社会的弱者が圧倒する街の、超少数派の悲哀

孤独な日雇い労働者や生活保護受給者、ホームレスの人々の声を聞き、代弁することは正義であることは疑い得ない。しかし、それだけを絶対的なこととして考えていると、思いもよらぬつまずきが待っているという話をしよう。

釜ヶ崎の人口は2万5千人（2014年現在）。うち圧倒的多数派は、全国から集まってきた単身日雇い労働者やそのOBたる単身高齢生活保護受給者たちである。国家の政策、特にかつての高度経済成長期をささえた労働力流動化政策によって全国の貧困地域や貧困家庭から仕事を求めて集まってきた人々である。寄せられるように。そういう意味でも、政策的につくられた街である。

女性や子供はきわめて少数派である。**加えて、「釜ヶ崎」という言葉からなかなかイメージされにくい人々の存在がある。地域内に10ある町会組織に所属する住民の方々である。地域での人口比率はわずか6～7％とされる人々だ。**

そこには多くの悲哀がある。ある町会長さんの嘆き「全国から集まってきて、路上には寝る、公園は占拠する。立ちション便はする。暴動は起こす。地域活動には参加しない。ゴミは不法投棄する。そのくせ、防災活動をはじめ地域の管理は町会のみに押し付けられる。私らだって同じように老いて、己の世話がやっとなのに…」等々。そして、「行政や労働者支援団体は、〝問題山積だから〟と労働者層への対策にばかり集中してきた。そのやり方も、旧来の悪い施策はもちろん、最近の、内容的には評価できる施策すらやっぱりおかしい。結局は、行政の個別部署が独断で決めてから、それを私らに押し付けてくる。町会長なんかやってられんわ」と。もちろん、そこには情報不足や誤解なども混ざっているとしても、この悲哀や無力感はやはり理解しないといけない。まちづくりとは、そうした行政と住民、住民と住民、住民の間の調整を図る営みなのだが、釜ヶ崎ではこうした状況にある町会がらみの調整の問題が最も困難だ。しかし、日本では行政にとっては町会は株主のような存在だし、実際町会が軸になっている動きは驚くような発言力を持てるので、地域改善のためには石にかじりついても乗り超えないといけない課題だ。読者のみなさんにはどうしても知ってほしいと思う。

毎日炊き出しのある街の陰には、別な悲哀もある（撮影：2013年8月）

ワシら（町会長たち）のほうがなんでマイノリティやねん！

このギャップはすごいわよね。ほんまに町会長さんたち悩んではる。みんなが理解してあげなあかんわ。まちづくりで最も困難な側面やわ

友を訪ねて

仕事のついでにお見舞いに来たぞォ
西成では世話になったなァ

大きな実家やがな
今は長兄の家やお盆で孫たちが帰省中や

オッチャンさっさとごはんをすませろって
ジイジが……
あ、すまん
なっオレ今幸せやから大丈夫！

………
どことなく肩身がせまく見えるんやけど……
キャッキャッ♪
アハハ

金利計算

マイナス金利政策
個人預金までマイナスになったらえらいこっちゃ
ほんまや
スマホ

残りの人生の資金が心細いのぉ
気持ちまでマイナスになりそうや
定年退職者

ワシよかったァ預金なんかしてなくて
市民菜園

人生にプラス金利がいっぱいついたような気分や
ワ〜ハハハ
晴ればれ〜
ハハ
……

2014年4月　女性の貧困化と男の街・釜ヶ崎

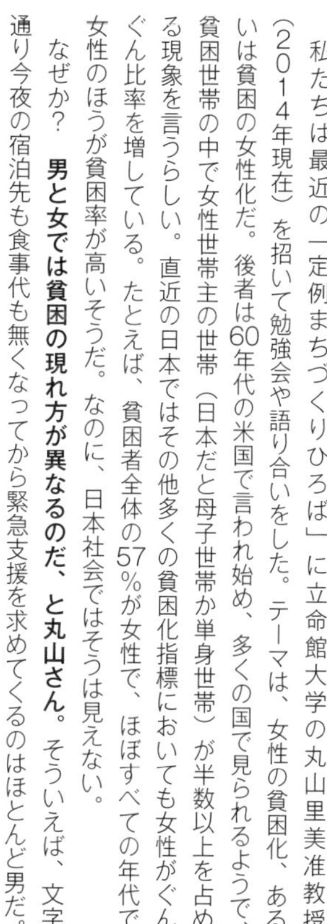

「女性の貧困化で、わしらよりアンタのほうが心配や」

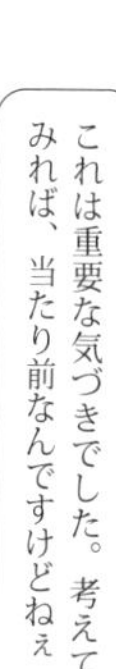

これは重要な気づきでした。考えて
みれば、当たり前なんですけどねぇ

私たちは最近の「定例まちづくりひろば」に立命館大学の丸山里美准教授（2014年現在）を招いて勉強会や語り合いをした。テーマは、女性の貧困化、あるいは貧困の女性化だ。後者は60年代の米国で言われ始め、多くの国で見られるようで、貧困世帯の中で女性世帯主の世帯（日本だと母子世帯か単身世帯）が半数以上を占める現象を言うらしい。直近の日本ではその他多くの貧困化指標においても女性がぐんぐん比率を増している。たとえば、貧困者全体の57％が女性で、ほぼすべての年代で女性のほうが貧困率が高いそうだ。なのに、日本社会ではそうは見えない。

なぜか？　**男と女では貧困の現れ方が異なるのだ、と丸山さん。**そういえば、文字通り今夜の宿泊先も食事代も無くなってから緊急支援を求めてくるのはほとんど男だ。男たちは公園や駅での野宿で乗り切ろうとする。私などはそういう人ばかりを見てきた。カマやん漫画の登場人物たちもみんなそうだ。女性の場合は男のような現れ方や過程を踏まない。以下、丸山さん。男性（夫や父親）に扶養され女性は専業主婦という役割固定の中で、個人としての貧困は家族の中に埋もれる構図だ。生活困窮者自立支援策すら夫の容認がないと受けられない非主体的な状況に押し込められている相談者もいる。

しかし、ついに雇用・家族・社会保障の3点セットが共に崩れ、女性の貧困が一気にむき出しになりつつあるのが今だ、という。20歳代のシングルマザーの8割は年収114万円未満だ。女性の場合の非正規雇用は87年には就業者の20％だったものが2012年は47％に高まった。そりゃ、貧困化するだろう。女性労働がパートなど専業主婦モデルの雇用形態や月収のままであり、それが離婚等で世帯主になったら、母子ともに貧困家庭に陥るし、その子への連鎖は続くことになる。さらに丸山さん曰く、女性の貧困化は正確に分析できないそうだ。支援現場にいる私たちは、支援の方法も研究者や行政が使う貧困の聴き取り調査票も職歴中心など男性前提の項目群なので、発想も男性の場合とは異なるのだという点を肝に銘じておくべきなのだろう。**私が見つめ続けてきたのは貧困一般ではなく、男の貧困だったのだ、と気づく。釜ヶ崎の貧困のとらえ直しが必要になった。**ただ、「男だらけではないまちづくり」という当初からの方向性の正しさは言わずもがなである。

ここで

カマせんってこれからどうしたいの？
涼

それなりに長い人生やった
やっぱり最後はここでやさしく包まれて眠りたいわ

ヘエ、人生丸ごと旅人でも最後は
やっぱり釜ヶ崎で死にたいの
涼

ちゃうがなここでアイリーンのやさしい胸に包まれて眠り♥…
イテッ

必要な街

要介護
メール
内職
女も釜ヶ崎あたりで人生をリセットしてやり直せればどんなにせいせいするかと、
うーんほんまにそうよね

NPO会議
社会にはそういう場所も必要ってことよ
とすると釜ヶ崎は必要ということになるなァ

作ろう女の釜ヶ崎
このままでいいのだ釜ヶ崎
守ろう釜ヶ崎
うーん、でもなんかヘンなスローガンかも

2014年10月

西成ジャズがストリートに流れ出る街

撮影：2014年10月

←夜７時からと８時からの２セッションがある

↑つい見逃してしまう店構えの立ち飲み屋に、こんなしかけがあるなんて

＊2023年現在は太子交差点にあるKAMA PUBがLIVEの中心会場です

釜ヶ崎銀座通りに難波屋という古～い居酒屋がある。立ち飲み用のカウンターだけの、釜ヶ崎の典型的な安酒屋で、日雇い労働者の街らしく、朝から営業している。ビール2杯に焼酎1杯、小鉢もの3皿くらい頼んでも千円前後ですんでしまう。関東の人とか、「しょせん貧困地域の粗末な店だろう」と思って入る人は腰を抜かすほどの安さとうまさだ。もっと驚嘆するのは、その奥の空間だ。20人も入れば満席になる空間を使って、ほぼ毎晩音楽のライブがあり、毎水曜日などは生ジャズが演奏される。他曜日には近隣の店でもライブがあり、アーティストのレベルも高く、今や西成ジャズとして勃興中である。出演料はすべて投げ銭という方法でその場で聴衆からいただく。それでも、経済低迷で演奏機会の少なくなったアーティストたちにとって今や貴重な街になりつつあるようだ。

ジャズは言わずと知れたアメリカのアフリカ系住民たちの暮らしの貧しさの中で生まれた音楽だ。こじゃれた街よりも釜ヶ崎のような貧困地域を基盤にするほうが音楽的本質にかなう。地域外からのお客さんたちも、釜ヶ崎への偏見なども のともせずにというか、むしろそれが当たり前という風情で、駅からまっすぐこの店に向かう。アート系風の若い男女も平気で混じるようになった。

私などはまずカウンターで顔見知りの元労働者らと呑み、ほろ酔いになってから、奥のライブの席に移る。学生時代に好きだったジョン・コルトレーン特集などの演奏に浸ると、アルコール効果も手伝って、さまざまな想いやインスピレーションが去来する。漫画カマやんのアイデアとか、「そや。次号の福祉のひろばはこの店のことを書こう」とか。

西成ジャズをここまで育ててきたのは、音楽好きの筒井店長やここのカウンターの中で働くジャズ・ドラマーの松田順司さんらの功績だ。そうした人々の情熱の蓄積と熟成が、結果としてまちづくりの基盤となる。**釜ヶ崎は今も、これからも、やっぱりオモロイ。この街にある貧困というものも世界に通ずるが、ジャズという音楽もまた世界に通ずる。そんな普遍性のある街である。**

２００６年頃から始まりました。社会からの落ちこぼれの街であるように見えて、何かと先端をいく街。これもその例かも。

闘い終えて

低所得者ほど格別な季節である

日本の美

「これだけのことやってんのに、居室面積だけでものごとを測るなんて、絶対オカシイわなあ」

「メゾン・ド・ヴュー・コスモ」
サポーティブハウス（釜ヶ崎のまちづくりの中で2000年から形成された「簡易宿所転用型生活支援付きアパート」の一つ）

2015年6月　住宅扶助切り下げの深刻な影響

何度も何度も繰り返さないでほしいもんや

生活保護費のうち住宅扶助も引き下げられる。実施は本年（2015年）7月1日からだ。大阪市の場合、現行の4万2000円が先ず一律に4万円に、そこから居室面積のみに応じて扶助額がさらに下がる。窓もなく生活サポートも付かない部屋でも一定程度広ければ4万円と軽傷ですむ一方、釜ヶ崎で簡易宿所の3畳間を活用して、単身高齢者の生活支援をきめ細かく実施するサポーティブハウス等は3万6000円に下がる。全国の生活困窮者支援団体でもこの引き下げが重大問題になるのは、生活サポートスタッフの雇用費がこの住宅扶助から捻出されている実態があるからだ。本来なら介護保険制度のように、その支援メニューごとにケアの対価が支払われればいいのだが、その制度がないので、家賃収入で人員を雇ってがんばって支援体制を組んでいる良心的な大家ほど打撃を受ける構造だ。サポート人員の解雇→居住者サービス削減（例。入院見舞い等を減らすか、無くす）→廃業・物件売却→新・住宅難民発生というドミノが起こる兆候が釜ヶ崎では出ている。まちづくりにとっても由々しき問題だ。

私たちはこのテーマで5月末に「まちづくりひろば」を開いた。「そもそも釜ヶ崎ではホームレス問題深刻化を受けて2000年以降、民間の無料低額宿泊所等（関東はこれが主力）や正規の更生施設・救護施設等に代わって、まちづくりの知恵＝簡易宿所活用型のサポーティブハウス等で事態を乗り切ってきた経過がある。**大阪市はどれほど助かったか**」「国の制度とはいえ、最後は大阪市の裁量が効く部分も少なくない。市は経過を踏まえ、覚悟をもって事態回避措置を行うべきだ」と。

ところが、ここで**行政側に万年つきまとう弊害**がまたも登場する。人事異動で「経過を把握していません」というパターンだ。何のためのこの15年間の官民協働の積み重ねなのだ！　私は行政の内側も外側も知っているが、ほんとうにむなしさを感じる側面である。**これにつける薬はないものだろうか。**

ともあれ、研究者グループからの証拠データ提示という援軍も得ながら、前向きの着地点を見つける努力が進行中である。

ヘルパーさんの力

介護ヘルパーさんの力はこれほどすごい

生活保護費引き上げ

みごとなばかりの 負のスパイラルである

２０１５年10月 日本労働遺産か、記憶遺産にしたい（バーチャルで）

すみません。私はすでにこの時期にこういう提案をしていました。はい

撮影：2015 年

学芸員
映画監督
な、そやろ?

「う～ん。これは確かに軍艦島に匹敵しますなぁ」
「労働者の血と汗と涙が沁みついて、もはやアートに近いね」

２０１５年夏に、かつて炭鉱の島だった長崎県の通称軍艦島などが、物議をかもしつつも、「産業革命遺産」として登録された。それならば、と私は思った。その対で日本労働遺産というのを創設して、大阪市西成区・釜ヶ崎にあるあいりん総合センターを登録したらどうかと。

この建物とはご存じのように、全国から集まった日雇い労働者とその雇用主（おもに建設土木業者）たちが求人求職のため毎日、早朝から集まる場所だ。現在でこそ、その高齢化や、日雇い労働力の調達方法の変容（デジタル化）によって、日々の利用者は激減し、代わって、行き場のない人々の昼間の寝場所や居場所にもなっている。今や、老朽化と耐震強度の問題もあって、地域ぐるみでのまちづくり議論の真っただ中にあり、建て替えの方向にある。それは良しとして、１９７０年に大阪万博という国家行事の成功のために建てられて以降、ここで汗と涙と、時には血をも流し、行旅病死も珍しくない下層労働者たちが忘れられていいわけがない。利用したことのある累計絶対人数は確実に10万人は超えるのではないか、と私は思う。

この提案の目的は、過去への鎮魂や郷愁だけではない。現在の歯止めなき非正規雇用の広がりへの警鐘でもある。だから、記念碑も建てて、刻むのだ。「日本列島総釜ヶ崎化　始まりの地」と。

私にとっては、この建物は現代日本の『羅生門』（黒沢明監督の映画）に映る。廃墟となった寺院のように巨大な柱がそびえるセンター1階で野宿者風の男たちがたき火を囲みながら、自分が釜ヶ崎へたどりつくまで体験してきた理不尽な社会の事象をそれぞれ語り合う。その語りを紡ぎ合わせると、不可解な社会構造の全体が俯瞰して見えてくるストーリーだ。ビジュアル的にも雰囲気的にもそっくりだと感じる（↓拙著「カマやん漂流記」の第Ⅱ部釜ヶ崎島漂流物語にすでに描いた。１９８９年、日本機関紙出版センター）。そのまま一部を、たとえば柱を、近隣に移築し、「釜ヶ崎博物館」のモニュメントとするのもオモシロイ。大きすぎて無理？　ならば、最近のまちづくりの成果物でもある「西成情報アーカイブ」を充実させ、その中にIT技術を駆使したバーチャル空間として再現させるのも一案だろう。案内人？　もちろん立体アニメのカマやんだ。どう、妙案かな？

クールスポット100選

笑ってられません

明　　暗

これは2015年5月の作品。同年秋のあいりん地域まちづくり検討会議で建て替えが合意され、以後はバーチャルで遺す提案をしています

記憶遺産に

2116年（100年後）
ここが100年前にあった あいりん総合センターのバーチャル館よ
いらっしゃい

1970年に建てられ、日本経済の土台をささえた建物や
へエ〜 そうなんや
建設

で、あなたは？
案内人のカマやんとその仲間たち
100年前に実在してたんやぞ
3Dバーチャル映像

あいりん総合センターを日本記憶遺産にできるか討論会
というふうに遺す方法もあるわ
おもろい！けどワシはまだ100年もあそこの柱でたそがれなあかんのかい トホホ
ゴクローサン

日本逆遺産

全国各地に日本遺産というのが指定されつつあります
文化庁

私たちは釜ヶ崎を日本反省遺産と宣言しませんか？
こんな貧困と男だらけの街を歴史の教訓として
おもろい！

そしてそこを生きぬいたこのヒトは

人間生命力遺産やと
意識せぬは本人ばかり
スーパー

「住む？　どういうこと？　ワシら泊まってるだけやで」「ウ～ム…」

2016年3月

ホームレス問題と格闘して得られたもの＝「住む」ことの意味

釜ヶ崎は日本を代表する貧困地域であるにもかかわらず、私が身を置いてきた1975年以降、1990年代半ばまでは居住福祉的考え方など無かった。日雇い労働者たちは家族を持たないので、簡易宿所に単に「泊まる」だけとか「寝場所」程度の意識しかなかったし、支援団体も行政も私自身も、もっぱら労働問題偏重の発想だった。変化が出始めたのは、私の個人的経験では、バブル経済真っ盛りの、たしか1989年に早川和男・神戸大学教授（当時）が当地域を訪れるようになってからだ。教授は日本の住宅問題研究界のリーダーだったので、やがて日本住宅会議とつながり、**1995年の国連人間居住会議HABITAT Ⅱがあった後は、**私たちは釜ヶ崎居住問題懇談会（居住懇）という勉強会を立ち上げた。**これが今日のまちづくりの大きなうねりの最源流となっていくのだからおもしろい。**

90年代後半に入ると、釜ヶ崎も日本社会全体もホームレス問題噴出状況に突入した。最悪期の98年には大阪市内で8660人の野宿生活者数を数えた。究極の住宅困窮状態に陥って、遅まきながら「住宅は福祉や生活再建の基礎」の考え方が受け入れられるようになった。そして、居住懇が進化した釜ヶ崎のまち再生フォーラム等の提唱で、住居の確保と安定化を図るさまざまな実践がなされた。野宿回避のためには簡宿など既存の居住資源も改変活用するしかなかったので、**結果として、さまざまな中間住居を含めた居住資源の選択肢の多様化、「人間居住」**（前述国連会議決議）**に一歩でも近づいていくためのルートの多様化が進んだ。シェルター系・福祉施設系・簡易宿所系・民間宿泊所系・アパート系と、それぞれの役割も認め合った。**生活保護の人々目当ての新規ワンルーム・マンションも増えた。生活保護で畳の上にあがった人は2000年以降で、大阪市内で優に数万人にのぼるだろう。その中核的ボリュームを釜ヶ崎はこなした。

加えて、貧困概念の深化があり、「孤立による貧困」が注目され、「住む」ことの内実の重要性（地域社会とのつながりづくりや住む能力を高める等）を共有し始めた。支援はケースワーカーまかせにする狭い考え方から脱し、NPOや地域自らが役割を担っていくことを学び、実践も懸命になされた。

かくして、「住む」とは、人間の尊厳にふさわしい居住水準の住居（ハード）と自己規律（ソフト）、それをささえるコミュニティへの参加意識などから成る、**主体的で総合的な営みであることに人々はようやく気づいた。**少なくとも支援団体やそれとつながる当事者たちは学んだ。これがホームレス問題と格闘した釜ヶ崎の20年間の成果の一つだ。

それまでは労働問題の視点一本やりやったんですわ

見守り
カマやんはここで地域の子どもたちを見守るのが仕事よ
ヨッシャ〜〜まかしとき!
いつまでもたよりにされるのはうれしいわい
ヨイヨイ
カマやんは?帰るの?
いねむりしたあと部屋に帰ったよ
ほんまはアタシらが見守ってあげてること全然気づいてへんわ
しつけ
コケーコケッコッコー♪
コケコケコッコー
やかましいッ!
そもそも公園で飼うなんて!!
まァまァニワトリはワシがしつけしとくから穏便(おんびん)に
もしもしカマやーんしつけはうまくいったかい?
おおーまァ入れ
カマやん
時々空き家住まい
ところでウチのニワトリは?
喰(く)っとるがな
ヒック
にぶいやっちゃのぉ

2016年4月　建設末端労働者をめぐるミステリー（2）

～社会保険料篇～

「そして、誰も働きに来んようになった…？　まさかね」
「将来に夢がないと、これが正夢になってしまう、ゾ～」

<イメージ>

2016年時点での問題点の一つです

90年代に野宿という形態で貧困化問題がいっきに噴出した時、野宿生活者たちの直前職の大半は建設産業だった。今もこの業界の脆弱さは変わっていない。おかげで若者など新しい人材を確保できず、東京五輪関連工事ラッシュを前にしながら、極端な作業員不足である。まず賃金。国交省は公共工事を役所が建設会社に発注する際に支出する賃金額（設計労務単価）と福利厚生費（社会保険料等）を、2013年以後連続的に合計34％と大幅に引き上げた。処遇改善のためだ。なのに、少なくとも関西では現場労働者の賃金は目に見えた上がり方をしていない。もともと各工事の落札価格が適正水準すら下回るようになったところへ建設産業特有の重層下請構造が相まって、賃金上昇分が途中で「吸収」されてしまうのだ。

社会保険加入問題にはもっと業界の問題点が現れる。建設業ではいまだに無保険で働いている下請け労働者が多い。このまま放置できないと、国交省は平成28年度（2016年度）末までにと時間まで区切り、全建設会社に社会保険加入を義務づけた。守らない会社は入札制度にも参加できなくする強硬措置だ。しかし、末端では混乱が起きている。特に、一人当たりの掛け金が高いので日雇健康保険が問題になる。工事費の積算の時に資材費や賃金とは別に、必要な労働者数の社会保険料が正当に積算され、発注者から支払われるようになった。なのに、孫請けクラスに届く頃には途中で「消えて」しまうのだ。理由は簡単！　各社がまず「利益」を確保してから賃金を決めていくからだ。**請負代金が末端業者にたどり着く頃には社会保険料まで「食われて」しまうのだ。「社会保険料は会社のものではない。工事発注者から労働者に支給されたものだ。**まっすぐそのまま個々の労働者に届けられるべきものだ」との強い批判が出るのも当然である。ちなみに、末端業者の中には、各労働者に国民健康保険加入を促し、それができた労働者だけを雇って社会保険完備の体裁を整えて、仕事を切られまいと「工夫」する会社まで現れている。

ギャップ

笑顔で重量挙げ

2 人 分

〈昔〉
クソ〜〜なんでこんなに忙しいねん

こんなジジイの分までやらなアカンからや
すまんのぉ
ゼェゼェ

〈最近〉
若いのを入れたでェ
そりゃあいい！
久しぶりの現場

スコって何のことかな……
クソ〜〜ワシらの世代割りがあわんわ！
？
？

かけきんの意味

経理
コラ〜〜この掛金って何や!?!!
賃金明細書
アルバイト

年金の掛金（かけきん）よ
国民の義務やから誰からでも控除（こうじょ）するの!!

積み立ててもオイラの頃にはもらえるかどうかわからんやないか!?
賃金明細書

じゃあ賭金（かけきん）と打ち直します
ウワ〜ン
パチパチ

親　　方

親方〜〜 親方ァ
うるさい！

あのな 親方と呼ぶな！ 社長と呼べ
？

ここの作業員は書類上全員が一人親方になっとんねん
近頃の流行かい
請負契約

＊社会保険料の負担回避などが目的で独立自営業者を偽装する策

わかりやした 親方ァ
事務所

労働力プール

昔
建設
急きょ西成へ行って応援人員10人集めてくれ
了解！
猛虎建設

猛虎建設
すぐ10人集まりましたわ
ほんまに助かる街や

今
猛虎建設
労働者の確保困難です。このジーサン1人だけですわ
ひ、1人だけ
オ〜〜まだやっとったんか!?

73歳じゃ！ 西成のミウラカズと呼ばれとる
若い衆よりワシの残存能力の方が高い
クチだけ10人分かい
ヒャハハハハハ
トホホ

大阪起源のＡ組・相模原社員寮

東京起源のＭ社・海老名社員寮

（写真はいずれも水野阿修羅さん提供。2015年撮影）

2016年5月

建設末端労働者をめぐるミステリー（3）

～最新型宿舎篇～

「どひゃ～
こんなのが広がってきてるのか」

日本の報道界に足りないのはこういう、足を使い、体を張った、実相に迫る記事です。

私たちがこの5月に開催した第205回まちづくりひろば。水野阿修羅さん（日本寄せ場学会運営委員）による衝撃的な調査報告がされた。本邦で初めて語られる建設下層労働者及び雇用会社群の首都圏集中の実相である。写真を見ていただきたい。ゼネコンが首都圏に数百人規模の職人層の宿舎を開設する話（日経新聞）とは違って、重層下請け構造の中の「建設派遣」会社の宿舎群だ。1軒に数十人から数百人が集住する巨大「飯場」の数々だ。建物内には大食堂を備え、コンビニまである所もあるようだ。この数年間で、首都圏でいえば神奈川・東京・埼玉・千葉等に広く開設されているようだ。もはや釜ヶ崎や山谷など伝統的な日雇い寄せ場には頼らず、全国区型での人集め形態、居住形態なのだろう。水野さん個人で4日間かけて撮ってきた写真だけでも11社、合計で1万人は優に超す収容力になる。スポーツ新聞での求人広告が重要なツールのようだ。このうち少なくとも4社は大阪が起源である。大阪の釜ヶ崎周辺で日雇い労働者を大々的に雇うノウハウを身につけて全国進出したわけだ。A社などは「グループ全体で2千人を雇用している」と自己宣伝している。大阪の非寄せ場系大手「建設派遣」会社もこの中に含まれている（本章44頁参照）。もちろん東京その他の地域起源の会社も多数あるわけだが、共通して本社機能を高田馬場周辺に置く傾向があるらしい。加えて、東北の震災復興工事地域をはじめ、全国に支店を持つのも共通だ。どの社のホームページにも「建設人材の派遣サービス」が堂々と宣伝されている。建設業の作業員派遣は違法なのに、ね。

この集いの参加者の声。「釜ヶ崎がガラガラになっている一方で、こういう動きが進行しているわけや。なるほどねぇ」「**人々の目には見えないが、五輪や災害復旧工事など突発的な建設需要に応じられるように、やはりどこかに抱え込まれていること自体は変わらんわけや**」「（本章76頁で報告の）社会保険適用の問題はどうクリアするんやろね」「東大阪市の建設派遣会社寮ではつい最近、死者まで出す結核集団感染事件があったけど、こういう所は予防対策は大丈夫なんやろか」等々。

日雇い寄せ場についての固定観念を超えて、現実の方ははどんどん姿かたちを変えていくという事例だ。

最期の意地
ワシは最後の最後まで建設労働者として働くんじゃ
安全第一
ヨタヨタ
ゼェゼェ
わが業界の人手不足もここまで来たか
コラコラ勝手な所を掘るなッ
たのむ!掘らしてくれ
なんでじゃ?
自分の墓穴じゃ建設日雇い労働者として死ぬんじゃ現場で誇り高く
気持ちはわかったからやめい!
カマやん眠る
推定71歳である
復　活
建設業の人手不足はここまでひどいのか
東京五輪工事ピンチ
ヨーシ現役復帰やア~
ズボッ
安全ぐつ安全帯は持っとるか??
求人
東京出張
30日間
そんなもん無い!
代わりに
ふふふふ
マイ・スコップがある。前回の東京五輪工事の時のもんじゃ
年月で黒光り
求人
まばゆい…なんちゃって

2016年8月 生活困窮者自立支援も独自の型で

本章61頁の続編ですが、その後もうひとつインパクトのあるしくみや動きに発展させられていない。このように、さらなる工夫が必要なものもあります。

貧乏神すらトモダチに
「思えば、人生おまえとずっといっしょやったな。ア～ハッハハ」
「おおきに。カマやんだけや。ワシを排除せず、いつも受けとめてくれるんは」

２０１５年４月に始まった生活困窮者自立支援制度は今、各地でさまざまにその有効性の検証や課題出し中だろうか。統計を見ると、２０１５年度の新規相談件数は大阪市が７２８５件と断然トップで、中でもあいりん地域のある西成区が５４１件とトップクラスだ。もともと西成区は都市部では日本一の貧困地域であり（年収２００万円以下の世帯が最も多い行政区だとか）、予算や人員等の制約がきつい中で、**問題山積の状況をよく受けとめているとむしろ評価すべきでもあろう。**ここの自立支援相談機関は「はぎさぽーと」という。区社協と（社会福祉法人）大阪自彊館の共同受託事業だ。区役所での転入手続きの場や町会の回覧板で「はぎさぽーと」の存在を知らせるチラシを配るなどしている。そのせいか徐々に女性の相談も増えている。

特長の一つは「あいりん地域モデルケース会議」と組んでいる点だ。同会議はあいりん地域のケア現場に関わる約25の団体が参画する大ネットワークで、２０１３年から毎月西成区役所で会合を継続している。まちづくりの発想で私たちの側から提案したしくみで、ワンストップ型の地域トータルケアネットワークをめざす。その定例会で「はぎさぽーと」から毎月相談状況を報告され、人々はあいりん地域内だけでなく区全体の困窮者支援状況を把握できる。話題は困窮者支援事例だけでなく、その時々のさまざまな問題に及ぶ。たとえば、生活保護なら住宅扶助切り下げの回避策。預金通帳残金をケースワーカーがチェックする問題。そのケースワーカーの不勉強問題。無料低額診療事業での診療依頼書の扱い方の問題では、制度と制度の谷間を利用者の立場でつなぐための監視や工夫の仕方の話となる。公園野宿者対応での知恵の出し合い。あいりん地域まちづくり会議の到達点の報告等々。役所側への厳しい批判もしばしばだが、担当係長たちも矢面に立って説明することにより、区役所側の事情も理解できたりする。**これは福祉制度の充実というタテ糸での強化であるだけでなく、まちづくりというヨコ糸の強化でもあり、つまりその結び目の取り組みである。そのことを参加者のみなさんがとらえてくれるようになった気がして、うれしい。**静かにじっくりとまちづくりの土台固めになっていくように願う。

お迎え

へんこつジイサン

2016年10月

説明すればするほど理解困難？

「う〜ん、このヒトの場合、情況をなんと説明しよ・・・？」
「むつかしいね。キャラがキャラだけに」

ホームレス問題は世界共通の課題やけど、釜ヶ崎で彼らが一番驚くのは、なぜこの街は男性だけなの？　という点よね

今年もＪＩＣＡ（国際協力機構）の研修生たちが釜ヶ崎に学びに来る。アフリカなど発展途上国のＮＧＯや行政関係者たちだ。貧困は世界共通の問題。外国人は釜ヶ崎に来るやいなや、野宿者やシェルター利用者の列を目の前にして、たいがいパニックになる。「経済大国が予算と人材をこんなに注ぎ込んでも、なぜ野宿などが無くならないのか⁉」「日本という国はどうなっているの⁉」と。活動家は、一生懸命やっているがゆえに山ほど語りたがる。ホームレスや生活困窮者の自立支援法、生活保護、仕事づくり、高齢者特別清掃事業…。ところが、そこが落とし穴だ。説明をすればするほど、彼らはわからなくなる。私も失敗した。

　もっとシンプルに説明しないといけないのだ。まずは、戦後の国民生活を守る施策全体は経済発展の礎になって、今日の国民生活の質や全体水準を築き上げたのだ。そこは公平に指摘する。彼らも落ち着く。そのうえで、それでも1億3千万人弱の中にはそういう施策からもれる人々も出てくる。そこで特別の施策を打つ。大阪で言えば、90年代末の最悪期から1万人以上は生活保護制度やホームレス自立支援法で脱野宿を果たせたこと。目に見える野宿者数もかつての８６６０人から１５００人程度にまでは減ってきたことなど[*1]。しかし、それでもまだ施策に乗らない、乗れない人々が路上にいくらか残り、それが目の前にいる人々であること。相談先も知らない新規のホームレスの人々もいるが、生活保護の暮らしの失敗を繰り返す人も実は一定数いる（金銭管理の失敗、アルコールやギャンブルの依存症など）。屈折してしまった心理面への働きかけも含めて、ここから先の解決は大難題であることを説明する。この辺りはサラッと語る（さもなくば、さらに説明地獄にはまり込んでいく…）。**重要なことは、一般施策からもれる人たちは必ず存在し、何らかの施策を打つこと自体は不可欠であること。その場合、マジョリティに対する施策とは全然別の発想のプログラムが必要だということ。それを研修生たちに認識してもらうことだ。**帰国すれば政策の担い手だからだ。

　紛争国・途上国・中進国など国の発展段階の違いで、この説明のリアリティの感じ方に濃淡がある。そういう問題であると私は感じている。

＊1　２０１６年時点。なお、２０２４年1月調査で大阪は８５６人。全国で２８２０人（厚労省調査）。

生かされ合い
講演
この世はみんなお互い生かされ合っているんです
いい言葉ねェ……
？
相談
オレ意味わからん
ワシらが困っているからこの人はメシ食えてる
カンタンや……
オオ、この人のおかげでワシらはいろんな行政支援を受けている
つまりお互い生かされあってるんや
自立支援相談
そやからワシらは全くこのままでええねんちゃうか？
ハハイ
なんかヘン……
訓　話
以上で私からの訓話を終ります
社員たちにハッパをかける内容にきちんとなっとったかな
ハハハ
オンラインって録画されとるそうでんな自分でチェックしてみたらどう？
ええこと言う！
ネッ自分自身眠ってしまうほどたいくつな話でしたやろ
アナタのことではありませんか？…

2017年7月　もう一つの「日本列島総釜ヶ崎化」を

世間的にはおもしろい言い方かも

「そんなリッパなこと、
ワシら言うたんかい・・」
「言うたんやて」

っとこのパターンのくりかえしだったのです。

それより心配なのは「本国」の将来です。有力な企業や人はさっさと海外脱出し、産業や頭脳の空洞化がすすむ。地盤沈下した国内産業部門では、今よりいっそうパートアルバイト、人材派遣（レンタル）雇用化がすすみ、ついには主流にさえなる。ま、表面的には「時間短縮」「自由勤務」などの「先進国」風の仮面をかぶるでしょうが。しかし、これはもうほとんど「釜ヶ崎」化です。着かざった釜ヶ崎。

ただそうなればうれしいことが一つあります。日本「本国」と釜ヶ崎「島」とのギャップがなくなり、釜ヶ崎はもはや「孤島」ではなくなる。ひょっとしたら、新首都になったりして。

ここに1987年、つまりもう30年以上前に出版された本がある。『釜ヶ崎〈ドヤ街〉まんが日記』（ありむら潜著、日本機関紙出版センター）だ。その26頁には「日本まるごと〈釜ヶ崎〉になる日」との見出しがあって、「釜ヶ崎地区全体図」としてなんと日本列島全体が描かれ、カマやんたちがうれしそうに、「ワォ～ ついに貧富の差のない社会や」と万歳三唱をしている絵が描かれている。そう、当時は釜ヶ崎だけの例外だった日雇いという非正規雇用のさまざまな変種が、やがて後世を席巻し、ついには全国制覇するという未来予測だ。釜ヶ崎的貧困とはそうした雇用の不安定性と、人間関係の極度な無縁性が不可分一体となっているのが特徴だが、その全国化予測がズバリ当たってしまった。今ではけっこう知られる言葉となったが、日本社会の今日の状況を表す言葉としてこれほど便利なものはない（だから、カマガサキとは地域名ではなく、そうした「貧困の独特の状態」を指す一般名詞なのではないか、と私は考える時もある）。

しかし、である。カマガサキやニシナリをひたすらネガティブに描き出す傾向に抗するまちづくりを推進するのも私たちだ。私は先日の「第211回まちづくりひろば」で、〝総釜ヶ崎化予測30周年〟を勝手に記念して、「もう一つの日本列島総釜ヶ崎化」を提唱した。どういうことか。

釜ヶ崎にはそうした貧困が山積するがゆえに、課題解決への試行錯誤も先取り的に蓄積されている。釜ヶ崎では、少なくとも他地域より貧困が見える化されているし、どのような問題でも相談窓口がすぐ近くにある。支援が厚い。**他地域では、貧困は広がっているのに、なかなか見えないし、相談窓口も近くにはない。「今や貧困は釜ヶ崎の外のほうが深刻だ。中ばかり見ていては独りよがりだ」と言われるほどだ。**だからこそ近年、生活困窮者自立支援法とその制度化が各行政区で取り組まれているわけだ。つまり、「もう一つの日本列島総釜ヶ崎化」が必要なのだ。釜ヶ崎ではホームレス問題が深刻化した90年代後半から、生活基盤脆弱者の住居の確保や安定化、孤立化を防ぎつながりを再生する取り組みを、まちづくりとして進めている。尊厳ある弔いまでがきちんとなされる、そうしたことを個々の支援施設や団体だけでなく、地域社会でトータルに取り組むために行政と住民、支援団体等との協働も創り出しながらの取り組みだ。この地は内外のかく乱要因もはるかに多いので、たいへんな道のりではあるが。みなさん、どう思う?

相互ボランティア
あ カマわん！
ワンワンワン ワン
カマやんは？ ……おらんのか
あ、わかった ついにコロナの陽性か…！
ワンワン
わかった 約束どおり オレが散歩に 連れてったる
カマやんに 何かあたら オレらが犬の 世話したる
ボランティアでな
おおきに たのむでェ
どやッ スッキリしたろ？ アハハハ
実は逆ボランティアなのよ カマやんの指示で 順番に高齢者に 運動させてるの
ささえあいのまちであった
記念碑
この古いビルも ついに建て替え の議論に入って るらしいのぉ
あいりん総合センター
ワシも 何か参加 させてもら おうかの
何を すんねん？
？
とりあえず 記念碑は どや？
碑
意味が 深い
オレ わからん
ええねん わかるもんだけ わかれば
日本列島 総釜ヶ崎化 始まりの地
碑
釜ヶ崎の日雇いを含む非正規雇用は全体の４割に達した日本であった

2017年11月

〝汽水域〟交差点でワシは考えた（1）

撮影：2017 年

ワシ？　ワシは地元民や。日雇い仕事の帰りや

私は今は週3日となった釜ヶ崎での通退勤時に、ＪＲ新今宮駅南側の太子交差点を渡る。行き交う日雇い労働者と外国人観光客たち。そこである日、ハッと一つの言葉が浮かんだ。「汽水域」。**河口付近で淡水と海水が出会う水域のことだ。山から流れ着く栄養分も多いので、双方の水域の生き物が集まり、生態系はたいへん豊かである。ちなみに、すぐには交わらず、淡水が上層、海水が下層の二層構造を形成したのち、溶け合う。考えれば、たいへん意味深な場所だ。**言いたいことはもう推察できるかな。

同交差点付近は日本一の簡易宿所街だ。そこに寝起きする日雇い労働者たちが建設現場に行き来する伝統的な風景が残っている。一方、簡易宿所を格安宿として利用して、大阪→京都→関東方面へ向かう外国人個人旅行客群という最新の風景がある。両者が、特に朝夕には交差点付近でごった返す。旅行客の国籍は多様だが、大きなキャリーバッグやリュック姿は共通だ。日雇い労働者も仕事道具や着替えや弁当などを入れた大きなバッグやリュックに、最近はキャリーバッグ派も増えつつある。まぁ、紛らわしいこと。さて、この情景をどう見るか。汽水域の生き物の分布が河川の水質変動、海水の干満、天候変動などで微妙に変化するのと同じく、国ごとの景気変動や日本外交のあり方で変動はあろう。しかし、**大航海時代のように地球は大観光時代に入ったことを考えると、一過性の事象ではない。**ここを往来する観光客たちはＬＣＣ（格安旅客機）だからこそ来れる、各国で増大中の中間層たちだ。今のところ、貧富の格差の持ち込みも無い。生活保護等で暮らすこの地域の〝下流老人〟たちとの衝突やトラブルも幸いにも無い。**私たちとしては「まちづくり的にどうするか」だ。ベッド・メイキングや付随仕事など地域での雇用枠づくり。多様性（人や居住形態）を根づかせて地域包摂力のアップデートもめざす。**そうそう、汽水域の生態系が豊かなのは弱齢期などの一時期だけ汽水域で過ごす魚類が多いせいもある。すると、国内外の若者たちがここで世界や日本文化や自分の人生について考える〝学びスポット〟づくりの案も一考の価値があるかも。

私は駅裏の立ち飲み屋でピープル・ウォッチングしながら、そんなことを考えていた。（次に続く）

ボランティア活動

ひさしぶりの外出

西成区太子交差点にて

2017年12月　〝汽水域〟交差点でワシは考えた（2）

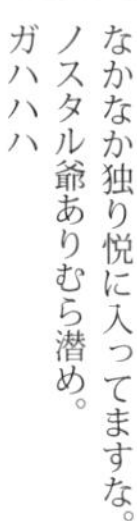

なかなか独り悦に入ってますな。
ノスタル爺ありむら潜め。
ガハハハ

酔うほどに、諸行無常の想いに浸るワタシだった

［前号（第2章88頁）では西成区の太子交差点付近を「汽水域状態」と呼んだ。ＬＣＣ（格安航空便）で訪日する個人旅行客たちと伝統的な日雇い労働者たちが、共に大きな荷物を抱えながら往来し、混じり合う交差点だからだ］

　そんな夕方の風景への物思いを終えて、駅裏の立ち飲み屋からそろそろ帰ろうとした。すると、70歳超の老店長格が奥から飛んできて、「帰るんか？　帰るなよ。帰らんといてくれ！」とどなる。「？」と私。「あんたが帰ったらな、この店、客がおらんようになるやないかい！」。ズッコケル私。大笑い。もう1杯だけビールを飲みながら、想えばこの店も「もう一つの汽水域」だったことに気づく。夕方などは、建設現場で汗とほこりにまみれて終日働いて釜ヶ崎へ帰ってきた日雇い労働者たちと、（交通の要衝なので）駅乗り換えの安サラリーマンたちがやって来る。同じ労働者でありながらも、働き方や生活様式において明らかに異なる水域に棲みながら、この店でその日の勤労のうさを晴らしていることは同じだった。双方はあまり混じり合うことはなく、社会的断層がくっきり見えながらも。スマホに独り没頭する時代でもなく、カマやんのようなガハハ笑いがあふれていた。**景気変動や給料日前か後かなどの微妙な変化（天候）に左右されながら、満潮の日々がこの店にもあった。**

　時は流れて、両階層ともに人数的にすっかり減った。客といえば、高齢化してもまだ働かざるを得ないので今日も警備員や清掃のような仕事でがんばってきた風情（ふぜい）の60歳代の男たちがちらほらだ。先ほどの店長格のオッサン自体がそうだし、店員たちももともとは客として来ていたのが年金不足でこの店で働き始めたという風情だ。あとは、通りかかった訪日客のグループが何を間違ったか全く突然に、おもに食事目的で入りこんで来るだけという経営状態だ。日雇い労働者たちは高齢化で生活保護等になり、来なくなった。いや、正確には、経営者も接客嬢たちもみんな中国人から成る格安のカラオケ居酒屋が約百軒もできたので、そちらへ奪われた。**潮目が大きく変わったのだ。いや、市場原理という国際的な大きな力によって地形すらいくらか変容したと言えるかも。「街は変わる。我々は何を次世代にリレーするか、だ」などとひとりごちながら、**私はほろ酔いで今度こそその店を出た。目の前の通天閣が「風邪ひかんときや」と言ってくれた。「う～む。キミは灯台やな」と、見上げながら返した。

キャリーバッグ

現代居酒屋考

2018年2月

貧困の中にも見える、社会の質

撮影：2015年4月

前から

撮影：2014年11月

後ろから

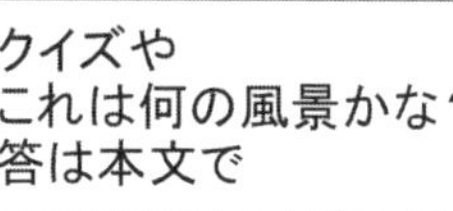
クイズや
これは何の風景かな？
答は本文で

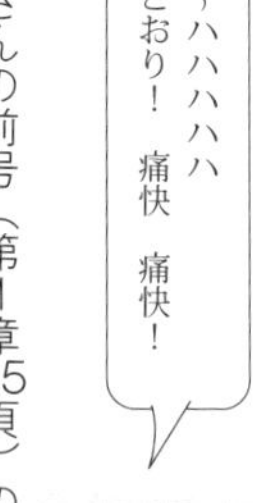
ガ〜〜ハハハハ
そのとおり！　痛快　痛快！

生活困窮の中にも正直さを貫いたおじいさんの前号（第1章35頁）の話は私の周囲では思わぬ反響を呼んだ。共通した感想は「ほっこりした」だった。それならば、似たような話をもう少し書こうか。

写真中のカマやんの質問への答は何か？あいりん地域（旧釜ヶ崎一帯）で野宿状態にある人々が臨時夜間緊急避難所（通称：あいりんシェルター。定員約530床）に今夜一晩の寝床を確保するため並ぶ人々の列だ。毎夕5時半になるとオープンするので、午後3時過ぎから少しずつ列ができる。身体ごと並ぶのは5時近くからで、3時頃からまずは空のペットボトルやワンカップを置いて順番取りが始まり、ほどなく写真のような大きな荷物が並ぶようになる。持ち主たちは雨・風・極寒・酷暑を避けるために周辺で時間つぶしをしている。この時間帯に私は研修訪問者たちを案内することがしばしばある。それが外国からの訪問者たちである場合、彼らはたいへん驚く。そして質問が出る。「コノ荷物ハナゼ盗マレナイノデスカ？？」と。彼らが驚くということに最初は私も驚いたものだ。なにせ毎日繰り返される風景だし。しかし、それは海外の人たちからすれば驚くべきことなのだ。無理もない。高級ホテルのフロントでチェックイン手続き中でさえ油断すると、足元に置いてあった手荷物を盗まれることなどざらだから。もちろんこの写真の場合は金目のものなど入っていない荷物ばかりではある。しかし、**日本人からは〝ドロボーや犯罪者だらけの街〟視されているが、誰も盗もうとしない。それほどこの街は感動的安全社会なのだ。**最初は私も理由の説明に困っていたが、ある外国人のつぶやきにヒントを得て、こう答えるようにしている。「**なぜなら、ここは日本だからです**」。**すると、人々は一斉に大きくうなずくのである。それ以上の説明は要らない。**私は心の中でワハハと笑う。貧困の中にも見えるのはその社会の質である。確かに貧困も拡大し、さまざまな苦戦もしている。国全体の借金など1千兆円を超える、絶望的な状況だ。しかし、底辺社会においても、驚異の正直さと安全性をまだ維持できていることに気づく。刑余者支援問題で私も学んだことだが、刑法犯発生件数も実は近年なおも低下し続けているのだ。**日本社会においてもこの地域のまちづくりにおいてもこの良き面を決して失ってはいけないと、案内のたびに私は感じている。**

落とし物

あ
サイフや
おカネ
ようけい
入ってる

ええ
届いてます
よ
KOBAN
よかったァ
カードと
10万円！

その人にィ
どしたらお礼
できマスカ？
特掃の仕事で
急いでるからと
立ち去りました
＊ 高齢者特別清掃事業。賃金は日額5,700円

来日レセプション
つまりその働き者の正直
じいさんは わかっていて
5,700円の清掃の仕事の
方を選んだんですよ
なんて すてきな
カントリー！
ネコババも
できたのに
おおきに

野たれ死に

ワシの最後は
旅先で野たれ
死にが 似あっ
とる
ヤツの美学や
しかたない

半年後
アッ
生きて帰って
きよったわ

あかんかった
わ

日本列島って
どこも親切でな
放っといてくれへん
困った社会や
それで
ええんや
ないの
もらった
帰りのキップに
まんじゅう
かるかん

2018年7月 手荷物一時預かり所に見える社会の変貌

撮影：2017年12月

こういう古典派は親不孝した親の位牌や遺影を持ち歩いていたりするもんじゃ。償いに

究極の断捨離。もしあなたなら、何を持ち歩く？

よお知っとるなあ

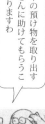

釜ヶ崎には昔から手荷物一時預かり所とかコインロッカーの商売が多い。なぜか？この街に集住する日雇い労働者たちのライフスタイルそのものから必要性が生じてくる。彼らは全国の建設現場を風のように渡り歩く。ホームベースである釜ヶ崎に節々で戻って来るたびに、簡易宿所（日雇い労働者用格安ホテル）を転々とする暮らしなので、重たい物や大切な物は一時預かり所があると助かる。3畳程度の部屋では狭くもあるし。そんなわけで昔からこの商売がいわば地場産業となった。私が西成労働福祉センターの職員をしていた42年間、こんな相談がよくあった。（たとえば京都の）「飯場に1ヶ月契約で入ることになった。すまんが、おカネを貸してほしい。2500円」と。理由は？「コインロッカーに預けっぱなしになっている大事な荷物を取り出して行きたいが、取り出すカネが無い」と。1日預けて百円だが、長期預かりだと割引もされる。貸してあげると、たいへん喜んで、働いて帰阪したらすぐに返しに来てくれることがしばしばだった。**こんなことがきっかけで、職員と労働者という関係を超えた個人的親近感が育ったりもしてきた。**近年は生活保護の適用など、困難者への対応も迅速化され、一時的に荷物を預けないといけないような、行き場の定まらない、野宿寸前の人々は見えにくくなった。実は就労支援窓口などよりも、年末年始などの手荷物一時預かり所でこそ、理由（わけ）ありの人生の人に出会えたりする。しかし、数的には日雇い労働者の激減とともに、こうした店も姿を消すかに思えた。

そこに、この1～2年、写真のような変化が劇的に起きている。インバウンド客の激増に合わせて、英語・中国語・韓国語などの看板も掲げられ始めた。写真右側の経営者は語る。「80年代の売り上げを100とすれば？　う～ん、20まで下がった後に宿泊観光客が増えて、今は30くらいですかね。客は労働者3割、外国人7割。外国人は中国系がトップで、次が東南アジア系。この辺の旅行客用簡易宿所のチェックインやアウトの前後の、谷間の時間などに預けていく場合が多いねぇ」「労働者系？　生活保護でアパート住まいが増えたんで、すっかり減った。開業直後の1980年代は100％労働者で、その頃がピークでしたわ」。**なるほど。社会の構造的な変貌はこんな切り口からも見えてくる。**

※2024年追記。今はさらに激増中だ。ホテルと違って民泊だと、荷物だけ一時預かるサービスが無いので、こうしたお店に集中しているようだ。

実はワシも中の預け物を取り出すのに　みなさんに助けてもらうこと　昔からありますわ

仙人の住まい

読者の依頼でカマやんの住まいのナゾ調査

そこは民泊に使われる古い民家だった
また来てや
エ？

近頃はこの家の管理と清掃の仕事をしている。利用客が無い日は住み込み可だ。犬の散歩仲間である所有者から頼まれたのだ
さぼるな
コラーッ！

民泊の利用者がある晩は釜ヶ崎に戻って簡易宿所や無料宿泊所（シェルター）に泊まる。自由自在
ホテルあいりん
なるほどさすが現代の仙人！

旅行情報

アレがカマやんだ
またや

なんであんなに有名なの？
あとをつけてみる

HOTEL
ホテル
この街で激増中の外国人観光客にえらい親切にしてる

Osaka・西成区の安宿街にはKamayan という男がいる。何でも相談できる。
って世界に流れてる
なるほどそんな時代なんだ
インターネット旅行サイト

2018年8月　異なる生活様式への洞察力を養う場

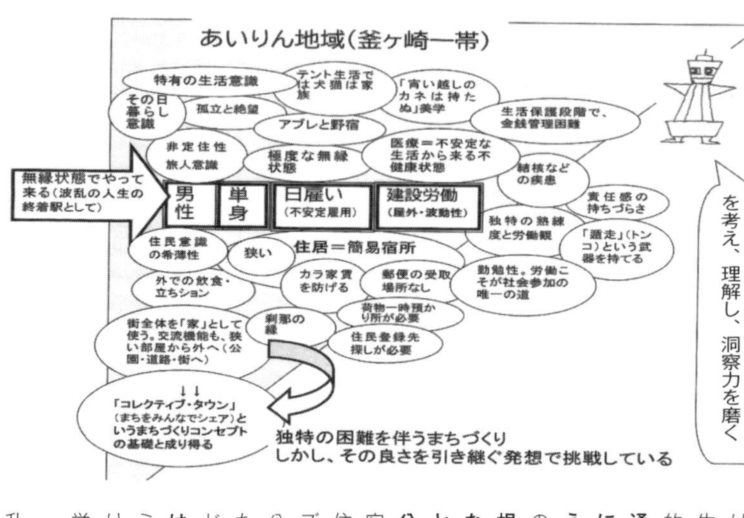

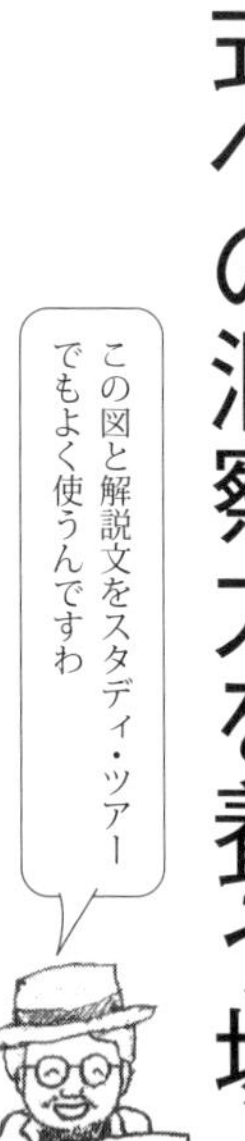

この図と解説文をスタディ・ツアーでもよく使うんですわ

私が２００４年以来続けてきた「釜ヶ崎のまちスタディ・ツアー」は、２０１７年度は38回実施、37団体４３６人の参加があった。そのうち大学は19団体だ。学生たちの人生体験は浅い。多くが平均的なサラリーマン世帯で育っている。しかし、釜ヶ崎の伝統的な日雇い労働者の生活様式はそれらとは異なる。価値判断のモノサシも異なる。**「普通」のモノサシで見ると、伝統的な日雇い労働者の暮らしは理解しがたい。周辺住民による偏見や恐れの源もここにある。そのギャップを埋めるために上に掲載の図を使う。**洞察力の訓練になるようにわざと散らかして並べてある。まず太線で囲った、１つの矢印と４つのボックスを見てほしい。**カマやんの仲間たちの特有な暮らしや価値観の根底にあるのは「無縁状態（でやって来ていること）」「男性」「単身」「日雇い（不安定な雇用形態）」「建設労働（波動性の強い野外労働）」であることだ。これがワンセットとなった存在形態が根本にあって、そこからさまざまな「理解しがたい」暮らし方・気分・地域的事象が出て来る。**たとえば、なぜ安定したアパートではなく、不安定な簡易宿所を選ぶ？　それは、建設労働者として各地の工事現場を転々とするので、アパート住まいだとカラ家賃だらけになるからだ。必要な時だけ泊まれる簡易宿所がむしろニーズとなる。しかし、そこはせいぜい3畳間なので、街を自室の延長として使う。道路や公園が談話室として使われる。だから、一般的尺度からすると「昼間から道路や公園にたむろして、何なの、あのヒトたち」と映る。一事が万事、理由があるのだ。フィールドワークではそうしたおっちゃんたちと語り合うことを重視しているので、**学生たちには事実上「異文化体験」になる。**実際、毎年やって来る関東のある大学は文化人類学ゼミだ。文化人類学では、異文化を知ることにより自世界の価値尺度が相対的なものであり、自己も相対的な存在であることに気づく。そうして、自分を発見するのである。大学に戻って以後の学生たちのレポートを読むのはおもしろい。

今、深刻な人手不足や観光客激増で日常生活の多国籍化が急激に進む日本。不要な混乱や摩擦を緩和するためにも**異文化的な事象への洞察力を磨くことは日本人全体の課題でもあろう。**

幸せのひと言

隣りのジイサン

釜ヶ崎ってそんなふところの深いまちです

2018年9月　サービスハブって何？（1）

1991年にワシは米国横断徘徊をした。それがこの作品。その頃のつながりが、2018年の釜ヶ崎でこの出来事になった、ちゅうわけや

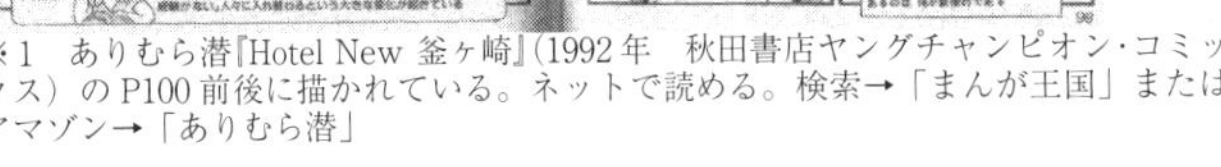

※1　ありむら潜『Hotel New 釜ヶ崎』(1992年　秋田書店ヤングチャンピオン・コミックス) のP100前後に描かれている。ネットで読める。検索→「まんが王国」またはアマゾン→「ありむら潜」

釜ヶ崎にはいち早く時代の動きや社会学用語が入ってくる。最近聞くのは「サービスハブ」。ハブとは直接的には、自転車などの車輪の真ん中にあってスポークを一箇所で束ねる部品のこと。「LCCのハブ（≒拠点）空港」などと使うときの「ハブ」だ。いったん「生活困窮者への多様な社会福祉サービスの集積拠点」程度にして話を進めよう。私の活動圏では、変わりゆくあいりん地域（旧釜ヶ崎一帯）の将来のまちづくりビジョンを策定する話し合いの中で普通に使われる言葉になった。世間でも広まるかもしれない。しかし、実際は社会福祉領域の用語ではなく、（都市計画的視点を伴う）地理学用語なのだ。だから、元祖サービスハブ論とはどんなんやろ？　と思っていた。そしたら、たまたま先月9月、このサービスハブ論の系譜の著名な学者、ジェフリー・ドゥヴェルトゥイユ氏（通称ジェフ先生）。英国カーディフ大学上級講師）が関連調査で釜ヶ崎を訪問された。3回目だという。急きょ各種支援団体・施設メンバーとの公開座談会を、第214回まちづくりひろばとして開催した。そこでより明らかになった「サービスハブ論とは？」をこれから述べるのだが、その前に披瀝したい、私が驚いたことがある。

ホームレス問題の世界的研究拠点、南カリフォルニア大学のマイケル・ディア、ジェニファー・ウォルチ両教授らが1990年頃にこの論を提唱し、2000年代以降に世界の貧困集中地域研究者たちから共感され始めたのだという。ジェフ先生の博士論文の指導教員はウォルチ教授だった。つまりジェフ先生は「弟子」にあたるのだ。**私は飛び上がって驚いた。この両教授は90年前後に釜ヶ崎を調査訪問されていて、私が事細かく地域案内している。**ちなみに、同行されたのはこの夏に他界された早川和男教授（当時神戸大学教授、居住福祉論）だ。早川先生に同行する形で、翌年は私もLAの簡易宿所街・スキッドロウを訪問し、漫画ルポもした。[*1] 両教授のご自宅に招かれて食事もした。**なんと、あの頃の調査ややりとりが今日のサービスハブ論になって、ブーメラン的に釜ヶ崎での将来ビジョンづくりに今、役立とうとしている！**　ディア教授は最近定年退職されたそうだが、貧困集中地域の改善をめぐる研究や実践は、世代交代を伴いながら、進化して引き継がれているわけだ。う～むむ。時の流れを感じる。

さて、肝心のサービスハブ論だが、書くスペースが無くなった。どうしよう。次号にしよう（笑）。

貧困の変遷

何か？
カマやんの腰の曲がり方は老化ではないよ

シケモクを拾いやすいように進化した体形やねん
HOTEL
クリニック
ケッ 歩きタバコ禁止で見つけにくい時代やで

歯のすき間も虫歯やなくて幼少期から魚の骨までかみくだいていたせいや
アゴが発達し過ぎた結果やねん

若いみなさん古典的貧困はこのヒトを観察すればわかりますから
現代の貧困研究ゼミナー
新しい貧困をさぐる
ダハハ ワシほめられてる？

幸福な人

おととい
しまった！ケイタイ電話とテレビのリモコンをまちがえて持ってきた…
キャッ

昨日
まちがって昼メシを2回食ってしもた
今夜の晩メシ代貸してくれ
キャッ

いやァ トシをとるっておもろいのォ
さて今日は何をしでかすやら
ワクワク

あんなふうに楽しめたらトシとらないよね
うらやまし～
私も早くあんなになってしまいたいわ…
NPO

2018年10月　サービスハブって何？（2）

NPO
サービスハブのまち・再チャレンジのまち
来たら、だいたいなんとかなる街
ちゅうこっちゃ

<イメージ>

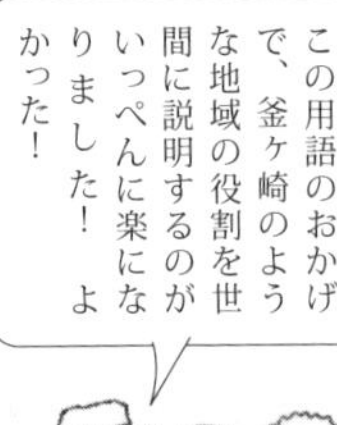

この用語のおかげで、釜ヶ崎のような地域の役割を世間に説明するのがいっぺんに楽になりました！　よかった！

第２１４回まちづくりひろばでジェフ先生が語ったサービスハブ論をまず説明しよう（ただ、浅学な漫画家の理解であることをお忘れなく）。一般的にも、あるいは格差社会が拡がればなおさら、**一般施策では対応が困難な、社会福祉制度の谷間の人々が存在し、下層社会を成す。そういう人々が社会福祉サービスにアクセスできる場所が必ず要る。巨大都市なら何カ所も必要**なのだが、新設などは結局住民の猛反対に直面するので、専用サービスが集積する場所としては、早い話、釜ヶ崎みたいな既存地域にいつまでも限定されていく。そのような役割をする地域ではボランティア・セクターが活躍していて、新自由主義的な都市再開発から自らサービス拠点を守ろうとする。**守る方法は国や都市で異なり、ＮＰＯ等が自力で土地等購入型、ネットワークで対応型、行政が積極的に介入型、混合型がある。**

この論に私が着目したいのは次の点だ。①釜ヶ崎のような世間的には忌み嫌われる貧困集中地域が果たしているポジティブな役割をきちんと認めている（社会福祉サービス拠点）。②困難を抱えた狭間の人々がどの地域にも存在することを認め、自業自得論で切り捨てる立場とは正反対の立場である。③ジェントリフィケーション論を「オオカミが来る！」式にただわめくのではなく、どうしたら抵抗できるかの実践論的立場を追求する。ただ、④（都市計画的視点を入れた）地理学的概念であることから、社会福祉サービスの質（あり方）の問題はさほど吟味されない。

一方、**釜ヶ崎で現在進行中のまちづくりビジョン議論では、【ハウジング・仕事・医療・福祉など多様なサービスを絡ませた地域連携拠点（サービスハブ）の構築で、（やり直し、生き直しのできる）再チャレンジ可能なまちづくりを推進する】**となる。**歴史的に蓄積したサービス供給システム（つまりサービスハブ）の質を社会再参加型に磨き上げればいいのだ。**そうして、釜ヶ崎＝課題先端地域＝実践先進地域として、蓄えたノウハウ（ソフト）を一般地域施策にも影響させていく。[*1] サポーティブハウスの創造や自立支援費の制度化もその先行事例と言える。これはもう「西成型サービスハブ」への進化である。そんなことを提案し、議論を進めている。これからは「福祉のまち」ではなく、「サービスハブのまち」と呼ばれたいものだ。

＊1　国や自治体が民間と共に推進する「日常生活支援の居住施設づくり」につながっている（２０２１年現在）。

コロナ難民

この街の良さ

巨　　　樹

まさに孤高とはこの巨樹のこと

ワシも周囲など気にせずわが道を行くんじゃ〜〜〜

今年の抱負

アホ！周囲と助けあっているから生き残れてるんじゃ

しゃしゃべった

森の中にはさまざまな共生のしくみが広がっているのじゃ
たとえばキノコと樹木

光合成の養分

地中の養分

菌糸

おそれ入りました

菌糸は森全体のネットワーク化にも寄与している

発見方法

NPO利用者 安否確認会

あとゲンさんがずっと不明で心配です

NPO利用 安否確認

地図

ケイタイも無し 居所はおおよそしかわからない人なのよね

どうやってさがす？？

NPO利 安否確

地図

そこらへんで臨時の炊き出しをやればエエ

なんで？

炊き出し

ホ〜ラ どっからともなくかぎつけて姿を現す男や

ウム…おとり炊き出しやな ギャいいい

案内チラシ

2019年2月

あいりん総合センター内や周辺にて。荷物を捨てきれない風景

撮影：2019年２月

う～むむ…これがほんまの「簡単に片づけられない問題」や、なんちゃって

うまい・・・かも

究極の断捨離のまち VS 釜ヶ崎型ゴミ屋敷問題

これは　なかなかむつかしい問題なのよ

断捨離を言うなら、釜ヶ崎こそその究極の空間と言える。不要なモノはもちろん、それまでの仕事、家族や友人との人間関係、おまけに自分自身の過去すら断ち切って、釜ヶ崎へたどり着く。寝起きする空間は簡易宿所。3畳で備え付けのテレビ・冷蔵庫・エアコンくらいしかない、まるで座禅部屋だ。何なら読者のみなさんも1回簡易宿所体験はいかが？

しかし、ここに来ても「捨てられない荷物」に悩まされる問題はやはり存在する（写真）。たいがい悩まされるのは所有者ではなく、周囲の人々だ。これは釜ヶ崎型ゴミ屋敷問題と呼べるかもしれない。本人にとってはゴミではなく、大切な物である点は世間と同じだ。違うのは、「移動型」や「持ち出し型」である点。前者は空間の所有権・占有権がどこにもない野宿生活者なので、多くの荷物を持って右往左往することになる。あいりん総合センターの場合、シャッターが夕方5時半～朝5時の間は閉まるので、写真のように、毎晩毎晩、外に運び出さないといけない。こういう暮らしの人は生活保護での脱・野宿を勧める場合などに、荷物の問題だけでなく、医療を含む複合的な課題を抱えていることが判明したりする。「持ち出し型」とは、生活保護でアパートに移った後に部屋の中がゴミ屋敷状態になり、しまいには自分自身が居る空間も無くなるので、一部の荷物をあいりん総合センターのような公共空間に持ち出す（持ち込む）タイプ。どちらのタイプでも、他人がそれを「じゃまや！」として捨てると、人間不信などの屈折がさらに深刻になる。さらに、夏場は（特にアパート内は）不衛生になるので本人より周囲の方が悩んでしまう。そういう問題だ。

同センターは建て替えに伴う仮移転先に移るため、今年3月末日には閉鎖される。

こうした人々への対処の基本はまず抜本解決策。この際に生活保護等でまずは畳の上にあがり、生活再建の軌道に乗ってもらうことだ。だから、役所・社会福祉法人・ＮＰＯ法人が協力して特別な働きかけを行っている。それでも乗ってこない人もいる。そこをどうするか。その人たちのために、屋根があって野宿もできる空間を用意するのか、それを行政が行うのか。野宿を推奨するようなことは行政はできないが、何かせざるを得ないとしたら、どういう形までが許されるのか。そういう究極の対応が迫られているのが２０１９年早春の釜ヶ崎である。

断　捨　離

こんな低額じゃ暮らせんわ
断捨離をやらなきゃ
まず小さな住居に転居や
年金通知

よけいなものや関係を
断つ
捨てる
やるぞ禁煙
会員用

フ〜〜だいぶ片付いた
あとは離ね

それで離婚つきつけられて釜ヶ崎に来たんかい
ウワ〜ン
ホラ、また仲間がふえる

究極の断捨離

断捨離や！
人生の整理や
タテマエ
ムダ
ポスト
不要な遊び

すべての煩悩を捨てに旅に出よう

すると失うものは何もなくなり
釜ヶ崎に行き着きました
スッキリ
いやまだ己を捨てきっておらん
あいりん

見よ恥を捨て路傍のタダの肉になれるか
そ、そこまでは…
ZZZ
ただ寝てるだけやんか

2019年3月　たかがトイレ、されどトイレ

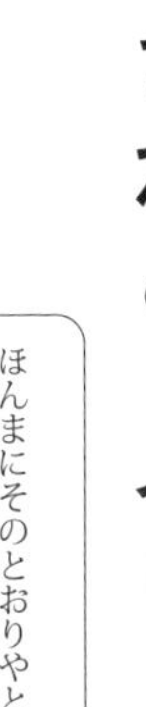

ほんまにそのとおりやと思うわ

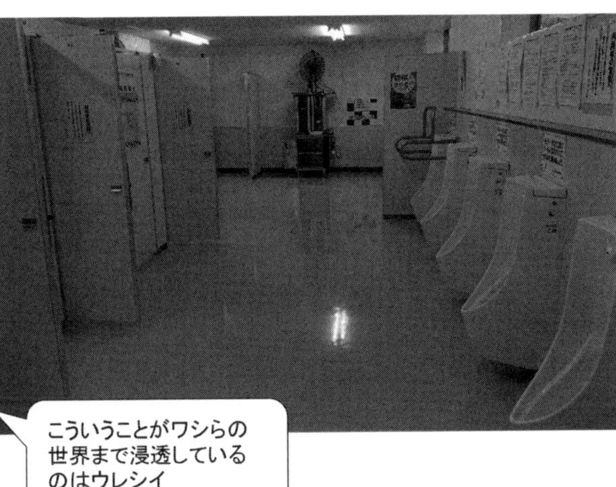

う〜ん　臭わない！
気持ちええ〜
アハハハ
こういうことがワシらの
世界まで浸透している
のはウレシイ

生活困窮者向けの福祉施設は全国にたくさんあるだろう。そこでのトイレはどう扱われているだろうか。トイレの清潔さは今日では訪日外国人にも褒められる、日本文化の一つとも言われるくらいだから、多くが清潔であると思う。昔から釜ヶ崎では、たとえば子どもたちがどこか遠方にバスなどで遠足に行き、楽しく遊んだ後に地域に帰って来ると、ションベンの匂いに満ちていることをあらためて知る。「ああ、ニシナリに帰ってきたなあという気分になるわ…」という哀しいエピソードを幾度となく聞いてきた。

しかし、である。今夜一晩の寝床が無い人々のためのあいりんシェルター（正式名称はあいりん臨時夜間緊急避難所。２０１５年度建て替え。ベッド数５３０床）のトイレはたいへん清潔だ。管理運営を大阪市から委託されているＮＰＯ法人釜ヶ崎支援機構のスタッフたちが懸命に清掃しているせいもある。ピッカピカで無臭で、実にすがすがしい（笑）。もちろん「大」のほうはいわゆる温水洗浄便座（ウォシュレット）だ。きれいであることは公衆衛生上も必要だ。けれど、それ以上に意義や効果があることをその法人代表者に教えられた。**「こうすることによって、利用者には、自分は世間から人間として対等に扱われている、ということを感じてもらえる。トイレの清潔さは人権でもあるのだ。そのことはとても大事だ」と。私も大いに納得した。**大阪の地下鉄駅のトイレが、「ようおこし」という大きな文字やお辞儀イラストの看板設置と共に、いっせいに美しくなったあの瞬間の感動もそれに似ているかも。

「自分の扱われ方」なら、私は日雇い労働者が泊まる建設飯場（宿舎）の「めし」についても連想する。労働者たちは求人窓口で求人票を指差しながら、ここの会社のメシはああだ、こうだという情報交換をしきりにしていたものだ。自分たちのメシを「エサ」と自虐呼称しながらも、「この会社はな、親方は鬼のように（現場での）追廻しがきついけど、奥さんがつくるメシがうまいねん。ボリュームもあるし、みそ汁も具だくさんで温かいし。せやから、ワシはよく行く」等と。つまり、自分が人間としてきちんと扱われているという実感がうれしいのだ。トイレやメシとはそういう重大問題なのだ。

めし屋

さすが高齢単身者のまちである

ふびんなヤツ

2019年4月 見てきた「フォーマルとインフォーマルの関係」

相互にささえあう関係

地域社会

フォーマルな制度
（さまざまな公式の社会保障制度）
各種社会保険・生活保護制度
介護保険制度etc

制度改善や新制度化を要請

制度改善で呼応

地域独自の
インフォーマルなしくみ
（で補完し制度活用）

こら〜　漫画家なら　お笑いで包め！ワシには話が硬いわ

ごめん　根がマジメ過ぎるのが欠点で

平たく言えば、「社会福祉制度は完成しているわけではない。制度の中に発想を閉じ込めていてはいけない」ということになるだろうか、今号は。そのことを釜ヶ崎のような地域（一般地域だと社会保障制度からこぼれ落ちてしまうような生活困窮者が見える化される地域）では教えてくれる。

釜ヶ崎の特徴は、普通なら有るべきもの（制度の前提）が欠落している人々の街である点だ。家族、身元保証人、安定した住居（あっても簡易宿所）や雇用、住民票、おカネ、相談相手、生きる目標などなど、無いものばかりだ。しかし、通常の社会制度はそういうものがあってこそ機能する。たとえば介護保険という公的な制度。まずは家族による介護があってそれを社会が支援する制度だ。しかし、この地域では前提が欠けた人が多いので、簡易宿所を生活支援付きアパートにして、準家族的なささえあいのしくみを創る。これをサポーティブハウスと呼ぶが、それ自体インフォーマルな存在だ。だから、各種生活相談や入院見舞いなど個別支援サービスもインフォーマルだ。介護保険のように支援項目ごとに支援費が付くわけではない。**それでも、そうしてでも支援が必要な人々が存在するので、見かねた（地域の）有志が「持ち出し」で支援しているわけだ。こうしたインフォーマル部門があるおかげで、フォーマルな制度も役割を発揮できる。**生活保護制度もそうだ。フォーマル部門はそうした人々を自力で取り込めるように改善されれば、アップデイトされたことになる。該当する制度がなければ、フォーマルな制度を創ればよい。公的部門に対して創らせる社会運動も必要だ。

実際、2018年のある日、厚労省がサポーティブハウス「おはな」に視察に来た。ホームレス・生活保護・生活困窮者領域でも支援費の支給が必要だという、関係者の長年の叫びが届いたからのようだ。視察者は「なるほど。ここにこそ福祉の原点がある」とつぶやいたという。その後、無料低額宿泊所という舞台に限定されながらではあるが、支援費について審議中との報に接している。一事が万事だ。釜ヶ崎には炊き出し・夜回りから雇用創出に至るまで地域独自の制度や団体間のささえ合いネットワークがある。インフォーマルなしくみは熱いハートが創り出す。

そやから、無い無いづくしのワシでもだいたいなんとか生きていけるのが、この街ちゅうわけや

ヘルパーさん

釜ヶ崎時間

2019年8月 現場に足を運んでこそわかる誤解の例

「ワシから逆質問したい。ホームレスは不幸やと誰が決めたんや？自分なりに生きてるでぇ」

絵：前著『カマやんの夢畑』(2012年)より再掲

足を運んでもガイドの解説がないとやはりわからんことも多い。ワシらもあんまり語らんしなぁ

いくらSNSなどが発達しようが、物事は結局現場に行ってみないとわからないという命題は不変だ。その事例は私の持ち場である「釜ヶ崎のまちスタディ・ツアー」の中にも見られる。ちなみに、昨年度だと約40団体（≒回数）、500人程の学生・市民・公務員・メディア関係者を受け入れた。以下、誤解であることを強調するねらいから若干単純化するため、「それは人によって異なる」という反論は私自身も持っていることを先におことわりしておく。

（1）日雇い労働者は常用化を渇望しているという誤解⇒多くは日雇いという形態での仕事を求めている。これまで常用で働いたり、働こうとしたが、その形態ではうまくいかなかった経験から、今では日雇いが自分に合った形とペースだと考え、働きたい時に充分にその仕事があること、それが理想なのだ。ここにこそ、厚労省や業界が盛んに推進している常用化政策との矛盾がある。そこが実にむつかしい。（2）困って生活保護に駆け込むくらいだから、怠け者である「はずだ」という誤解⇒多くは各種工事現場での経験の深さから来る熟練工だし、過剰なほどの日本的勤勉意識が生活保護への移行を阻害するほどの人々である。（3）アパート等での居住の安定を誰もが求めているはずだという誤解⇒全国各地の建設会社宿舎（飯場）を転々とする彼らにはアパートを借りると発生するカラ家賃はあほらしい。釜ヶ崎に戻っている時だけ宿代を支払えばよいので、簡易宿所という居住形態を求めることになる。（4）アブナイ街という誤解⇒街はとても安全。統計でも路上犯罪数は繁華街のある大阪市北区・中央区・浪速区等のほうがずっと多い。また、怖いおっちゃんたちではなく、子供にはやさしく、女性にはとても弱い（生育過程での母親の愛情への憧憬や悔恨なども関連する）。

字数が尽きるので、すべて省略し、**最大の誤解を一つだけ。（5）苦しい状況の中で人々は悲しい想いで暮らしているに違いないという誤解**⇒確かにさまざまな苦難を経て流入してきた人々ではあるが、それでも自分らしく生きようとしているし、それなりに可能だし、私たちの語り部、Hさん（83歳）などは「今、私は幸せです」と言い切る。「**ホームレスだから不幸やと誰が決めたんや！**」という当事者の有名な言葉もこの世界にはある。ただし、だからといって生活改善や社会改革をしなくていいと言っているのではない。その必要性も含めて、人間社会とはそういうものなのだ。

自立支援

馬券売り場
生活保護費は何のためにあるのかわかっとるやろ！
来い

ええか自立していくためやろ！
サポート員として雇用
さすが！仲間だからこその厳しさよね

なのになんでこんなモン買うんや
!?
NPO

これガチガチの低配当やないか
大穴をねらえ！そしたら一発で保護を脱却できる
2-4
3-6や
3-6
アホッ

困った人

地域を取材してみてどうでした？
困ったもんですわ

困った困った
ルポライター
そんなに困難な問題がありましたの？

地域状況がかなり改善されてますよねェ
釜ヶ崎はいつまでも悲惨でなきゃ困るんですわ
こんなヤツよくいる
次号企画 釜ヶ崎潜入ルポ

あ、そうだジイサンだけでもなんとかして困ってくださいよ人助けだと思って
な、なんじゃこいつ

テレワーク

テレワーク普及のおかげで目ざめは小鳥のさえずりさ
アタシは海の潮騒よ
フワフワ君は？
チャリ〜ンという音やな

わが町の良さ

2019年11月　よくわからない人々

「アンタの頭の中はわかりやすうて、ほんまに助かるわ」
「さよか・・・」

私の友人のあるドクター。ホームレスを含む生活困窮者の問題にも詳しい彼が最近、**ため息まじりにつぶやく。「よくわからない患者が診察室に増えている」と。**医院は大阪市西成区にあるので、生活保護の患者がほとんどだ。元日雇いの高齢者たちは武骨で一見とっつきにくいが、主訴も背後にある生活状況もわかりやすい。しかし、そのタイプは全体の約6割に減った。残りは相対的に若く（と言っても、中年も含む）、一見おとなしく平凡に見える。が、一人ひとりの主訴や特徴が「よくわからない」という。精神・知的・発達等の軽い障害がからんでいるのか、いないのか。就労意欲はあるのか。稼働能力はどの程度か。わかりにくい。ただ、やりとりの中ですぐ〝キレる〟のが共通点で、対応に苦慮しているという。そういえば、毎日３００人程度の生活困窮者が利用している臨時夜間緊急避難所（あいりんシェルター）の敷地内にある、昼間の「居場所棟」でもこれまでとは異なる「よくわからない」タイプの若者層がたむろして、スマホなどをいじって過ごしているという。この地域に流入するタイプがかなり変わってきているのだ。

そこで、西成区では、まちづくり会議の有識者委員提言もあって、そうした人々のうち最近生活保護が適用され始めた人々の昼間の気軽な立ち寄り所＆居場所を開設し、一人ひとりの日常のようすや就労への意欲などをまずは把握する。つまりどんな人なのかをもう少し把握して、支援や就労先へのつなぎ、社会との関係の維持を通じた孤立の防止など、個々人に応じたマッチングを行うモデル事業を始めた。２０１９年夏にスタートした『どーん！と西成』（西成版サービス・ハブ構築運営事業）だ。サービス・ハブとはこの場では「就労・福祉・医療・ハウジング等の多分野を結んで困難事例を支援する地域連携拠点、及びそのシステム」とでもしておこう（詳細は本書第２章98・１００頁「サービス・ハブとは？」を参照）。そこでの若いスタッフたちの試行錯誤の成果に期待したい。なに？　このエッセイを読んでも、結局どんな人々なのかよくわからない？　すみません（笑）。**要するに、制度の谷間で困窮する人々のタイプは変遷するし、最近話題の道の駅に滞留する新しい貧困者（車上生活者）を含めて、はじめはみんな「よくわからない人々」なのだ。人は貧困の姿はこうであると決めつけがちだが、それこそ己の発想の貧困なのだと悟るべし、だ**（自戒）。

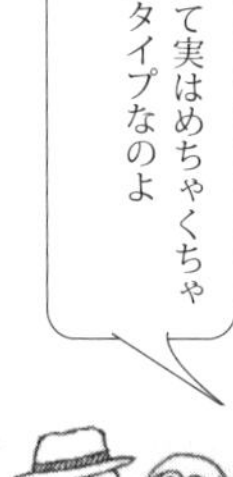

カマやんなんて実はめちゃくちゃ
わかりやすいタイプなのよ
アハハハ

声が出ない

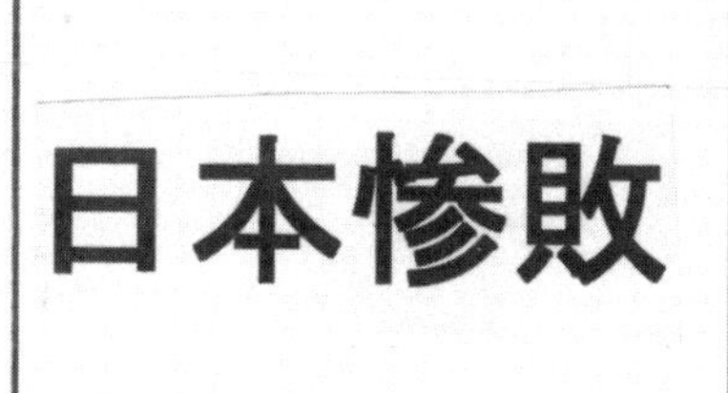

2014年W杯ブラジル大会直後の作品です

横向き世代

困難事例増える

2019年12月　キャッシュレス先進地域？

これ読み始めて最初は「何のことか…」と意味わからへんかったわ

年末年始は文明論などを考えるものだ。今号は私も書く。今、文明史上無かった領域へ突き進みつつある国家もある。某国などは14億の民すべてを顔認証できるほどに国家による個人管理を徹底させ、もはやSF小説の世界に踏み込んだ感がある。空恐ろしい流れだ。その一つとして、世界はキャッシュレスの時代へ。ただ、日・独はこの流れが遅いようだ。日本は偽札など考えられず、紙幣への強い信頼感などが底流にあるからのようだ。いつもの居酒屋でそんな浅い文明論をおしゃべりしている時に思い浮かんだネタで描いたのが上の漫画だ。**「キャッシュレス」は誤用ではなく、クレジットカードすら持てないカマやんたち貧困者にとっては「カネ自体が無い」と同義語なのだ。その類の話を私の周囲からもう少し。**

H・Mさん（83歳）は夜逃げ同然で釜ヶ崎へたどり着いた時（10年弱前）、手にはキャッシュ900円しか無かった。年金が入る予定だが、次の振込日は30日後だった。絶体絶命！　ところが、そこは天下の？　釜ヶ崎。なんとか生きて振込日にたどり着けたのだ。生活保護の申請は考えなかった（今も年金と高齢者特別清掃事業で月12万円程度の暮らしだ）。**初日こそ野宿だったが、無料の炊き出しや宿泊所の存在を知り、支援団体からの援助も利用して、ついに30日間をしのぎ切ったと言う。**

G・Nさん（65歳）の場合は、つい最近のことだ。生活保護の生活扶助が月に7万円程度支給されるのだが、6万円残っていたある日、そのキャッシュを紛失してしまった。次の支給日まで2週間以上ある！　もともと出歩くにも足が不自由な、アパートでの独居暮らし。絶対絶命だ。**部屋にわずかに残っていた砂糖を混ぜた水を飲み、それだけで2週間が経過した。ただただ寝ているだけ。**助けてもらいに外出することはなぜか考えなかった。「やがて手が、こう、震えてくるんですよ」と。保護費支給日まであと3日はある。その時だった。ドアをノックする男がいて、「Gさん。元気～？　以前に有償ボランティアをやってもらった時のお茶代千五百円を渡し忘れてたわ。持ってきたでぇ～。あっ！　な、な、なんや、その顔、どないしたん？」。その男とは私だった…。危機一髪のその千五百円をGさんはどうしたか？「全部コメ代にして、全部おにぎりにして。塩だけの。3日間食いつなぎましたよ。アハアハ」（汗～）と、せつなく笑う。**誠に「キャッシュレス」な街だ。**

「月光仮面」にすると著作権が気になりまして…

5 年以上の野宿を経てアパートに移った A さんのお部屋

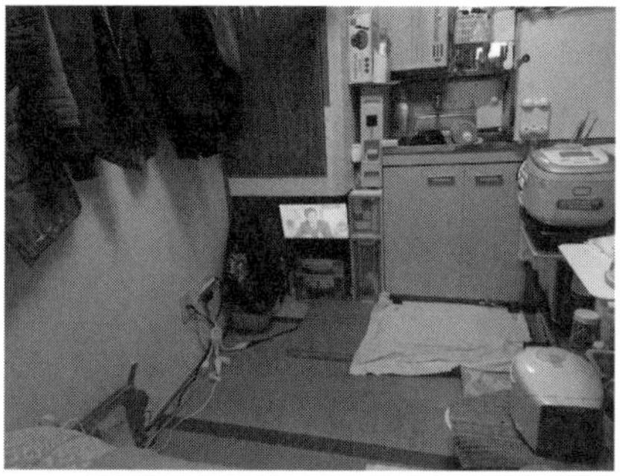

3 畳間＋キッチン＋物置
家賃 3 万 2 千円＋基本
光熱費 800 円／月

撮影：2020 年 2 月

普通は平面的にモノを並べてゴミ屋敷風になってしまいがちなのに、立体的に使って、収納を上手に工夫してはるわ。倒れてくるモノが何もないスペースもあるから地震にも対策してはるし

律儀な性格と見た。アッパレ！

2020年2月

転居とはパンドラの箱を開けること?

このエッセイっていつも前向きやけど、地域のネガティブな事象も書いておかないと、というお話ね

春は引っ越しの季節である。住まいを考える時期でもある。ホームレスを含む生活困窮者支援の領域では、「住宅確保要配慮者」という住宅弱者の支援の流れが強まっている。この4月からは生活保護法が改正されて、社会福祉住居施設及び日常生活支援住居施設の制度もスタートする。**この領域では住居への「入居」が世間ではおもな関心事になりがちだが、実は問題点が表に出てくるのはむしろ「転居」をめぐる場面である。**野宿を脱出して、「その後はアパートで幸せに暮らしましたとさ。めでたしめでたし♪」とはいかないのだ。まずトコジラミ（俗称：南京虫）、ゴキブリ、ネズミなど、住宅の質や管理の問題によく悩まされる。やがて、ゴミ出し、ゴミ屋敷化、近隣とのつきあい、騒音などの問題も出てくる（被害者であったり加害者であったり）。それらの解決のためにNPO等が転居を勧めて支援しようとしたら、近隣からの借金があることが発覚して、板挟みの泥沼に引きずり込まれる場合もある。月々の生活費の金銭管理がなかなかできない人に「うちの物件に移ってくれたら、金銭の貸し付けサービスもするから」と、入居者の引き抜きまがいのことをする事業者もいる。同じアパートの1階に居酒屋を経営していて、そこでのツケと貸付金がゴッチャになっている事例、挙句に年金を担保にして新たな借金を重ねる事例もある。転居で問題「解決」せんとするも、悪循環となる人もいる。家賃を何ヶ月分も不払いの果てにどろ～んと夜逃げする「解決法」も珍しくはない。人間の弱さがよく見えてくる場面でもある。部屋の良し悪しの問題よりこうした生活のしかたの課題克服の方が重要だったりもする。精神的疾病や発達障害等がからんでいることもある。

総じて「住む能力」をどう高めるかの問題だと私は理解している。住む能力とは、外に向かっては、地域社会の一員としてそこに参加したり共生する能力。住民自治能力もこの延長線上にあろう。内に向かっては、部屋を清潔にしたり、小さな日常を丁寧に楽しむ能力だ。私はそう思う。

支援NPOのアイリーン「あなたね、なんできちんとでけへんの…」（深いため息）。カマやんが連れてきたトモダチ曰く「でけへんから相談に来たんや。できるようならわざわざ来るかい」。カマやん「ほんまや。お前、そこだけは筋が通っとるのぉ」（一同爆笑、のちタメ息…）なのである。でも、このコラムはいつも最後はポジで終わりたい。そこで、紹介するのが上の事例（写真）というわけ。アッパレ！

元気に孤独

スーパー
お〜オ かわゆいのぉ 何歳や？
77歳！
ジジイには 聞いてへん
好きな 食べ物は？
ホルモンうどんと 紅ショウガの 天ぷら
ジジイには 聞いてへん
ちゃんと ごはん 食っとるか？
カスミしか 食うてへん
やかましいッ さみしい老人の いやし時間を ジャマするな
無視された ワシはもっと さみしいんじゃ！
やかましい わい
まァ まだまだ にぎやかな まちやないの

一人語り

アーハハハ それって おもろい
イヤホンマイク？ 一人でしゃべる姿 が増えたなァ
ギャハハハ いいね いいね いいね
イヤホンの 向こうの 誰かとつながって 人生を楽しん でるわけや
ギャ〜ハハハ ウンウン そやそや
いいね いいね
エッ カマやんも ？
わかった！ 他の仲間にも 連絡しまくる わ 楽しみや
イヤホン なし
友達がいる フリしとるわ
孤独な男よのォ 泣けるわ
ケンカして 絶交中

2020年3月

コロナ禍の今こそ生活保護で、野宿脱出・居宅確保を

↓感染症リスクいっぱいのシェルター（無料。2段ベッドが約530床）。今も毎晩約300人が宿泊している（2018年世界銀行が視察時の写真。撮影も世銀）

↓こんな時にこそ あって良かったと思わせてくれる？地域医療拠点・大阪社会医療センター

↑日頃から短泊機能を持つ（社福）大阪自彊館・三徳寮も活用する

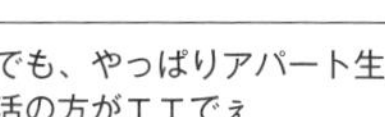

でも、やっぱりアパート生活の方がエエでぇ

おまえが言うかぁ…

いやぁ～　びっくりしたわなぁ
釜ヶ崎は感染者がまん延するって
誰もが危機感いっぱいになった

　惑星レベルでの人類対コロナウイルス戦争が始まった。えらいこっちゃ。ええトシになっている私自身、このエッセイが本になる頃、この世にいるだろうか…。感染したら、まずは自宅に「自主隔離」である。しかし、私たちの持ち場は貧困者密集地域であり、その自室すら無い人たちがいる。野宿生活者やシェルター（臨時夜間緊急避難所）住まいの人たちだ。ここに一人でも感染者が出たらパニックだ。あっという間に大勢の貧困者に感染が拡がるわ、シェルターも当面使用停止になるわ、おまけに致死率の高い高齢者ばかりだわ。そんな悪夢の展開にならないことを天に願うばかり。感染者発生に備えて、大阪市福祉局とシェルター運営受託団体（NPO釜ヶ崎支援機構）との間で準備はしているようだ。もちろん予防徹底と、感染者が出た場合は一般指定施設利用を基本にしつつ、その前段階では当地域独特の医療・福祉資源を組み合わせて、隔離や療養を行う。シェルターの寝場所棟、同・居場所棟の2階、大阪社会医療センター（入院施設あり。今秋完成の建て替え先では感染症対応病室＝陰圧室も複数設置）、三徳寮・ケアセンター、簡易宿所（借り上げ）等々。**網渡りではあるが、こうした中間施設を駆使せざるを得ない。**

　しかし、根本はこの際、生活保護（居宅保護）で住まい方も大転換することだ。西成区役所はあいりん総合センター建て替えに当たって、地域の諸団体と共に数年前から「この際、居宅保護に移行しましょう」という個別呼びかけの巡回事業をしている。でも、さまざまな人生上、メンタル上の課題があって、「もう少し今のままにさせてくれ」「ほっといてくれ」と答える人も少なくない。全国でも路上生活者が4555人いて（2020年1月調査）、平均年齢は60歳超で、路上生活歴10年以上の人々が3分の1を超えている。支援団体や行政も打開に悩んでいる。中には野宿を自団体の運動の基盤として事実上、肯定・誘導すらしている流れも一部だが、ある。もちろん、今回の新型ウイルスでは自宅があれば解決というものではないが、結核も含む感染症全体を考えると、自分の命、仲間の命を守るためにも脱野宿の道に切り替えようとご本人たちに叫びたい。**そして、このコロナウイルス後に大不況↓野宿者激増を迎えた場合には、果敢に生活保護（居宅保護）を打つべきだ！　その大道を切り開いてきたのがこの20年間の全国的経験の核心部分だからだ。**

アベノマスク	自宅待機

ガハハハハハ
その大口あけた笑い方なんとかならん？
コロナ感染予防のために

まずはマスクを
寄附分がたくさんあるのよね
宅配便

これがうわさのアベノマスクかい？
ガ〜ハハハ
まァカマせんだとクチより小さい

NPO
同時に3〜4枚かければダイジョーブ
クッ〜ヒトをつぎはぎマンにしよって

コロナウィルスで自宅から出られない全国のみなさん
ボ、ボクは今たちあげたひきこもりネットの者です

ひきこもりに意外と必要なモノはこれとこれ
ストレス発散のウラワザはこうする
不安になったらこのテがある

ひきこもりをポジティブに考えるにはこう
事実ボクはこうして人生をやれている
心配は無用希望をもとう！

そして時々ゆる〜い運動も
1.2.1.2
1.2.
彼があんなに生き生きしてるの初めて見た！
人はみんな輝く瞬間があるんや安心したッ

2020年4月

この20年の経験やしくみを駆使して対コロナ総力戦だ

↑2000年前後の膨大な野宿者テント群（大阪城公園。テント禁止の立て札も）

↑相談窓口も多様化

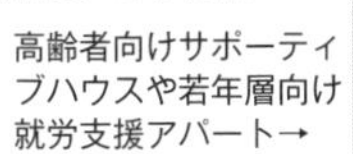

高齢者向けサポーティブハウスや若年層向け就労支援アパート→

【流れの一部】

↑元保育所活用。1階は高齢者向け居場所事業、2階は若年層向けサービスハブ事業

↑熟練してきた技能講習事業（無料）

ええか。みんな、お、おちつけィ！これまでのノウハウを活かすのは今じゃ。違うか？

このオッサン、ほんまはしっかりしてるんや…！

前回の続きだ。またもやホームレス激増局面になるのだろうか。それもコロナ・パンデミックという、想像もしなかった出来事でだ。世界中でほとんどの社会活動、経済活動が停止し、あらゆる分野で甚大な被害がどんどん表面化してくること必至だ。生活困窮者支援の世界でも全く同じ。やりきれない。「バブル経済崩壊による1990年代末。および2008年のリーマンショック後の世界的危機直後。こうしたホームレス激増期にまたまた逆戻りかい。トホホ」である。私は私でこの20年間、精も根も尽きるほどに仲間のみなさんとがんばってきたつもりなのに。そして、もはやこんなにもトシとったのに。しかし、落ち着こう。大丈夫なのだ。なぜなら、このたびの対応はこの20年間この分野の人々が蓄積してきた経験やノウハウ、支援のしくみ、人材ネットワーク、団体間連携などをフル回転させればよいのだ。そして、一気にバージョンアップさせればよいのだ。この原稿執筆時点で、すでにさまざまな支援の陣形が現れつつある。新たにホームレス化しそうな人々、これまでホームレス状態だった人々それぞれへの素早い相談窓口の設置（状況の把握も兼ねる）。使える社会資源への誘導。非稼働施設や簡易宿所等の活用でまずは緊急シェルター（ソーシャルディスタンス確保型）や次の住まいを確保して居住を安定させたうえで、医・職・福祉・きずな再生等の総合支援。この領域の人々はこれらを日頃から実践してきて、**使える法律や事業もわかっている。生活困窮者自立支援制度系、地域居住支援事業系、何よりも生活保護制度系がある。**一番の教訓はこれを迅速、かつ大規模に実施することだ（なぜなら、住居喪失後1年以内程度こそホームレス状態脱却への渇望感やエネルギーが当事者にあるからだ。鉄は熱いうちに打つが鉄則だ。行政側はつべこべ言わずに生活保護を積極果敢かつ柔軟に適用する、が基本だ。社会が落ち着くと共に、コロナ以前は就労できていた人は早期に仕事に戻る。経験済みだ。今回は規模感も大事で、けちけちしない。結局、そのほうが修復は速いし、財政負担も安くつくのだ。前述の過去2回ともピンチをチャンスに変えた。3回目は新しい文明社会を築くくらいの構え方でいこう。未だ途上にある釜ヶ崎のまちづくり努力もその文脈に引き継がれて、「やってきたことが生きた」とみんなが思うような、そんな構え方だ。

あいりんシェルターで確認された感染者は3年間で結局28人やったそうよ。驚異的に少ない人数やと私は思うわ

コロナ禍に

社会的距離確保

寄り添い型支援

閉じこもり苦

2020年6月　ああ、定額給付金10万円岳への道

定額給付金
10万円岳
とった〜
銀行口座
開設峡谷
こっちや
こっち！
生活保護受給者
身分証明沼
住民票設定峠
申請書受理川
おたくら、これからでっか？　ご苦労様　フォフォフォフォ♪

全国民（日本に住民登録している外国籍含む）が等しく受給できるはずの一律10万円。これはホームレスを含むさまざまな不安定居住者にとってはいくつもの難関を越えないとゲットできない。ある広報紙で、どんな手続きが要るかの解説記事に添える、わかりやすい挿絵を描いてほしいと頼まれた。それを基にしたのがこの絵だ。なぜか褒められてウレシイので、調子に乗って本書でも紹介しよう。

生活困窮者支援の世界に身を置いた人でないと、この困難性はなかなか実感できないと思う。なにせ、定まった住居も郵便受取り場所も身分証明書も銀行口座も無い無いづくしの中で完遂しないといけない。本稿はその技術を説明する役割ではないが、**そもそものスタート地点＝申請書入手すらコケてしまう**ことを説明しておこうか。申請書は役所から先ずは本人の住民票登録地に郵送されるので、**入手するには住民登録から始めないといけない。そのためには、そもそも自分の本籍や住民票が現状どうなっているか、本籍地の役所から戸籍抄本や附票を郵便で取り寄せて調べることになる。**長年放置している本籍地を想い出さねばならない。人生の想い出したくない出来事も併せて想い出して？　**それらを本籍地の役所に請求。でも「本人の住所地に送ります。身分証明書の写しも同封してくださいね」と来る。それらが無いから手続きしているのに！　戸籍法という絶壁は融通が利かない。それでも越える**（「天城〜越〜え〜♬」とカマやんらしき声）。そう、ここでがんばれば間違いなく10万円はゲットできるんやから。福祉国家の恩恵をきちんと受けていくためにはどっちみちやるべきことだし、モチベーションが高い今こそがんばっていただきたい。その点で、実は挿絵の中で、ATMの前で文字通り〝左うちわ〟で、「ワシなんか入金を待つだけや」と笑っているご老体。生活保護を受け始めた段階で、時間もかけてそうした山登りをケースワーカーらの助けでとっくに済ませている人だ。私はここを最も注目してほしい。生活保護は堂々たる権利である。この際、安定した暮らしに根本転換しようよ。それをコロナ後のニューノーマルにしようよ、と私は言いたい。（野宿や不安定居住という）問題を維持したまま狭い道を通って追求するよりも、根本解決を叫ぶ役割を今回は私は引き受けたい。

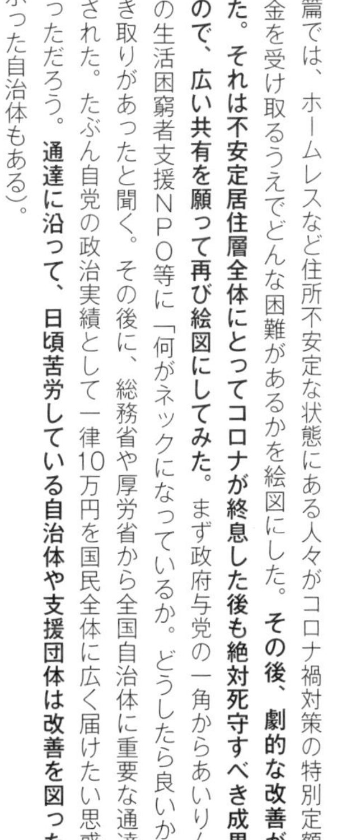

2020年9月
定額給付金10万円岳への道（その後）

行政ってガチガチに固いから　しくみの運用を変更させるのは政治家の力だと鮮やかにわかったわね

びっくりするほどの成果もあったね

前篇では、ホームレスなど住所不安定な状態にある人々がコロナ禍対策の特別定額給付金を受け取るうえでどんな困難があるかを絵図にした。**その後、劇的な改善があった。それは不安定居住層全体にとってコロナが終息した後も絶対死守すべき成果物なので、広い共有を願って再び絵図にしてみた。**まず政府与党の一角からあいりん地域の生活困窮者支援ＮＰＯ等に「何がネックになっているか。どうしたら良いか」の聴き取りがあったと聞く。その後に、総務省や厚労省から全国自治体に重要な通達が出された。たぶん自党の政治実績として一律10万円を国民全体に広く届けたい思惑もあっただろう。**通達に沿って、日頃苦労している自治体や支援団体は改善を図った**（サボった自治体もある）。

・申請書入手の段階からなるべく**ワンストップになるような窓口を支援団体や行政機関が設けた。**

・住民登録についての大きな前進。そもそも自分の戸籍が今どうなっているのかを、個人や民間団体が戸籍附票等を入手して知るのはたいへんな時間と労力を要する。しかし、近年は**住基ネットが全国に張られているので、行政機関同士が内部で職権で行うと極めて簡単だ。それを今回は活用することになった。**これまでとはとんでもない違いである。

・**住民登録先の大幅改善。ネットカフェや各種の一時的宿泊所等でも要件が整っていれば登録可能となった。**実際、釜ヶ崎ではあいりんシェルターに（本稿執筆現在）約１４０人が住民登録したようだ（コロナ感染予防対策中の現定員は１８０人弱）。

・**身分証明書として使える書類が増えた。**例。日雇い雇用保険手帳はもちろん、（大阪市内では）高齢者特別清掃登録者カードも認められるようになった。

・銀行口座開設が困難なケースでは**現金給付も（大阪市では）可能となった。**

その他にもいろいろあるのだが、紙面がない。現場の声「要するに、行政もその気になればできるんや！」「今までの血のにじむようなワシらの苦労は何やったんやろ？アハアハ（涙目）」「**コロナが終わったかて、もう元には戻させへんぞ**」

桃 源 郷

ヒトはみんな老いたら桃源郷をめざす
そう！ワシには見えるんじゃ

しかし近頃コロナウィルスが教えてくれた
そう！わかったんじゃ

NPO
幸福とは山のかなたの空遠くにあるのではない
コロナの心配もない平凡な日常の足元にこそある、と
カマやんかしこくなったかも

呑み処 山のかなた
特定給付金
そんなわけでオヤジ〜 酒や！ビールじゃ！
朝から飲めるわがまちこそ桃源郷やとついにわかったわ

特別定額給付金

こっちやこっち！
どこへ行きなさる？

10万円岳
コロナ山脈のあの頂上へ
たいへんでっせ
戸籍謄本峠・身分証明峡谷・
通知書受取川・口座開設沼etc
全部越えなアカン

わかったわい
ところでおぬしは座ってるだけでええのかい
3年前に登ったわい
NPOに相談して……
生活保護受給者

そやからこんな時は入金を待つだけでええんや
なっ そやから言うたやん！そろそろ生活保護で安定して暮らそうって
銀行
ATM

営業時間

コロナ特別給付金

手のひら返し

コロナワクチン接種会場
自分のため ヒトや社会のため と決心したのに 寸前で凍りつくなよ
中に入れよ～
何か理由があるのでは？

いや ただ注射針がこわいんですわ
ア～ハハハハ 子どもかい！

1時間後
コロナワクチン接種会場
どやった？

ワハハハ
ワクチンマン打たせてやったわ もうコワイもんなしや
オラオラ～～ ワシを誰や思てんねんオ～～～？
やっぱ子どもや

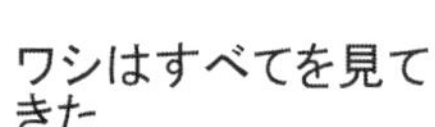
ワシはすべてを見てきた

オラも

2021年8月　サービスハブ論とコモンズ

ソ連崩壊で自由の身となり　釜ヶ崎に漂着したマルクスは　目の前の風景をどう語ったか？　メディアで絶賛されたこともあったんですよ　ごく一部でですが（笑）

大阪港に停泊中超掘り出し物を買いに釜ヶ崎の露天商に立ち寄るソ連船員についてきたらしい
なんとカール・マルクスだった
ヒ　ヒトを勝手に銅像にまでしといてへんてこな社会主義に失敗するとボロクソに扱う
安心せい ここは人生をボロボロにされた者たちの街や
資本主義のどんづまりや
資本主義のどんづまり…？
おお〜〜 やはり予測したとおりや
OSAKA MAP

ありむら潜『Hotel New 釜ヶ崎』（秋田書店）1991年作品より抜すい

先日、久しぶりにある友人と食事をした。『人新世の「資本論」』という本が話題になった。世間で広く注目を浴びているようだ。そこでは「コモン」および「コモンズ」という言葉がキーワード中のキーワードとして使われている。偶然なのか、世の流れからすれば必然なのか、私たちもまちづくりビジョン策定（有識者委員による提言書）の段階でコモンズという概念を議論したことがある。2018年のことだ。釜ヶ崎の社会的位置を「サービスハブ」（地理学用語）として評価し、就労福祉連携拠点としての内実も伴った「西成型サービスハブ」を構築していくことを行政や地域社会に提案したのだ。そして、実際に今、まちづくりの二本柱の一つになっている（本書第3章237頁でも紹介）（もう一つの柱は「交通の要衝としての地の利を活かす」こと）。そのサービスハブ論のベースにあるのが、釜ヶ崎が持っているコモンズ的役割だ。コモンズとは一般的には、草原、森林、牧草地、漁場などの資源の共同利用地とか入会地と訳される。この本では、コモンとは市場の論理にまかせず社会的に共有され民主的に共同管理されるべき富で、具体的には水や電力、住居、医療、教育等を指す、としている。**我々の議論の中では、正規の社会保障制度のすき間から漏れた生活困窮者が釜ヶ崎だからこそ社会的支援サービスにアクセスできているというセーフティネット機能（＝サービスハブ）を正当に認め、今後もそうした人々の共同利用地として、時代の変容に即してアップデートできないか、というとらえ方だった。**

漫画家的発想の私は精緻な議論はできないのでカンニン。でも、私がここで言いたいのは、**釜ヶ崎は貧困問題を通して、社会的キーワードがいち早く現れ、視野がすぐに世界につながる「抜け道」である**という点だ。コモンズ論議も世界でなされている重要なテーマである。世界各地からの旅行者と出会える「宿の街」という意味だけでなく、**釜ヶ崎という特殊環から世界という普遍的な環にスルッと移れる。ドラえもんの「どこでもドア」みたいなものだ。**前述の本についての友人との会話でも真っ先にこのことが頭に浮かんでしまった私であった。

ピープル・ウォッチング
東アジア系
東南アジア系
南アジア系
中近東系
アフリカ系
欧米系
中南米系
ここは座ってるだけで頭が活性化するわ
大遅刻ね
またどこかでボオ〜としてたんでしょ！
すまん地球一周してたもんで
ホラますますボケてる
ハハハ
アッハハ
納　税
地下鉄
センセイ久しぶり！どこ行きまんねん？
納税に
エ〜〜ッじゃあ総合支援が実って就労自立になったんや！
稼いでるんや
よかった〜よかったァ〜〜
そんなにええかな……
酒処
酒税と消費税の納税や
良くない！
まいど〜

2021年10月

「通りすがり型居場所」づくりを考えてみた

上の写真２枚は（公益財団法人）西成労働福祉センター主催の第30回将棋愛好者の集い（2010年）
右下は動物園前商店街のNPOココルーム前で開催された将棋の集い（2014年）
いずれも森信雄七段とそのお弟子さんが講師としてボランティア参加し、近年は路上を含むオープン・スペースで開かれている（コロナ禍の期間中は中断）

私が実施している「釜ヶ崎のまちスタディ・ツアー」に参加したある福祉関係者から、終了後に相談を受けた。「いやぁ、学びになった。私の地域でも孤立しがちな単身高齢者の居場所づくりが課題だ。でも、自宅に引きこもって出てこない。何かご助言を」「わかる。私だって定年退職後は出勤日以外は自宅にこもっているが、心地よろしいでぇ〜!。アマゾンが何でも配達してくれるしねぇ。現代文明は引きこもりが必然」（笑）などと言いながら、ヒントになるかもしれないエピソードを披露した（もちろん同じ「単身」でも前提となる状況は両地域でかなり異なることを説明しつつ）。以下。

まずは写真とキャプションをご覧あれ。将棋は当地域のりっぱな文化。西成労働福祉センターでも囲碁・将棋が孤立を防ぎ、仲間とのつながりづくりや生きる意欲に寄与する役割に注目して集いを開催してきた。しかし、日雇い労働者数の大幅減以上に参加者が減ってきて、２００９年頃ついには20名弱にまでなった。同じ総合センタービル内にある娯楽室で日頃将棋をさしている人々すらあまり参加してくれない。そこで現場職員が知恵をしぼり、やり方を変えた。しっかり準備した特別の部屋ではなく、**誰でも通りすがるオープン・スペースで開催した。でっかい解説ボードも設置。これなら単なるやじ馬でも覗き見でもチョイ参加でも、その人に応じてできる。労働者たちのシャイな気質にも合致している。**そしたら、どうだ！　いっぺんに百人ほどの参加者があった。プロ棋士の前は人だかり。将棋を知らん人でもなんだか足が停まる。私の脳裏には何かが解き放たれた感覚が走った。続いて、写真のように、商店街の道端でやった時もなんとも去りがたい雰囲気に包まれる場所となった。思えば、日本社会は「道」の使い方が下手。西洋のオープン・カフェ、東南アジアの屋台街を見よ。道路は「目的地に向かってひたすら歩く」だけが機能ではないのだ。**釜ヶ崎では皮肉にも、狭い居室がまともに慰安機能を果たせないことが道路の使い方の多様性につながるわけだ。**一般住宅街で「心地よく」引きこもっている高齢者だって散歩だけはする。そして、同じ散歩なら楽しくやりたい、なるべく刺激を受けたいと毎日考える。私がそうだ。ならば、道路か、それに準じたオープン・スペースで「何か」があればそこに立ち寄るし、それが頻繁にあれば回数も増え、常にあればそこに必ず立ち寄るし、**そこで人と人のつながりもできたり増えたりして、気がつけば「居場所」になる。**そんなイメージ。ナニ、もうどこでも試みてる？　そうかもね。

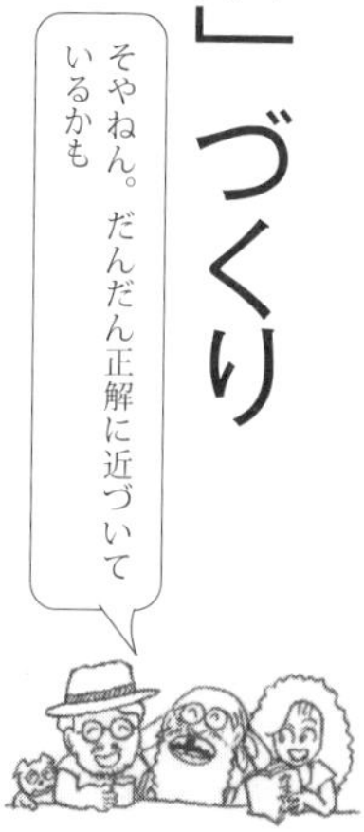

上から目線
通天閣の気持ち

今日も通天閣に向かってつぶやくオッサン
いちいちかなわんで

なにィコラ〜〜ッ
なんや、その上から目線は!?

待っとれおのれ〜〜
どこ行くねん…

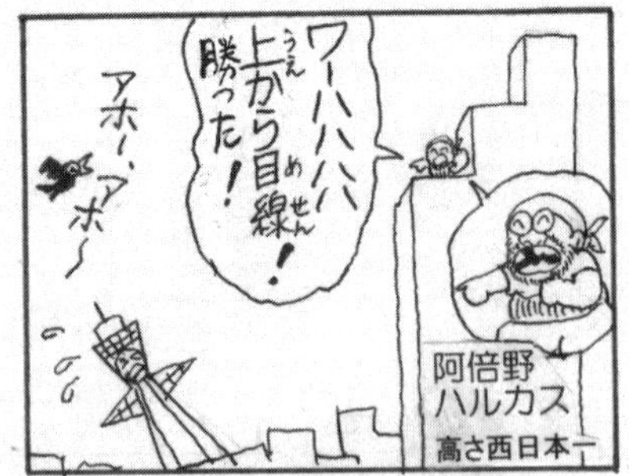
ワーハハハ上から目線!勝った!
アホー、アホ〜
阿倍野ハルカス
高さ西日本一

通天閣先輩!この地に建っていてつらいことは何ですか?
そやなア
阿倍野ハルカス
高さ西日本一
一人でつぶやく孤独なオッサンが多くてな
ブツブツ
ブツブツ

な、そやろ?通天閣よ
ってなふうにみんなワシに話しかけてくることや かなわんで
ブツブツ
ブツブツ
クルッ

こんなふうに…
じゃかあしいわい!
引越したいわい

2021年11月　まちのやさしさは細部に宿る

裁縫道具は普通なら各家庭に備わっているが、この街では何も持たない単身男性の建設日雇い労働者も多い。裁縫技術もなかったり。そこで、あるNPO が、ミシンを使える人の仕事づくりとして（基本部分は生活保護でささえながら）、その困りごとにも応えるのがこの店。季節の変わり目や月初めは1 日に10 ～ 20 人の客があるという。本文の事例の一つ

カマやんの腹巻の中は　この本文で書かれたような小物がいっぱい。しかも　もらい物ばっかり？

トシとると、私は故郷である宇宙が恋しくなる。近頃は寝る前に、部屋を暗くしてテレビだけつけて、ユーチューブで世界の星空をBGM付きで徘徊する。そして、読んだばかりの最新の「宇宙の起源」論などに想いをいたす。今号は宇宙のような壮大な話にしようかと考えた。が、思いつかないので、日常の小さな話に切り換える（↓誰かがズッコケる音）。

ワハハ　そのとおり！

生活困窮で住居喪失状態となった人は必然的に、本来なら家庭に備わっているはずの家庭常備品にも困ることが多い。具体的には、ティッシュ、マスク、正露丸、絆創膏、爪切り、耳かき、繕い針と糸、電池などだ。小さな物だからとてバカにできない。**たとえば、絆創膏さえあれば、正露丸さえあれば、なんとか就労できる、切り抜けられる日だって人生にはある。**私が勤めていた西成労働福祉センターの就労相談窓口にはそうしたニーズの波も押し寄せるので、これらの小物も備えるようになった（今も）。爪切りなどは、それが無い人には誠に重宝する。しかも、足の爪も座って切れるように、低い椅子もそばに置いてある。「いつも助かるわ～。でもな、ワシの足の爪はな、こんなんやねん、ホレ」。見ると、長年の劣悪な暮らしの中でひどい巻き爪になっていたりする。だから、「ダイジョーブ！　巻き爪用の特別な爪切りもあるよ。ほら、どうぞ」「うわぁ～、ほんまや。気が利くなぁ。これはええわぁ～」という場面も経験した。釜ヶ崎にボランティアで通ううちにそういうニーズに触発されて、足の爪切りなどのフット・ケアの専門家となった女性もいる。縫い針と糸のセットも同センターでは備えているが、こちらはあるNPOが上の写真のように事業化している。逆のケースは、耳かき。必需品ではあるが、共有する難しさもあってか、同センターには備えていない。「近頃、耳が聞こえにくい」という野宿生活者を私の知人である医師が診察したら、耳の中に大きなアカがたまっていて、それをボソッと取ったとたんに「わぁ～、良ぉ聞こえるわぁ」となった話を聞いたこともある。まとめ。**貧困の中で欠けている生活用品を地域のどこかがカバーしてくれるまち。それが優しいまちなのだ。これもまちづくり。**不遇な人々への小さな気遣いは宇宙のように大きな包容力に通じるのだ。（なんとか、宇宙論につながりましたね、汗）

地球灼熱化

壮絶な暑さの日本列島

ブラックホール

2022年2月　簡易宿所、この超柔軟な変容

現役日雇労働者向けを維持→

こんなふうに　さまざまに変わってきたんや　ワシは経過を全部見てきた

↑いまや貴重な1960年代型（建物は戦前から）

↑元々アパートだが、女子留学生専用化

↑若者の就労支援ハウス化

↑サポーティブハウス化

↑ゲストハウス化

撮影：2007～2022年

ほんまに　この街ならではの風景よね

たいていの読者のみなさんは「簡易宿所って何?」だろう。それに今頃気づいたので（すみません）、今回はその話をする。なお、いまだに〝ドヤ〟と呼ぶ人が絶えないが、蔑称でもあり、昔はともかく、今日では私たちは略称でも簡宿（かんしゅく）と言う（簡易宿所組合も正式に是正の要望書を出している）。旅館業法もまじえて簡単にいうと、簡易宿所とは風呂とトイレが共同で、相部屋が一定程度ある安宿を指す。ただし、簡宿の集中地、釜ヶ崎では個室（3畳間）オンリーに進化した物件がほとんどだ。

約120年前（明治後期から大正初期）に当地の紀州街道筋に木賃宿街が成立した。それが1960年代から日雇い労働者向けの簡易宿所街に変わっていく。右肩上がりの日本経済と共に盛況を極めた。約200軒・2万室時代が続いた。90年代初頭のバブル経済破綻を経て、地域労働者の高齢化と長期失業で街は野宿者だらけとなり、簡宿はガラガラとなった。90年代末に至ると経営は大きな岐路に立たされた。地域では人々と地域社会をトータルに立て直していくためのまちづくりがボトムから始まった（私はその源流から関わっている）。2010年代にはインバウンドの大津波も来た。**そうした20年間に簡宿はおおよそ3つのタイプに分かれた**（写真参照）。

❶従前のままの労働者向けの簡易宿所として進む（全体の3割程度）。❷アパート化。特に高齢化した労働者たちが生活保護で住まうための受け皿（全体の約4割）。これは2タイプある。a）単純にアパート転換しただけのもの。b）サポーティブハウス化。スタッフもそろえて日常生活支援付きのアパート（約10軒）。❸一般旅行者用のゲストハウスやホテル化。約2割。この3つとは別に、外からの資本流入により、近年のインバウンド向け一般ホテル、都市観光ホテルも加わる。

このように、当地の簡宿は情況に応じて軟体動物のように見事に変身していく摩訶不思議な生き物だ。住居水準の課題はあるとしても、それを私たちも緊急居住資源として利活用する。**宿と共に街ができ、宿が変わるとまちが変わり、まちが変わると宿が変わる相互作用が機能する。**このコロナ禍で顕わになったことは、貧困化の中で「釜ヶ崎にやって来る目的はもはや仕事探しではなく、今日明日をしのぐ安宿探し」になっている実態だ。国の社会政策でも貧困者への居住支援が重視されることになった状況の裏付けにもなろう。

新弟子
子どもも ないしカネが余って しかたないのよ
超豪華クルーズも世界3周もすると飽きちゃうねェ
そこへここの開業ニュースを読んで泊まってるの
豪華ホテル
知らずに道案内中
タウンマップ
そしたらァこの街って珍しいことばかり
妻をなくしたさみしさも忘れられるわ
カラオケ
待ってよォお師匠～
やっぱり貧乏な人って足腰強いのね
えらい弟子もってもうた…
お人好しタウン
新世界
ああのオジイに
このお店大丈夫ですかね？
名物どて焼き
いっしょに入ってもらってありがとう
どて焼き初めて食べました
ええってワシのおごりやて！
ワシもうれしい
エ～そんなことまで
会計
ゼニなんか心配すな！
特掃できのう賃金入ったんや
←話題の高級ホテルHに宿泊の旅行者
鈍感なお人好し
NPO
高齢者特別清掃事業5,700円/回

追加撮影:2023年

撮影:2022年

2022年4月

流入する若者層とSNSによる攪乱

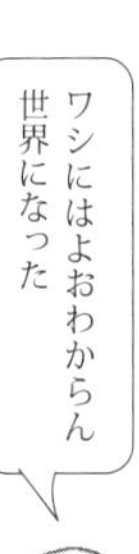

ワシにはよおわからん世界になった

すっかりジジイになってしまった私はSNSは最小限の利用はしても、あまり好きではない。SNSが勝手なフェイクニュースを垂れ流し、虚構の世界を簡単にまん延させてしまえる時代だ。もちろん、SNS自体に罪はない。プーチンのウクライナ侵略戦争をささえるのはロシア国営放送という、むしろ古～い媒体による「ネオナチからの解放戦争」論だ。ウクライナ側は逆にSNS戦で対抗している。中国大陸ではSNSすら徹底した情報管理で人類未踏の管理主義社会に向かっているようだ。

転じて、我がフィールドたる釜ヶ崎でも昨今はSNSは弊害が目につく。最近、若い男女がグループで地域内に流入し、公園周辺や路上のテーブルや地べたでの飲酒風景をよく見かける。釜ヶ崎では異質な酔っ払い方、乱れ方だ。建設現場での肉体労働の疲れを癒す伝統的な酔い方ではない（カマやん「どんな酔い方や…笑」）。仕事や支援を求めて来ている若年層の生活困窮者なら然るべき相談窓口や施設に足を向けるが、それとも違う。まァ、こういう新事象も釜ヶ崎らしいし、折り合いが自然についていくとは思うが。来るきっかけはどうもSNSにあるようだ。街がきれいになり、治安が大きく改善されたことで釜ヶ崎への抵抗感のハードルが下がり、お気軽に流入できる。SNSで「釜ヶ崎ナウ。ニシナリに潜入中」「見て。目の前にいるこのオッサンは…」「ここの店は…」などと得意げに写メを送る。それらを見てさらなる流入がある。そんな循環のようだ。「危険地帯」に「潜入」している「自分」をおもしろがる風景だ。**実際は地域の努力によってずっと前からすっかり落ち着いた街なのに。このようにただの思いつきや誤解だらけ。差別的視線を再生産し拡散している**（中にはそうではない発信者もいることは承知している）。最新の日雇い労働者・生活保護受給者等住民（293人）アンケート報告書の中でも、「土日に地域外の若者が来る。何をしてもいいと思っている節がある。人の迷惑を考えない連中」と述べた人がいる（環境改善については計87％もの人が「良くなった」「どちらかと言えば良くなった」と答える中での、課題に関する質問部分）。SNSだけではない。並んで、出版界でのヘンな〝西成潜入モノ〟の流行がある。私もこのコラムの連載で貧困地域の見方や改善に関する理解のしかたをそれなりに発信してきたつもりだが、歴史の空回り感も去来する。グローバルもローカルも虚構戦だらけだ（汗）。

マスクの中で

NPO
世間もマスクはずして良い雰囲気やで
はずそか

今のうちにとヒゲのばしてみた…
ギャ

歯みがきさぼったら虫歯だらけでポロポロと…
キャ

ひきこもったから太っちゃった
ギャ〜〜いっちゃんコワイ〜

釜ヶ崎用語

30年前の賃金の未払い分を想い出したらしい
ボケて

総合窓口
センターからケイヤクでシュッチョウに行ったらケタオチの半ダコでなトンコしてテッポでカスミチョウに帰った時のデズラの残りやショシキは無い
？

外国人労働者支援担当を呼びますッ
すみません

ホラ自動翻訳アプリもオタオロしてる
どこの国やろ…
もう何もかも時効やて！あきらめやッ
ウェ〜ン

2022年7月

アユの里帰り、または釜ヶ崎型関係人口

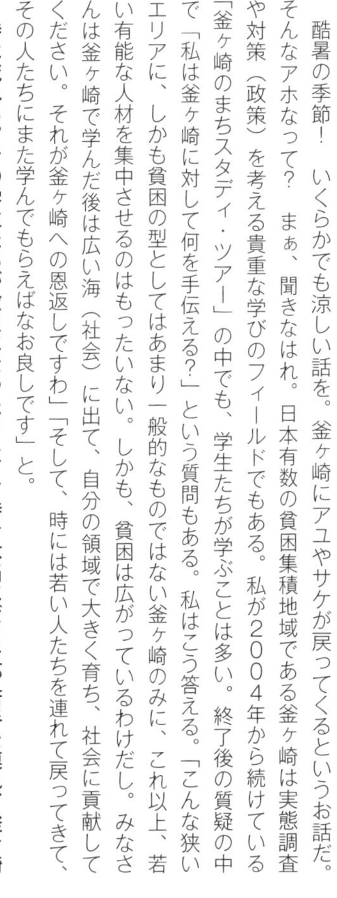

酷暑の季節！　いくらかでも涼しい話を。釜ヶ崎にアユやサケが戻ってくるというお話だ。そんなアホなって？　まぁ、聞きなはれ。日本有数の貧困集積地域である釜ヶ崎は実態調査や対策（政策）を考える貴重な学びのフィールドでもある。私が2004年から続けている「釜ヶ崎のまちスタディ・ツアー」の中でも、学生たちが学ぶことは多い。終了後の質疑の中で「私は釜ヶ崎に対して何を手伝える？」という質問もある。私はこう答える。「こんな狭いエリアに、しかも貧困の型としてはあまり一般的なものではない釜ヶ崎のみに、これ以上、若い有能な人材を集中させるのはもったいない。しかも、貧困は広がっているわけだし。みなさんは釜ヶ崎で学んだ後は広い海（社会）に出て、自分の領域で大きく育ち、社会に貢献してください。それが釜ヶ崎への恩返しですわ」「そして、時には若い人たちを連れて戻ってきて、その人たちにまた学んでもらえばなお良しです」と。

時は流れる。その学生たちが教員になったりして、時々本当にゼミ生や若手を連れて釜ヶ崎に戻ってくるのだ。私が相変わらず続けているスタディ・ツアーに参加するために。私は「おいおい、もうそんな月日がたったのかよ（汗、汗）」と驚く。と同時に、「これって（春夏なら）アユの里帰り、（秋冬なら）サケの里帰りやないか」と、解散後の居酒屋で仲間たちと笑い合う。この月日の間に対策の進歩や地域実態の改善がなければ、ガイドとして万年同じ解説文を繰り返すことになる。その点はどうか？　答はノーとイエスの両部分がある。その中身は字数制限で省くが、とにかく、良い意味での上書き更新も少なくないことにホッとはする。

次に、自然と思い浮かぶのは「**関係人口**」という言葉だ。定住人口や交流人口と並ぶ言葉で、ここでは「釜ヶ崎（あいりん地域）と何らかの関わりや愛着を持って見守ってくれている人々」程度の意味とする。**かつて釜ヶ崎での活動や学びを「青春の門」として当地域とのゆかりを感じていてくれる人材が全国（海外も含む）に散らばり、見守ってくれている。**そして、時々「里帰り」をする。最新の国勢調査での当地域の人口は約1万5000人だが、不釣り合いなほど関係人口は多いと感じる。**釜ヶ崎型関係人口とでも呼ぼう。これはまちづくり的には大きな強みであり、地域課題解決のための潜在力である。**これをもっと使う知恵が我々には必要なのだろう。宝物が埋もれているかもしれない未開拓の分野だ。読者のみなさんの地域の関係人口はどうなっている？

とばっちり

新職業「日本列島ぐるぐる業」？

2022年12月　「多文化共生」への手探り

時間はかかってるけど
ここまでよくぞ来たわいな

久々のお祭り的イベント。「萩小の森」区画を中心に開催。下段左側写真だけ市営住宅の庭での住民の集い。２つの集いの関係を本文で説明。撮影：2022年10月

写真は「萩之茶屋文化祭２０２２」の風景だ。会場は萩之茶屋小学校の跡地の一画にある「萩小の森」。多様な住民層がふれ合う広場として整備中だ。コロナ禍から解放されたい気分もあって、これまでの「文化祭」から野外型イベントも発展させたいと、町会はじめ多くの地域団体が実行委員会をつくって開催したものだ。釜ヶ崎の住民構成の特徴や課題がよくわかるので、写真でお話したい。

全体は労働者系住民、支援団体・施設、子供たちやその支援施設の人々だ。しっかり見てほしいのは下段左側の写真１枚（盆踊りのちょうちんが写っている）。奥に見える高層ビルが最近、すぐ隣りの旧あいりん総合センターの上階層から新築移転が完了した市営住宅だ（２棟）。そもそも市営住宅の住民の方々は多くが一般募集で入居した一般市民たちである。日雇い労働者層とは生活パターンや生活意識がかなり異なる。コロナ禍もあって、移転完了後の初の集いだそうだ。「百歳体操」中だ。ここは、同じ小学校跡地内の、萩小の森の隣りの区画だ。２つの会場は実は金網の塀で隔てられていて、微妙に別々の集いなのだ。しかし、同じ萩之茶屋文化祭の中の催しとして同一時間帯に開催して、事実上「いっしょに仲良く」楽しんでいる（撮影者が立っている市道にいったん出れば、お互いが行き来できるし、それを主催者側も促している）。こうして、秋晴れのもと、ここ一帯が和気あいあいの空間となった。**２つの住民層がどう共生、相互理解しあうかは昔から、釜ヶ崎のまちづくりの切実な課題なのだ。**「ソーシャルミックス」と言われる課題だ。それに応えて、この日は実行委員会の絶妙な知恵であった。アッパレ！

多文化共生的課題で話を広げれば、当地域周辺には東南アジア系、特にベトナム系が増えた。通りですれ違う若者グループにも感じるし、最新国勢調査でもはっきりしてきた。「神戸で開催してきたベトナム系の春節祭（旧正月）を西成区界わいで実施できないか」との打診もされるようになってきた。多文化共生的課題は切実感を増しつつある。**特に防災面では相互協力が不可欠だ。でも現状は、接点づくりどころか、実態把握すら追いつかないでいる。それでも、４～５年先には今回の写真の北側隣接区域（新今宮駅の南側ひろば）にも集いを拡げ、参加者もさらに多国籍化した、良きお祭りやにぎわいを私は見たい。**缶ビールとイカ焼きを片手に。カマやんと。

ヒトのタイプ

人間って2種類いるのよ

コロナ、ウクライナ 核ミサイル 地球環境 ブツブツ

もう世も末やな どんづまりや

忘れたいことだらけ

いつも心が忘年会のヒト

もう一種類が来たわよ

またやらかしたわい まっエエか!

ワ〜ハッハハハ

ゼロからやり直しや

いつも心が新年会のヒト

人間　丸裸

近未来

AIロボットだ キミのすべてを人工知能が予測して

キミ以上にキミらしくふるまえる

まいどォ

な、なんでまたカマやんがモデルやねん!?

このヒトは日本一の気まぐれジジイで「わけわからん大王」やぞ!

パターン分析
・思考
・行動
・日常生活

だからチャレンジしたんじゃよ

ところがこれを見なさい

人工知能研究所

カマやんてめちゃくちゃ単純な動機で動いてるんや

おのれ〜〜 面目丸つぶれや……

まちを変えていく内側での動きをこの章で知ってほしい～

第3章　まちづくりの源流から関わった者の実録

本書冒頭のプロローグ3～8頁で見てもらったような大きな変化をもたらした、釜ヶ崎（≒あいりん地域）内部での動きのレポートです。

今のまちづくりの取り組みの源流は1999年頃にあるのですが、ここでは2012年に大阪市政による「西成特区構想」がやってきてからの経過や葛藤を紹介します。

それらの文章の行間に、1990年代末から2024年頃までの地域住民の苦闘全体、及び120年間のこの街の歴史地理全体がいくらかでも伝わればありがたいです。

時空を駆ける旅ガラス

まちづくりの発想の準備運動しましょカァ～
まず大阪全体⇒旧・今宮村一帯⇒現・釜ヶ崎エリアへと
時空を超えた、より大きな視野で俯瞰（ふかん）してみよう

縄文時代の頃は上町台地だけが半島のように突き出した陸地でした（現・東大阪市などは海だった）。上町断層による大きな坂（大坂）があった、あるいはたくさんの坂があったことが大阪の始まりとされています。だから、日本最初（593 年）の仏教寺院、四天王寺さんも近隣にあるわけ。通称釜ヶ崎もある JR 新今宮駅界わいはその足元に位置します。つまり、昔から人々を惹きつける一帯であったわけです。今も、これからも、そうなのではないカァ～♪

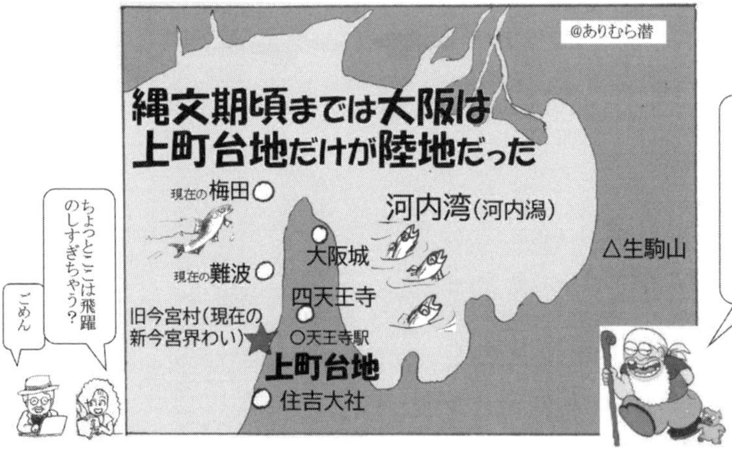

@ありむら潜

縄文期頃までは大阪は上町台地だけが陸地だった

現在の梅田
現在の難波
大阪城
四天王寺
旧今宮村（現在の新今宮界わい）
○天王寺駅
上町台地
住吉大社
河内湾（河内潟）
△生駒山

ちょっとここは飛躍のしすぎちゃう？
ごめん
さすがのワシもこれは見んかった
あたりまえや

この辺りが舞台だ

（ドローン写真）撮影：2019 年
所蔵：釜ヶ崎のまち再生フォーラム

出典：国土地理院ウェブサイト（https://maps.gsi.go.jp/#15/34.639474/135.509476/&base=std&ls=std&disp=1&vs=c0g1j0h0k0l0u0t0z0r0s0m0f1）

【資料１】

本章理解促進のために　ここで資料を何本か挿入します
地域全体で話し合う場「あいりん地域まちづくり会議」が開設され、そこでの取り組みの進ちょく状況がわかる資料です。
（ただし、全体の構造や流れを簡潔に理解できるように、並べ方は厳密な年代順

あいりん地域（釜ヶ崎一帯）関連年表（概略）　<作成：ありむら潜　2024 年 3 月 12 日更新>

1898　大阪市が「宿屋営業取締規則」を制定し、木賃宿の大阪市内での営業を禁止
→市外として最も近い紀州街道（現・釜ヶ崎銀座通り）沿いに木賃宿街が形成される起点となる
→1910 年代半ばには 50 軒前後、人口 1 万人規模の木賃宿街に発展
1903　第 5 回内国勧業博覧会が（当地域に隣接する）現在の天王寺公園・新世界一帯で開催される
以後、何回か各種博覧会が同地で開催され、この方面からも全国の人々の吸引地となる
（「宿のまち」として戦争景気や景気変動による人口規模の伸縮を繰り返す）
（略）
1961　第 1 次釜ヶ崎暴動／釜ヶ崎対策連絡協議会発足（対策開始）
1962　財団法人西成労働福祉センター、市立愛隣会館、市立愛隣寮などが開設される
1963　第 2～3 次暴動（以降、2008 年の第 24 次暴動まで続く。発生年は略）
1966　あいりん地区と呼称変更して地区指定
1969　この年から 1976 年までの期間に 3 つの日雇労働組合が結成される
1970　あいりん総合センター開設、就労ルートの正常化が本格化／釜ヶ崎キリスト教協友会発足
1971　大阪市立更生相談所開設（応急援護や生活保護を申請する窓口）
1986　日雇い労働者雇用保険制度登録者（手帳所持者）がピークに（約 25,000 人）
1989　日雇い求人数がピークに達する（平日晴天日で 8,000～9,000 人／日）。日雇い労働者数は 23,000～30,000 人（推計）
1991　バブル経済崩壊で野宿者が地域に激増
1993　釜ヶ崎反失業連絡会（日雇い労組とキリスト教関係団体など市民との共同戦線）が発足
1998　野宿者数がピークに達する（大阪市内で 8660 人。そのうち約 6 割があいりん地域日雇い経験者）
1999　NPO 法人釜ヶ崎支援機構、釜ヶ崎のまち再生フォーラム等が発足／この年からホームレス支援の民・官の活動が活発になる／まちづくり活動の萌芽・各団体連携模索期
2000　大阪市があいりん臨時夜間緊急避難所を三角公園南隣りに開設（日本初の公設ホームレス用シェルター）
2002　ホームレス自立支援法が施行
2003　（連合町会の中に）「萩之茶屋地域周辺まちづくり研究会」が発足
2004　NPO 法人サポーティハウス連絡協議会が発足
2005　簡易宿所組合に大阪国際ゲストハウス地域創出委員会発足（インバウンド受け入れ体制づくりが始まる）
2008　（上記研究会が労働者支援団体等と共同して）仮称萩之茶屋まちづくり拡大会議が活動開始。あいりん地域における住民サイドでのまちづくりの動きが本格化／平松邦夫市長があいりん地域を視察
2009　萩之茶屋小学校の塀沿いの路上違法屋台撤去
2011　橋本徹氏が大阪市長に就任

ワシは全部見てきた
明治時代はちゃうやろ？
さすがに

本章は　この枠内の期間中の出来事や流れを前提に　お読みください

2012　西成特区構想を市長が提唱
萩之茶屋地域まちづくり拡大会議が 8 領域、56 の具体的提言を行なう
西成特区構想有識者座談会が設置され、構想案が提示される
2013　西成特区構想第 1 期 5 ヶ年計画が策定されスタート
西成特区構想エリア・マネジメント協議会が発足
2014　府・市・府警による「あいりん地域環境整備 5 か年計画」がスタート／萩之茶屋地域周辺まちづくり合同会社が設立される
あいりん地域まちづくり検討会議（計 6 回）が小学校体育館で開催される
2015　（上記を引き継いで）あいりん地域まちづくり会議（本会議とテーマ別部会）が 35 人の委員の構成で発足
釜ヶ崎のまち再生フォーラム主催の「定例まちづくりひろば」が 200 回目を迎える／この頃からインバウンド・ラッシュ
萩之茶屋小学校が廃校、他の 2 校と併せていまみや小中一貫校に統合される
三角公園南隣りにあったあいりん臨時夜間緊急避難所（シェルター）をあいりん総合センター東隣りの敷地へ統合し、建て替え
2017　星野リゾートが新今宮駅北側に都市型大規模ホテル誘致を発表／周辺地域で民泊営業や空き地空き家物件の売買が活発化／日雇い労働者数　5,000～8,000 人（推定）、生活保護受給者数 8,100 人程度と、全体人口が減少に向かっている
2018　西成特区構想 5 ヶ年計画が第 2 期に移行／茶屋第 1 住宅が隣接の萩之茶屋小学校跡地に移転
2019　西成労働福祉センター、及びあいりん職安の仮事務所が南海電車ガード下に移転し、業務開始／あいりん労働福祉センター が建て替えのために閉鎖される／大阪府・大阪市・大阪府警による「あいりん地域環境整備 5 か年計画」が第 2 期に移行
2020　花園北地域の貢献で地域全体の人口減に歯止めがかかり、微増に転じる（「萩まちだより」報道）
新型コロナ・ウィルスの世界的流行でインバウンド客が当地域でも激減。さまざまな感染予防対策がと られる／大阪社会医療センター付属病院が隣接地の萩之茶屋小学校跡地に移転
2021　市営萩之茶屋第 2 住宅が萩之茶屋小学校跡地に移転／旧あいりん総合センター跡地の利活用についてあいりん地域まちづくり会議および諸分科会にて議論継続中
・同敷地南側は新労働施設（大阪府・国が担当）を配置で合意し、その基本設計段階に移行／同敷地北側は住民の福利＆にぎわいゾーンとして（大阪市が担当）、さらに議論中
2022　あいりん総合センター建て替え反対グループの裁判提訴等々により、同年同センタービル解体工事移行スケジュールが停滞。新センターはじめ同区域一帯の 2025 年リ・スタート計画もズレ込む見通しとなる
大阪府商工労働部が新労働施設の基本設計をあいりん地域まちづくり会議に提示
萩之茶屋小学校跡地の一画にある「萩小の森」等で萩之茶屋文化祭が野外イベントも加えて盛大に開催される
2023　西成区役所発案による「新今宮スタディツアー」が準備期間完了して、地域団体（新今宮 LLP）実施に移行

【資料2】

1999 年に始まったと考えてよい釜ヶ崎（≒あいりん地域）のまちづくりは、2012 年から大阪市政の西成特区構想という看板のもとに本格化。住民参加のしくみは今はこのようになっています

拡大して読めます　大阪市西成区役所の HP→西成特区構想→エリア→マネジメント協議会実施状況→
https://www.city.osaka.lg.jp/nishinari/cmsfiles/contents/0000456/456416/3erimaneimage.pdf

令和5年度「西成特区構想エリアマネジメント協議会」体制図

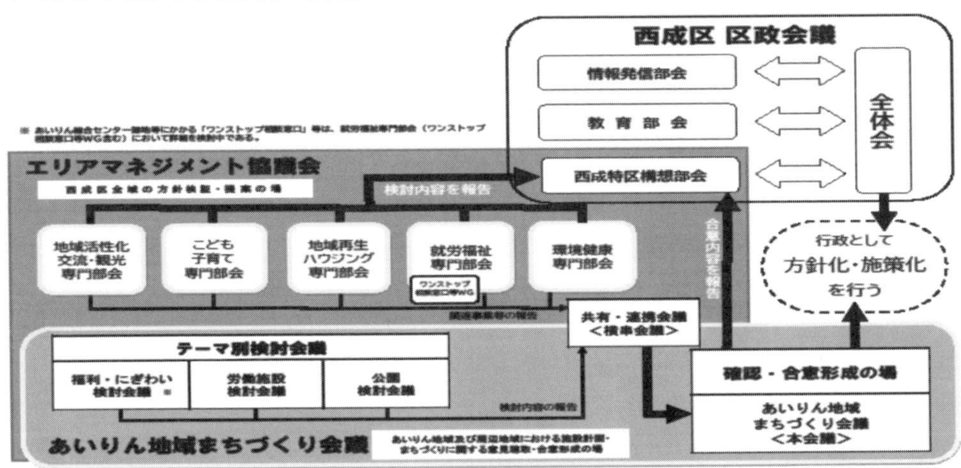

大阪市西成区役所の HP→西成特区構想→あいりん地域まちづくり会議→
https://www.city.osaka.lg.jp/nishinari/cmsfiles/contents/0000313/313493/01meibo.pdf

あいりん地域まちづくり会議委員名簿　令和5年3月1日現在)

NO	役　職	氏　名
1	萩之茶屋連合振興町会長 第8町会長 萩之茶屋社会福祉協議会 会長	松本 巌
2	萩之茶屋　第1町会長	西村 保英
3	萩之茶屋　第2町会長	川村 晋
4	萩之茶屋　第3町会長	大倉 康弘
5	萩之茶屋　第4町会長	森光 謙二
6	萩之茶屋　第5町会長	白木 聡
7	萩之茶屋　第6町会長	蕨川 晴之
8	萩之茶屋　第9町会長	小泉 晃
9	萩之茶屋　第10町会長	管 作治
10	萩之茶屋連合振興町会 女性部長	福永 明代
11	市営萩之茶屋北住宅 住人会代表	奈良 伍郎
12	今宮社会福祉協議会 会長	若林 裕子
13	NPO法人まちづくり今宮 理事長	眞田實千代
14	大阪府簡易宿所生活衛生同業組合 相談役	山田 純範
15	大阪国際ゲストハウス地域創出委員会 委員長	山田 英範
16	NPO法人釜ヶ崎支援機構 理事長	山田 實
17	社会福祉法人 大阪自彊館 第二事業部長兼三徳寮施設長	川野 元靖
18	西成区商店会連盟 会長	村井 康夫
19	NPO法人 サポーティブハウス連絡協議会 代表理事	山田 尚実
20	公益財団法人 西成労働福祉センター 業務執行理事	横田 重樹
21	社会福祉法人 大阪社会医療センター 事務局次長兼事務長	高澤 昭彦
22	わが町にしなり子育てネット 代表	荘保 共子
23	釜ヶ崎キリスト教協友会 共同代表	吉岡 基
24	釜ヶ崎反失業連絡会 共同代表	本田 哲郎
25	釜ヶ崎日雇労働組合 委員長	山中 秀俊
26	全日本港湾労働組合関西地方本部建設支部 西成分会代表	野崎 健
27	釜ヶ崎地域合同労働組合 執行委員長	稲垣 浩
28	日本寄せ場学会 運営委員	水野阿修羅
29	釜ヶ崎のまち再生フォーラム 渉外担当	ありむら潜
30	新型コロナ・住まいとくらし緊急サポートプロジェクトOSAKA責任者	小林 大悟
31	萩之茶屋地域周辺まちづくり合同会社 代表社員	西口 宗宏
32	大阪公立大学 客員教授	水内 俊雄
33	近畿大学 建築学部 准教授	寺川 政司
34	阪南大学 国際観光学部 教授	松村 嘉久
35	大阪市立大学 名誉教授	福原 宏幸
36	立命館大学 産業社会学部 教授	永橋 爲助
37	関西学院大学 人間福祉学部 教授	白波瀬達也
38	大阪大学 大学院人間科学研究科 教授	村上 靖彦
39	大阪公立大学 大学院生活科学研究科 教授	垣田 裕介

ご覧のように地域ぐるみの体制だということをわかってほしいわね

【資料3】

第２期特区構想（2018〜2022年度）移行に際して、あいりん地域まちづくり会議の有識者委員たちから大阪市長に提出された提言書です。微力ながらありむら潜もメンバーでした。地域のさまざまな場での議論や実践を土台にしたものです。拡大して読めます　西成区役所 HP→西成特区構想→第２期報告→
https://www.city.osaka.lg.jp/nishinari/cmsfiles/contents/0000450/450779/gaiyou1.pdf

住民側が先にこういうものを役所に出して　それを役所側が計画書にして具体化するようになったんや　えらい変化やったでぇ〜

まちづくりビジョン 2018~2022 有識者提言

子どもの声が聞こえる元気で優しいまち再生を目指して！
再チャレンジ可能なまち『西成Ｒプロジェクト』

まちの「居場所づくり」の実践を通し，「安心」と「にぎわい」が両立する"再チャレンジ"可能なまちづくりを推進する

■西成特区構想の取組みから５年。地域と行政によるボトムアップ型の協働まちづくりによって，あいりん総合センターの建替え検討をはじめ環境・結核・防犯対策などについては一定の成果をあげ，各専門部会においても具体的な成果と課題が整理されてきている。現在，新たな労働市場の発掘と社会情勢に応じた柔軟性の確保，公園のあり方などが検討されているが，具体的なまちの居場所の再構築や子育て世帯対策，それらを受け止めるハウジングと防災まちづくりは未だ手つかずの地域最優先課題である。

■とくに西成の高齢単身世帯率[1]と生活保護率[2]は全国で最も高い。また国が求める防災性向上優先地域を有し，空き家率[3]も府下最大である。一方，新今宮駅周辺の開発をはじめインバウンドの波が地域をめぐるなかで，違法民泊をはじめとする民間開発からくる課題も顕在化している。今後，都会の限界集落的状態と地域文脈なき開発から脱却するまちづくりの具体化が急務である。

■このような状況において現在地域の人々が求める主なテーマには「子育て世帯の呼込み×弱い立場の人を排除しない×地域活力向上×仕事と役割づくり×安全で住みよい住環境向上」などがある。一見矛盾する変数をもつ連立方程式を解くために，労働の街として培われた他にはない豊かな社会資源や地域ストックを活用した「社会的包摂力」と「地の利」をダブルエンジンに，チャレンジしやすく再チャレンジを受け止めるまちづくりを提言する。再＝Re をテーマとする『西成Ｒプロジェクト』は，本提言を体現化するメッセージである。

■具体的には，この２つのエンジンによって，仕事・住まい・福祉をつなぐ「サービスハブ[4]」(コミュニティ事業)を構築すると共に，エリアリノベーション[5]による多様で多層な「居場所づくり」を通して各主体の連携体制を整え，実感できるモデル事業を積み上げてビジョンを組み立てるアジャイル型[5]まちづくりの実践である。

■次期特区構想では，５年にわたる地域連携の経験を活かしながら，これまで「点」として実施してきた事業や施設（ハード）の取組みを活かしつつ「面」へと広がる持続可能なヒト・モノ・コトづくりをマネジメントするまちづくりに注力する必要がある。そして，まちのイメージを再価値化し，子どもや若者世代をはじめとするコミュニティ再生を意識し，このまちが故郷となるような次世代を意識した「まちの担い手育成」を推進すべきである。

■これらを実現するためには，地域は各主体の「違い」を超えた協働の経験を活かし，行政は実行可能な各局連携体制の整備が求められる。極めて困難な課題が集積するこの地域のまちづくりは，もつれた糸を解いて紡ぎなおし，その紬の反物で作った着物を装うかのようでもある。このまちで繰り広げられる多様な主体が協働する「あきらめない」まちづくりは，全国的に先鋭的課題を抱えた地域における先進的な実践として他地域でも活かされる実践モデルになると確信する。

■大阪市の成長戦略を具現化するためには，この地で実践されているまちづくりを表出する必要があり，地域によるボトムアップ支援にとどまらず，市長による強いリーダーシップと社会的メッセージが重要となる。逆に，この特区構想における取組みは，今世界で実行されようとしている国連「アジェンダ2030」における「持続可能な開発目標（SDGs）」[7]にも合致していることから，「地域共生社会」の実践を世界にアピールできる貴重な取り組みになるであろう。

＊1：32.4%(H.30 国勢)　＊2：234.7‰(H.24 大阪市)　＊3：23.8%(H.25 住宅・土地統計調査)
＊4・5・6・7：本編参照

6つの提言

さ　「サービスハブ」で仕事・住まい・福祉を結びつけて多分野が横断した再チャレンジ可能なまちづくりを推進する
い　居場所づくりを通してまちをシェアする「コレクティブタウン」を目指す（レジリエントなまちづくり）
ち　地域に子どもの声が広がる子育て・子育ちしやすいミックストコミュニティを推進する
や　優しい！おもろい！大阪らしいまちで　イメージアップを図る（まちの歴史文化・教育が連動するアーカイブ）
れん　連動する地域ボトムアップと具現化のための行政局間連携（横串化）による協働システムを構築する
じ　ジェントリフィケーションによる弊害が起きないよう，外部力をしなやかに活かしたまちづくりへ

滞在（滞留）と定住，宿泊と住まい，就労と福祉，行政と民間の制度や役割の「間」にあるグラデーション（バラバラであった人的資源・空間資源）を再構築する全国初の試み。

みんなでつくる まちづくりをすすめる 12の物語

01　大阪らしさ一番！を活かして
02　実は「安全・安心」が広がりつつあるまちなのです。
03　日頃から減災中！いざという時にこそ強いまちを目指して
04　子どもや子育て世帯が暮らしやすい居場所づくり・夢づくり
05　脱コンクリートジャングル［都会の森］×［居場所］計画始動！
06　であいとすまいの間にある居場所のグラデーションをデザインする
07　仕事を求める多様な人の"再"チャレンジを可能にするまちづくり
08　おりたくなるまち大阪玄関口
09　「いまはないもの」が生まれるまち
10　気づくと日本一Rな街でした！萩之茶屋Rなまち宣言
11　まちは舞台だ！物語とおもろい　地域文化が街角にあふれるまち
12　みんなで考える もうひとつの物語

5つのアクション

注）数字 01~11 は下記「まちづくり 12 の物語」の番号

1

5つの ACTION（事業提案）

0　2018：プレイベント・プレプロジェクトの実施

子どもと一緒に「まちのトイレ向上作戦」（下記5）
公園使い分け実験ワークショップ（下記3）
萩の森：森とつながる木材リユースワークショップ（下記3）など

1　仕事・福祉・医療と住宅施策の連携モデル【サービスハブ】

暮らしをめぐる他分野の既存制度や組織・主体を横串にする体制を構築し，暮らしをワンストップでつなげる伴走型支援の実践

・サービスハブモデル検討委員会設置と行政との連携の仕組みづくり（関係者ニーズ・運営等に関する調査）
・新たな就労機会を生む就労連携モデル事業（国・府・市と連携）＊既存の日雇労働紹介のあり方については国・府にて検討中
・まちとつながる孤立防止と地域医療連携モデル事業

2　居場所×ハウジングをテーマとするエリアリノベーションによる減災まちづくりモデル【コレクティブタウン】

まちなかの地域資源をシェアする「コレクティブタウン」による減災まちづくりを推進し，多様な世帯が安心して暮らせるまちへ

持続可能な事業運営手法の確立（居住支援ネットワーク及び支援法人等の設立）／空き家・廃材 BANK（もったいないプロジェクト）／警察署と連携した違法民泊対策・空き家インスペクション／西成版リノベーションスクール／空き地・空き家等再生モデル事業（建築補助）／居場所モデル事業：多様で多層な人々の居場所モデルの実施
➡新萩の森・広場・公園・商店街・施設等の整備等

3　子どもの夢実現・まちの担い手育成モデル【アクティブラーニング×アーカイブ】

情報アーカイブを活用したアクティブラーニングによって子どもの「夢」を実現させ，まちの次世代の担い手を育成

・情報アーカイブとの連携事業（案内・外国語・情報誌作成等）
・子どもの夢実現プロジェクト（子どもの居場所・遊び場づくりモデル事業）森とつながる木材リユースワークショップ
・小中一貫校における地域学習と連携

4　にぎわい創出・地域交流モデル【チャレンジ拠点整備】

「地の利」を活かした多様な人との出会い・交流の場づくりを通してにぎわいを生み，愛着と定着を生む機会を創出

・地域賑わい「屋台村」事業＋商店街拠点再生事業
・イベント交流事業体制の構築＋広域ネットワーク整理
・仮移転する労働関係施設の本設移転後の利活用検討事業および周辺を活用した賑わいづくり情報アーカイブとの連携事業（案内・外国語・情報誌作成など）

5　西成イメージアップ・プロジェクト【イメージアップ】

地域イメージに対する意識的・景観的・社会的に再価値化する情報発信

・地域資源発掘プロジェクトを通じた西成若者会議
・西成応援団結成（関係人口のネットワーキング）
・環境整備事業：環境美化＋トイレ・壁アートプロジェクト
・情報技術（Iot・ICT・VR 等）を活用したプロモーションキャンペーンモデル事業
・国連「持続可能な開発目標」（SDGs）の達成に貢献する地域共生社会の実践モデル地区
・まちなかアート・緑化プロジェクト・まちのトイレ向上作戦

【資料４】

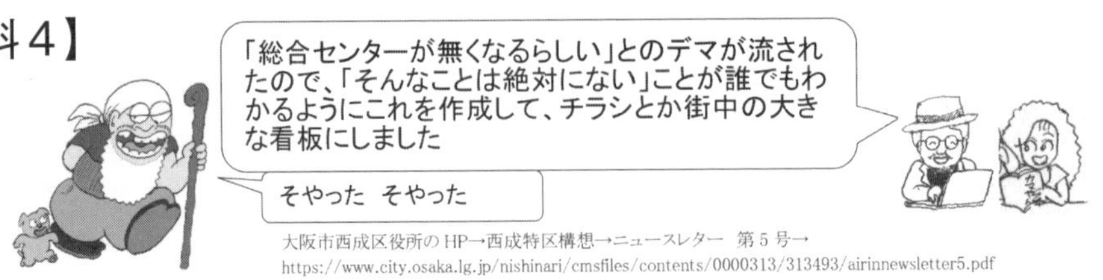

「総合センターが無くなるらしい」とのデマが流されたので、「そんなことは絶対にない」ことが誰でもわかるようにこれを作成して、チラシとか街中の大きな看板にしました

そやった　そやった

大阪市西成区役所の HP→西成特区構想→ニュースレター　第５号→
https://www.city.osaka.lg.jp/nishinari/cmsfiles/contents/0000313/313493/airinnewsletter5.pdf

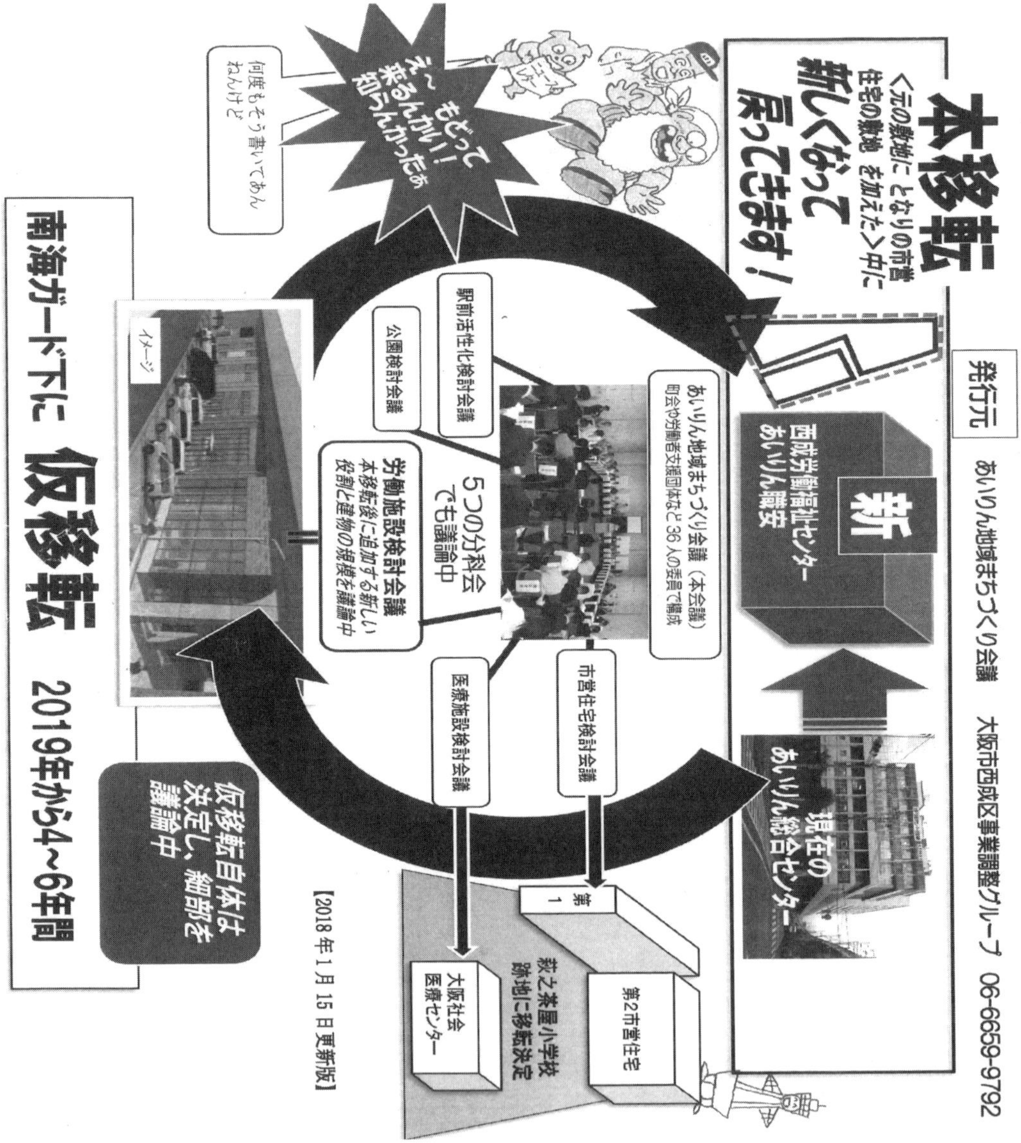

発行元　あいりん地域まちづくり会議　大阪市西成区事業調整グループ　06-6659-9792

本移転

＜元の敷地に となりの市営住宅の敷地 を加えた＞中に

新しくなって戻ってきます！

新

西成労働福祉センター
あいりん職安

現在の
あいりん総合センター

あいりん地域まちづくり会議（本会議）
町会や労働者支援団体など 36 人の委員で構成

市営住宅検討会議

第１

第2市営住宅

萩之茶屋小学校跡地に移転決定

医療施設検討会議

大阪社会医療センター

駅前活性化検討会議

５つの分科会でも議論中

公園検討会議

労働施設検討会議
本移転後に追加する新しい役割と建物の規模を議論中

え～　もどって来るんかい！　知らんかったぁ

何度もそう書いてあんねんけど

イメージ

仮移転自体は決定し、細部を議論中

南海ガード下に　仮移転　2019年から4～6年間

【2018 年 1 月 15 日更新版】

【資料5】

あいりん地域まちづくり会議やその諸分科会での議論がここまで進みました。2020年3月末の西成区役所発行資料です。本書第3章232、237、238頁のエッセイにリンクしています

拡大して読めます 西成区役所のHP→西成特区構想→あいりん総合センター跡地利活用基本構想→
https://www.city.osaka.lg.jp/nishinari/cmsfiles/contents/0000530/530372/gaiyou2.pdf

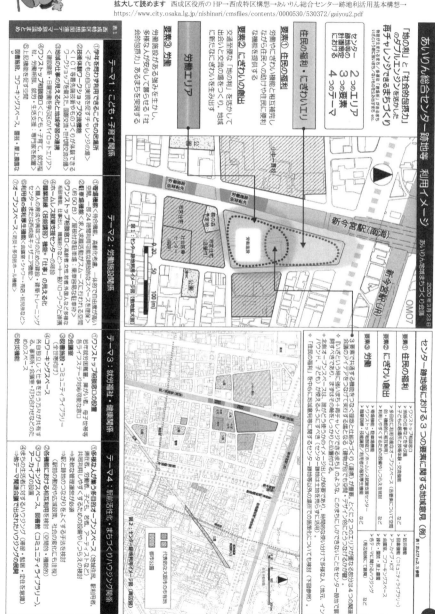

あいりん総合センター跡地等　利用イメージ

2020年3月23日
あいりん地域まちづくり会議

「地の利」と「社会的包摂力」のダブルエンジンを活かした**再チャレンジできるまちづくり**

物語が生まれるまち／多様な「居場所」があるまち
いざという時に強いまち／ないものを生み出すまち etc.

センター跡地等の計画策定における
2つのエリア
3つの要素
4つのテーマ

住民の福利・にぎわいエリア

要素① 住民の福利

労働やにぎわい機能と相互補完しながら住民への助けや住民に便利な機能を提供する

要素② にぎわいの創出

交通至便な「地の利」を活かして出会いと交流の場をつくり、地域に新たなにぎわいを生み出す

労働エリア

要素③ 労働

労働施設がある強みを生かし、多様な人が安心して暮らせる「社会的包摂力」あるまちを実現する

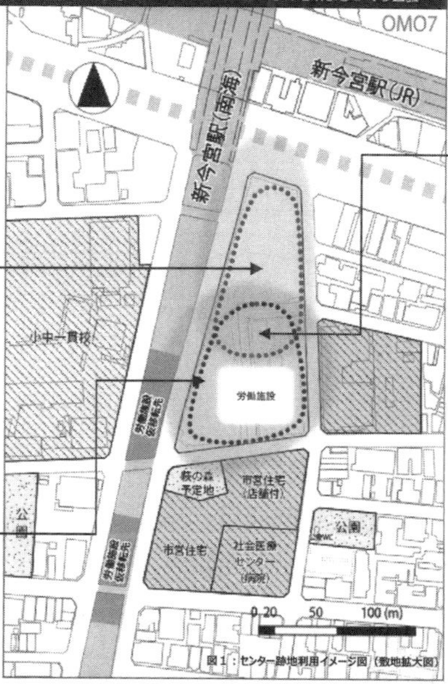

図1：センター跡地利用イメージ図（敷地拡大図）

センター跡地等における3つの要素に関する地域意見（例）

表1およびp.2, 3参照

要素	意見	共通
要素① 住民の福利	➢ワンストップ相談窓口 ➢地域の仕事などを学ぶ場 ➢子どもの居場所と技術体験・交流機能　など	➢防災機能 ➢図書機能（コミュニティライブラリー） ➢アーカイブ・ICT ➢会議室、コワーキングスペース ➢緑化・園芸・屋上農園 ➢各テーマに関わるハウジング（周辺地域にて展開）　など
要素② にぎわい創出	➢多目的に利用可能なオープンスペース（各要素について空間的・機能的に相互利用） ➢利用しやすくするための設備やしつらえを検討　など	
要素③ 労働	➢寄場機能・駐車場機能 ➢ワンストップ相談窓口／ホームレス就業支援センター ➢職業訓練・技能講習／利用者の福利厚生機能　など	

● 3要素で共通する機能をつなぐ理念と仕組みづくり（連携）が重要。とくに2つのエリアが重なる部分は4つの関連会議のアイデアをつなげて実行する場となる（建物が別でも空間・デザイン的にどうつなげるかが鍵）。

✧『いざという時に強いまち＋再チャレンジできるまち』のような、このまちにしかできないことをセンター跡地で展開すべきであり、まずはその軸をしっかりと位置付ける。

✧ 北側オープンスペースは、誰がどう使うかのイメージ出しが必要であり、時間的な使い分けで多様な人（地元、インバウンド、子ども）が使えるようにすべき（センター跡地は土地を売らずに活用）。

✧「住民の福利」を中心に地域意見等に関するセンター跡地等以外の場所での施策化についても検討（下図参照）。

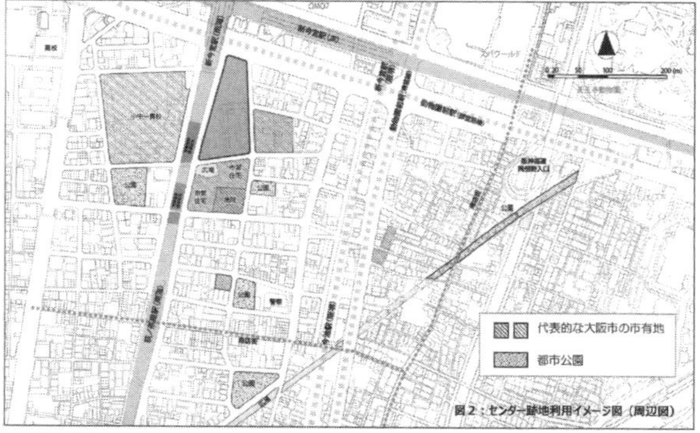

代表的な大阪市の市有地
都市公園

図2：センター跡地利用イメージ図（周辺図）

表1 西成特区構想関連テーマ別会議まとめ

テーマ1：こども・子育て関係	テーマ2：労働施設関係	テーマ3：就労福祉・健康関係	テーマ4：駅前活性化・まちづくりハウジング関係
①**学年を問わず利用できるこどもの居場所** <子どもの自己実現を促すチャレンジの場> ②**技術体験ワークショップ交流機能** <ICT等最先端技術やものづくりが体験できるワークショップを備えた，国際交流・世代間交流の場> ③**地域の仕事の見える化と地域学習の連携** <建設建築・日雇労働を学ぶ区のパイロットエリア> ④**ワンストップ相談窓口**<こども・子育て，就労福祉，労働相談，就労・生活支援：専門家を配置> ⑤上記機能を促す空間 図書施設，コワーキングスペース，園芸・屋上農園など	①**寄場機能**<待合機能，高齢化考慮，一体的で自由度が高い空間，一部24時間利用可能な開放的なスペースを確保> ②**駐車場機能**<求人求職活動がスムーズに行われる空間（約50台）／屋根付き駐車場：乗車容易な駐車枠> ③**ワンストップ相談窓口**<高齢者,女性,若者,外国人など多様な相談機能，仕事出し，職場紹介など>⇒一般ハローワークと連携 ④**ホームレス就業支援センター**の移設 ⑤**職業訓練（技能講習）機能+「仕事」の見える化** <職人の育成や興味づけのための建設・建築トレーニングセンターまたは西成版キッザニア機能> ⑥**利用者の福利厚生機能**<会議室・シャワー・売店・託児所など> ⑦**オープンスペース**<防災＋多目的ホール機能>	①**ワンストップ相談窓口の設置** 若年就労困難層，障がい者，母子世帯等各ライフステージ対応可能な窓口 ②**会議室** ③**図書施設**・コミュニティライブラリー（全世帯向け） ④**コワーキングスペース** 各自独立して仕事を行う方々が共有する、事務所・会議室・打ち合わせなどのためのスペース ⑤**防災機能**	①**多様な人が集う多目的オープンスペース**（地域住民，駅利用者，滞在者，労働者，子ども，若者，アーティストなど） 共同利用しやすくするための設備やしつらえの検討 ⇒柔軟な管理運営が必須 ⇒駅と跡地のつながりをよくする手法を検討 （駅前の動向や広域政策，社会の変化にも注視） ②**各機能における相互利用**を検討（空間的・機能的） ③**コワーキングスペース、図書館**（コミュニティライブラリー），**アーカイブ**の設置 ④まちの生活者に対するハウジング（滞留・暫居・定住を意識） ⇒**他テーマ関連会議で出されたハウジングの展開**

【資料６】

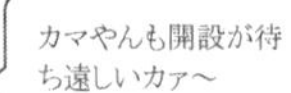

カマやんも開設が待ち遠しいカァ～

第 16 回あいりん地域まちづくり会議（2023 年３月）にて大阪府商工労働部より提出された資料からです。ただし、あくまでもこの時点でのイメージですね。本書第３章 247、248 頁がリンクしています

注記：この外観パースはあくまでも基本設計時点でのイメージです。
今後、実施設計予定しているため、色や形などのデザインは変更する可能性があります。

東立面図

西立面図

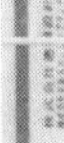

立面図
あいりん労働福祉センター改築工事　基本設計

北立面図

南立面図

郵便はがき

料金受取人払郵便

神田局
承認

2420

差出有効期間
2025年10月
31日まで

切手を貼らずに
お出し下さい。

101-8796

537

【受 取 人】

東京都千代田区外神田6-9-5

株式会社 **明石書店** 読者通信係 行

お買い上げ、ありがとうございました。
今後の出版物の参考といたしたく、ご記入、ご投函いただければ幸いに存じます。

ふりがな お 名 前	年齢	性別
ご 住 所 〒 -		
TEL ( ) FAX ( )		
メールアドレス	ご職業（または学校名）	
＊図書目録のご希望 □ある □ない	＊ジャンル別などのご案内（不定期）のご希望 □ある：ジャンル（ ） □ない	

書籍のタイトル

◆本書を何でお知りになりましたか？

□新聞・雑誌の広告…掲載紙誌名[ ]

□書評・紹介記事……掲載紙誌名[ ]

□店頭で　□知人のすすめ　□弊社からの案内　□弊社ホームページ

□ネット書店 [ ]　□その他[ ]

◆本書についてのご意見・ご感想

■定　価	□安い（満足）	□ほどほど	□高い（不満）
■カバーデザイン	□良い	□ふつう	□悪い・ふさわしくない
■内　容	□良い	□ふつう	□期待はずれ

■その他お気づきの点、ご質問、ご感想など、ご自由にお書き下さい。

◆本書をお買い上げの書店

[　市・区・町・村　書店　店]

◆今後どのような書籍をお望みですか？

今関心をお持ちのテーマ・人・ジャンル、また翻訳希望の本など、何でもお書き下さい。

◆ご購読紙　(1)朝日　(2)読売　(3)毎日　(4)日経　(5)その他[　新聞]

◆定期ご購読の雑誌 [ ]

ご協力ありがとうございました。

ご意見などを弊社ホームページなどでご紹介させていただくことがあります。　□諾　□否

◆ご 注 文 書◆　このハガキで弊社刊行物をご注文いただけます。

□ご指定の書店でお受取り……下欄に書店名と所在地域、わかれば電話番号をご記入下さい。

□代金引換郵便にてお受取り…送料+手数料として500円かかります（表記ご住所宛のみ）。

書名	冊
書名	冊

ご指定の書店・支店名	書店の所在地域 都・道　府・県　市・区　町・村
	書店の電話番号　(　　)

2012年3月

西成特区構想への向き合い方を考える（1）

撮影：2010年10月

この良い動きをつぶさんといて！

撮影：2011年8月

35 年間閉鎖された公園（萩之茶屋北公園）を子供たちや住民の手で（地域内初の）「こどもスポーツひろば」に再生した。すでに釜ヶ崎はここまで変わってきているのだが…

「橋下ブーム」のおかげで全国的な話題になってしまったので、「西成特区構想」をとりあげざるを得ない。おかげで、「ニシナリは問題だらけ」という否定的イメージが全国発信されてしまった。この場合、西成区というよりは釜ヶ崎（あいりん地域）を意味していることは明白だ。住んでいる人々にとっては不幸な一方的報道だ。「こんな気さくで住みやすい居場所はない。この街がなくなればワシなどはどこへ行けばええねん」「この街の何が問題なのか」という日雇いのおっちゃんたちも多い。この街の良さもきちんと評価し、報道されないと不公平だ。山積する問題の解決に向けてさまざまな個人・団体のチャレンジがあり、福祉等で多様な人材が輩出され、むしろ危機に耐えられる構造はどの街にも負けない。そうした面も発信されるべきだ。

この件で一番の懸念は、まちづくりに反する「手法」の強行である。たとえば、この10余年の「合意の形成と積み上げ」努力により「仮称萩之茶屋まちづくり拡大会議」（略称：拡大会議）という画期的なまちづくり組織が2008年からできている。これに「特区構想」推進者たちはどう向き合うのか。

なぜこの会が画期的か。当地域では暴動ひん発の歴史等もあって、圧倒的多数派の日雇い労働者系住民と少数派の町会系住民の深い溝を越えられず、どうしても一つになれなかった。それが、日雇い労働者の高齢化→生活保護適用による定住化・住民化→地元住民としてのニーズの共有化がすすみ（まずは環境問題や防災問題から）、「老いても一人でも住み続けられるまち」「子供たちの声が聞こえるまち」づくりで一致し、幅広い団体の参画による円卓会議（＝実質的なまちづくり協議会）が成立したのだ。覚醒剤撲滅や防災拠点確保キャンペーンでは25団体もが賛同して、この拡大会議の名前で行政に申し入れを行った。「こどもスポーツひろば」もその果実だ（写真）。事は始まったばかり。

一方、「東京からわんさと来て物事を動かす」と報道されている、市長の特別顧問たちは地域の実情は全く知らない状況だ。**この街のようやくの到達点が無視され、逆手にとられ、クリアランスされる。そういう事態だけは絶対に避けねばならない。私たちは好き嫌いを超えて、愚直に積年のまちづくり諸提案をぶつける方向に動いている。**[*1]

＊1　この会議体の誕生秘話がおもろい。本書第3章240頁を参照されたし。

ここを読んでもらえば、西成特区構想には地元民は当初かなりの警戒感を持って議論していたことがおわかりかと

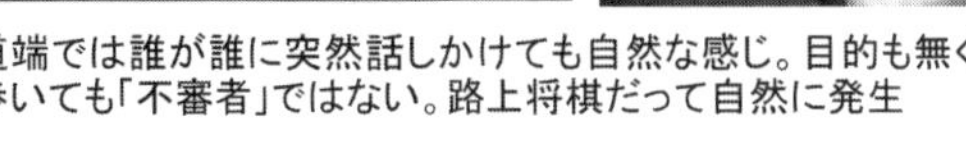
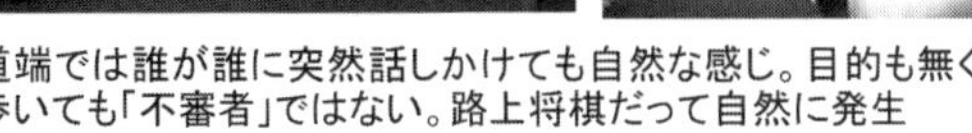
道端では誰が誰に突然話しかけても自然な感じ。目的も無く歩いても「不審者」ではない。路上将棋だって自然に発生

こうした街のええとこを伸ばすまちづくりとは？
カマやん　ええこと言う

2012年4月

西成特区構想への向き合い方を考える（2）

とてもなつかしい議論です。それを経て、「特区構想を活用しよう」という重大な決断をして、諸提案に向かっていったんです。ここの文章にもにじんでいます

ともかく「仮称萩之茶屋まちづくり拡大会議」では統一した要望書&ビジョンを西成区長に提出することになった。それに向けて私たち、釜ヶ崎のまち再生フォーラムも議論を行った。その一端を紹介しよう。全国のいわゆる社会的条件不利地域でのまちづくりに参考になればよい。

要は、独特の土壌を無視してヘンナモノを接ぎ木してはいけないということだ。

1）失ってはいけないものがあり、それは守る。その破壊は社会に甚大な打撃になる。そこを読み違えないように。たとえば、①あいりん総合センターの寄り場は**維持すべき**。規模縮小と若干の位置の変更は譲れるが、現役日雇い労働者層が5000～8000人はまだ存在する以上、この機能が取っ払われるとたいへんな社会混乱がもたらされる。②日雇雇用保険制度や生活保護制度などのセーフティネットもまた同じだ。

2）**どうしても継承すべきものがある**。「これまでの釜ヶ崎の良さを引き継いだまちづくり」ならまちづくり警戒派でも賛同することは確認できている。良さとは「多様な人々を受け入れるふところの深さ（包摂力）」と「気さくな独特のコミュニティ＝天然の〝コレクティブ・タウン〟であること」だ。

3）今あるものをどう使い直すかの観点も重要。長所・利点としてとらえ直せて、活用できるものがある。

4）人々が参加したくなる、**うんと夢のある新しいもの**をこの地に育てる。

こうした整理をして、直球をぶつけるのみである。以下に字数の許す範囲で提案例を列記する。

①西成労働福祉ンター・市立更生相談所・大阪社会医療センター、及びホームレス就業支援センターの一体的運営をめざす。国・府・市等の系列下でバラバラなケースワークを一体化する。この業務連携は、適切な生活保護実施のためにも、あいりん総合センター建て替え議論以前に着手可能かつ必要だ。

②地域内の休眠地を活用した大がかりな「屋台村」の創出。若者吸引や起業支援にもなる。ただし、管理運営に警察を含む公的な後押しが必要。

③すでに「日本のニューオーリンズ」の予兆がある「西成ジャズ」の勃興のように、アーチストや若者支援策を大強化。

④簡易宿所の活用は、単身高齢者向けだけでなく「子供連れ小家族用の（通過型）住まい」としても可能。その事業化にも支援策を。

⑤外国人安宿街でのベッドメイキング仕事など「地域で雇用創出システム」のモデルをつくる。

⑥統廃合が決まった萩之茶屋小学校跡地を「若者世代を呼び込む多種多様なしかけのあるインキュベート拠点」とする。

⑦まちづくり公社の設立で休眠物件（土地・空き店舗）を流動化させてまちづくり資源を創出する。

⑧JR新今宮駅北側の広大な空き地に長距離バスセンターを誘致。これは釜ヶ崎の伝統的「旅人の街」文化になじみ、若者層の吸引にもつながる。

社会的孤立克服

良さはそれぞれ

2012年5月

釜ヶ崎とメディア論（1）

～記者向けの研修制度を創設～

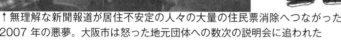

↑無理解な新聞報道が居住不安定の人々の大量の住民票消除へつながった。2007 年の悪夢。大阪市は怒った地元団体への数次の説明会に追われた

取材したいなら、せめてきちんと勉強してからにしなはれやぁ～

ホームレス支援等の領域ではメディアでの取り上げられ方で苦々しい思いをすることは多い。とりわけテレビは映像であるだけに一面的報道はひどい。同じ福祉分野の他のみなさんの領域ではどうだろうか。たとえば、生活保護制度に無理解な記者からインタビュー取材を受けた苦い経験もあることだろう。私たちの場合は加えて、活動舞台である釜ヶ崎という特有の歴史・文化・生活意識・支援制度のある街なので、生半可さがヒドイ。昨今話題の貧困ビジネスや原発現場への求人手配問題では、逆に思い込み取材というか、初めから結論を決めつけていると思われる取材もヒドイ。たぶん、初めから編集会議で決まっているのだろう。**こうしたことが起きる理由の一つは、専門性あるいは継続性のある記者が投入されないメディアの側のしくみにある。たった1年程度の間隔で次々と若い記者が人事異動で出入りする。当地域の場合、長年の蓄積の上にモノゴトが成り立っていて、複眼での綿密で繊細な把握が必要な事象が多い。**善意の記者の場合でさえ、現場では迷惑顔をされる。曰く「記事が浅いわ。一面的。掘り下げなんかない」「私たちが記者にこの地域のイロハから教えることを何十年繰り返したらええのよ」と。

そこへ、橋下徹大阪市長の「西成特区構想」の打ち上げによって、悪意すら感じる記者たちが東京から取材にわんさと来るようになった。こうなると、特区構想騒動のおかげで住民組織の自主的定期会合なども急に注目され始め、いつまでも「報道関係者お断り」を貫けない状況になっている。

そこで、私は長年頭の片隅にあった構想を実行に移すことにした。日頃から実施している学生・市民向けの「釜ヶ崎のまちスタディ・ツアー」を発展させて、**記者たち向けの『釜ヶ崎理解促進講座』事業（仮称）を実施する。**まち歩き・釜ヶ崎原論・まちづくり論・現場取材援助など、いくつかのカリキュラムを組む。すると、ある有識者から「いいですね。私への取材者にはこの講座を先に受けることを許可条件にしたいね」と早くも期待の声が聞こえてくる。**もちろん、適正な対価をもらい、スタディ・ツアーと同じくその一定額は地域の支援団体等に還元される。**この事業は記者たちも喜ぶ話である。彼らも、ある意味犠牲者であり、助かるのだから。日本のためにも「福祉の原点の街」でしっかり勉強してもらいたいものだ。

この頃から記者さんたちへの対策も急に忙しくなってきたんです。SNSはまだこの時期は目立ちません

居住
支援団体
就労支援
NPO
生活保護
支実施機関
生活保護
施設
アルコール依存症者
あいりん地域ネットワーク
やはり就労支援を軸にする。労働センターの機能アップが必要
あいりん地域総合受付
求人票
各団体のスタッフが詰めていれば話は早い
居場所やつながりづくり支援 NPO
地域総合コーディネーターが指揮をとる
自立支援センター
医療センター（特に精神科を強化）
技能講習
支援

2012年6月　地域トータルケア構想の提案

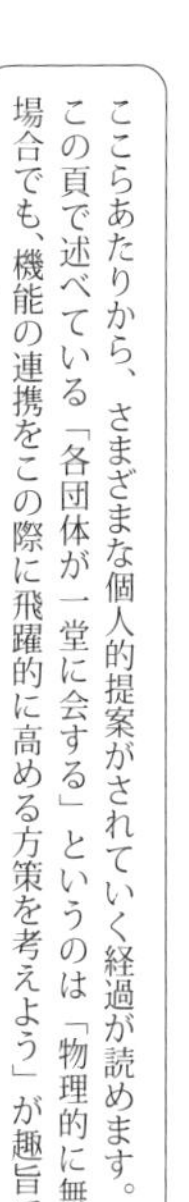

ここらあたりから、さまざまな個人的提案がされていく経過が読めます。この頁で述べている「各団体が一堂に会する」というのは「物理的に無理な場合でも、機能の連携をこの際に飛躍的に高める方策を考えよう」が趣旨です。

自分なりに永年温めていた構想を一つ。釜ヶ崎地域には実に多様な支援団体・施設が集積している。**各団体は一生懸命である一方、実態はけっこうバラバラだ。それを就労と福祉と居場所づくり等のワン・ストップ窓口化（一人ひとりを地域全体で総合サポートする体制）ができないか。橋下市長の登場とは無関係に、もともと必要だったものだ。**

具体的に、新規流入者が、たとえば当地の玄関口であるあいりん総合センターの相談窓口に来る。求職が主訴だが、たいがい多面的な困難を抱えている。聴き取りを経て、総合コーディネーターがその人に合う各種地域資源を複数マッチングしていく。たとえばどんな団体をって？　就労支援では西成労働福祉センター・チャレンジネット等。福祉面では更生相談所・あいりん相談室・生活保護施設・子ども支援ネット等。医療・介護では社会医療センター（特に若年層の就労支援には精神科の充実こそ重要）・結核対策取り組み団体・アルコール依存症者支援団体や介護事業所。居住ではサポーティブハウス連絡協議会・簡易宿所組合・良心的な不動産業者。野宿者支援団体。単身高齢者や若者の文化・芸術活動支援団体などだ。公的機関・社会福祉法人・NPO団体等さまざまとなる。**しくみが機能するには有能なコーディネーター**や強力な連携体制も必要だ。これまでは、国・府・市・民の間の壁に阻まれていた。西成労働福祉センター（府の系列）と市立更生相談所の連携すら疎遠だった。今後は府市統合どころか、**国・府・市・社会福祉法人・NPO等を串刺しにした究極のケース連携である。**相談者最優先の考えなら、そうなる。そして、**この際、あいりん総合センターは建て替えるべき**。労働福祉センターや医療センターに加えて、市立更生相談所も同居し（組織統合もあり）、前記諸団体もブースを並べるか、スタッフが詰めるという強力な陣形を敷く。（技能講習付きの）就労支援を中軸とするために、労働福祉センターは登録事業所を旧来の建設業依存型から就労困難層も視野に入れて多種多様な職種対応型にする（すでに変身中）。ここにパーソナル・サポート制度を付けてもよい。こうして地域丸ごとの就労支援体制にグレードアップする。どうだろうか。

かけ直しはダメ

若者よ トシとるとあなたもこうなる

世話の輪

いいのだ、カマやん、胸を張れ

2012年7月

磨くべきは提案力・企画力
～屋台村構想の具体化にあたって～

この時期はまだ西成特区構想が正式に始まる前年なので、あくまでも個人的なアイデア出しの段階でのエッセイです

退職後に夢見ていたゆる～い暮らしどころか、逆に西成特区構想への提案づくり等に忙しい日々である。長年の構想が実現するかもしれない、きわめて特殊な局面なので、今はやるのみ。地元の諸団体の集まり（仮称・萩之茶屋まちづくり拡大会議）からは9領域300項目もの提案を市長・区長に提出した。その中に、大がかりな屋台村開設構想がある。仕事を求めて全国からやってくる日雇い労働者向け簡易宿所街である釜ヶ崎の歴史や懐深い文化にはフィットする構想である。そのことを直感的に察知してか、この構想にはまちづくり警戒派を含めて、乗り気になる住民・関係者は多い。こうした雰囲気を受けて、特区構想有識者座談会委員でもある阪南大学国際観光学部の松村嘉久教授から今出されている中身は次のようなイメージだ。

場所は、簡易宿所活用で大きく展開中の外国人安宿街が存在する強みをいかす。そこに隣接する広い道路（堺筋）の道路沿い。そこを観光夜市とし、国際的な賑わいを創り出す。簡便に屋台が開設できるように基盤整備を行政がやり、不法行為の取り締まりは警察が協力。若者や母子家庭等々に機会を与え再チャレンジできる場とするため、低予算で店が持てるようにして、40軒ほどで開始。どれも自立心や創造力が要るが、やりがいもあろう。開店者は市へ登録。店の経営や清掃で雇用創出効果が生まれる。モデルが台北市にあるので積極的育成経験等を学ぶ等。

しかし、もっともっと必要なのは社会的起業の観点からの具体的アイデア、提案力、企画力、そして行動力だ。そして、それは我々に足りないものだと気づく。仕事づくり、支援の出口（雇用）づくり論でもそうだ。**いつも話が理念だけで終わる運動家出身のおっちゃん等に代わって、そうした状況にしなやかに対応できる若者たちや女性にどのようにしてこの地に来てもらうか、**頭をひねる今年の夏である。暑中お見舞い。

とろける

昨今はこんな具合である

就職支援屋台

2012年9月　空き地でコミュニティ菜園づくりだ

撮影：2007年10月

撮影：2007年6月

読者のみなさんの街では近所に菜園がつくれるだろうか。この十数年、大阪の釜ヶ崎ではいくつかの団体が生活保護受給者支援の中で、畑を求めて大阪府和泉市・大阪狭山市・奈良県・三重県・丹波篠山（兵庫県）と、遠くまで遠征しないとなかなかこれをやれなかった。「居住地域で菜園づくりができればもっと参加者が増えて効果があがるのに…」と指をくわえていたものである。しかし、西成特区構想で一気にこれを実現せんと、第12回有識者座談会で提案した。こんな内容だ。

西成区で目立つ孤立しがちな単身高齢者のおっちゃんと、これまた目立ち始めた未利用地を結びつける。コミュニティ菜園化だ。野菜だけでなく、単身高齢者の健康・生きがい・つながり・居場所をつくる作業だ。荒廃した街の再生にもつながる。**畑の効用は広い。元気な人、病気がちな人、若者や子供、それぞれに畑は「効く」。**菜園療法、菜園福祉という言葉もある。仕事づくりにも通じる。ヒートアイランド化への抑制などにも効く。**ましてや、日雇い労働者時代にスコップやツルハシを手に「地球をアート」していたおっちゃんたちだ。畑でびっくりするほど力を見せる事例はたくさんある。できた野菜の「出口」は、同じく提案した屋台村の食材とするのも夢がある**（本書第3章157頁）。

若干の方法論を。①土地は畑としての一時利用でも可。必要になればいつでも他用途に廻せる。②畑に興味はあるが、未経験で参加をためらう人も多い。そこで、区内での成功事例（団体）を足場に区全体に菜園を広げるため、「西成区コミュニティ菜園普及センター」（仮称）を設立する。その運営はプロポーザル型の公募によるソーシャル・ビジネスが担う。空き地の確保・調整などはどこがやるか要検討だが（区役所も一案）、利用者・担当支援団体の募集や調整、集まる高齢者たちをリードする**菜園コーディネーターや農業指導員の養成・派遣等を行う。**初めはリーダー養成だけに特化して立ちあげてもよい。そのための一定の人件費補助なども行う。あぁ、地道だが潤いのある提案だと言われたい。

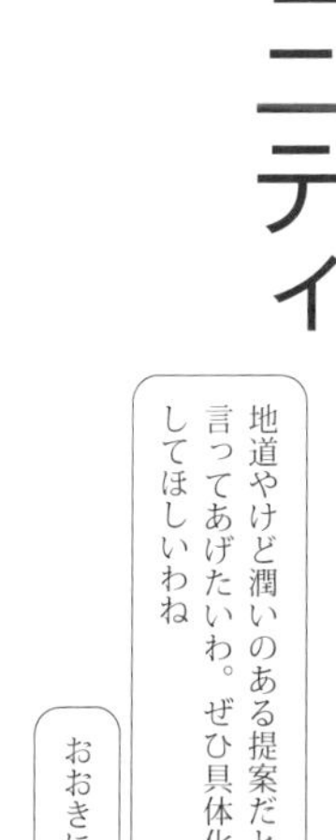

地道やけど潤いのある提案だと言ってあげたいわ。ぜひ具体化してほしいわね
おおきに

再生の知恵

健康・生きがい・つながり・居場所づくりだ

地域資源

夏休みの宿題

ひと花菜園
（三角公園西側）
都会で昆虫採集ねェ
おるからもっとでかいアミ持ってこい
明日がある明日があ〜る〜さ〜
あれか
コラ〜〜な、何すんねん
!?
やった
この極楽トンボめ釜ケ崎の絶滅危惧種やそうやないか
ハハハハハ
そうそう保護しよう

野焼き

未利用地の菜園化事業
刈った草は野焼きの方が肥料にもなってええねん
最近はコレけっこううるさいんですよ
いろんな法律や条例がありましてねェ
元役所
近隣住民の苦情もすぐ来ますしね
煙たいって
クドクドクドクドクドクド
うるさい！煙たいのはおぬしの方じゃ
うまい！
……スイマセン
うまいかも

前を見る

夏
こっちはすごく実ってんのにオレはヘタや
ダイジョーブやて！
ホームレス自立支援農園

秋冬野菜に早くから、しっかり、準備して取りくめってか
元肥から入れ直せってか
肥料

秋
おへ〜豊作や
アンタのアドバイスのおかげや

成功のあとは　次の準備が遅れ　うまくいかないものである
つまり人生って巻き返しができるわけや
ウン
キミらの会話えらい！
日本経済かも
クソッ

山が呼んでる

株価変動を連想してつらいわ、あの山の稜線
ホームレス自立支援農園

もうコリゴリや！二度とせん
それがええ
株で破産

3年後
アイツ最近見んな？
アルミ缶回収業

こっちの山の稜線にとりつかれて元にもどっていったわ

支援農園
絶対ウリやてッ
ちがうトウモロコシ!
どないしたん?
このウネには何のタネをまいたか記憶がちごとんねん
こいつがボケとんねん
支援農園
絶対ウリやたんじゃボケ
トウモロコシやったちゅうのにッ
まアまァ芽が出ればわかることやし
1ケ月後
結局まだ何もまいてなかったのだ
……
まアまァ元気出そ
シ〜ン
ドテッ
待っている人
NPO
オレなんか待ってくれてる人なんか誰もおらん
さみしいもんやで…
そんなことあれへん!待ってるのがいるぞ
ダレや?そんなヤツ
見てみィ昨年秋にいっしょに植えた玉ネギたちや
冬を越してアンタの世話を待ってるわ
ポカポカ
そやったんか知らんかったシロウトなので
すまんかったのぉ
菜園セラピーね
支援菜園
畑経験のある人ならわかるお話

2012年10月　こうしてボトムアップ型になった
～西成特区構想有識者座談会体験記～

釜ヶ崎のまちづくりを源流からずっと関わってきた者として、この辺はしっかり遺したい。よろしくお願いします

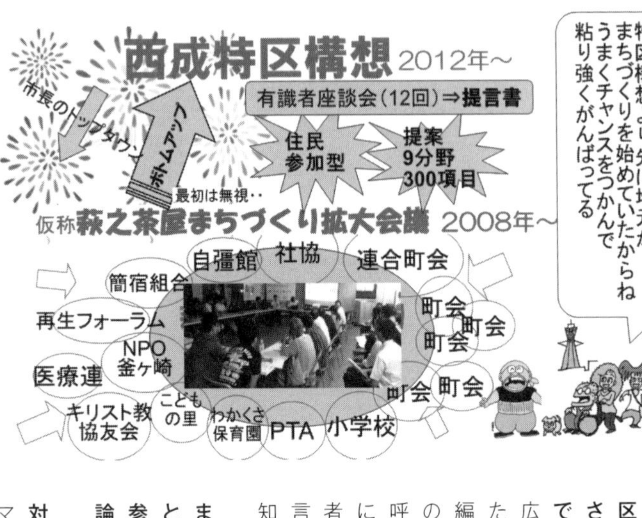

２０１２年春から秋の始まりまでの約５ヶ月間の熱風のような短期決戦がいったん終わった。西成特区構想という打ち上げ花火を初めは遠くに白々と眺めていた。戸惑いと警戒心だけがあった。しかし、「放っといてもめちゃくちゃにされる。それなら、今までの地元でのまちづくりの蓄積を愚直にぶつけよう。結果はどうなろうが、後悔しないために」と切り換えていった。一番の転機は、**市長・区長直属で強力な権限を持つ西成特区構想特別顧問になんと学習院大学の鈴木亘教授が就任したことだった。偶然の不思議さ。彼は、私たちのこの10余年の取り組みの中でホームレス問題や生活保護や医療制度ですでに西成・釜ヶ崎の良き理解者となっていた**（当時は大阪大学の准教授）。こういう広い範囲にまで人的資源を拡げていたこともまた、後述する「地元の蓄積」の一つだったのだ。人材ブーメランなのだ。そして、ただちに短期決戦に耐えうる有識者チームを編成した。研究者といっても誰よりも現場に入りまくっている、政治的には中立の立場の識者ばかりである。その委員たちが今度はテーマが進むごとにゲスト・スピーカーを呼ぶ。広い知見を持って地に足のついた活動を長年続けている人々を積極的に鈴木座長に推薦し、積年の問題提起や提案をしてもらった。毎回３人程度は呼んだので（複数回者がいるとしても）30人近くになるのではないか。鈴木座長自身も、「話し合いたい」と言う団体・個人、あるいは自ら必要だと考えた団体・個人には超多忙の中でも説明とお知恵拝聴で走りまくった。「糾弾」も恐れず。やわな人にはできることではない。

そうしたこともさることながら、ボトムアップ型の根幹を成したのは、「仮称萩之茶屋まちづくり拡大会議」という事実上のまちづくり協議会（２００８年開設で団体参加）と、13年間も続く「定例まちづくりひろば」（釜ヶ崎のまち再生フォーラム主催で、個人参加）が役割を分担しつつ、政策的蓄積を思い切り持ち込んだことだ。節々で地元の議論の集約と進展状況の地域拡散（アナウンス）役ともなった。

こうして、すでに初動の段階でプロセスも肝心の政策的中身も、世間の予想とは正反対の、かなりのボトムアップ型となった（紙面がないので中身を紹介できない。残念）。マスコミにとっては地味過ぎてつまらなかっただろう（笑）。

2012年12月

釜ケ崎とメディア論（2）

～マスコミとの向き合い方を変えてみた・その後～

撮影:2012年7月

西成市民館にて毎月開催の「まちづくりひろば」。組織を背負わない自由な個人として集まり、状況把握・学び・繋がりづくりに徹する。これをどれほど積み重ねてきたか（1999年～現在）

ほんまに長年、誤報だらけに困っているもんね。地域内部からも手を打たなきゃね
その（1）は本書第3章154頁にあります

私たち主催の「定例まちづくりひろば」の2012年11月のテーマは「これからの〝釜ケ崎・西成とメディアの関係のあり方〟を根本から考え直そう～『マスコミ関係者向け釜ケ崎研修講座』の開始も踏まえて～」だった。ゲスト・スピーカーには全国紙の現役記者やテレビ局の現役ディレクターが来て、内部事情も含めて率直に語ってくれた。これが可能となったのも、ここに至って、生活保護問題の正確な実態把握や報道の必要性を彼らが痛感し、ウィンウィンの関係になるように私たちが新しいしくみづくりに一歩踏み出したからである。当日語られたことをランダムに抜き出す。以下。

ジャーナリストは誰もが反権力的であるべしと考えている人がいるが、そもそも普通の人々だ。会社側で深い研修ができるわけでもなく、そこで専門性を身につけるのは無理。昔からの「警察取材の中で勝手に育つもの」程度の考え方は残っている。また、現場から記者が記事をあげても、社内にもさまざまな問題が待ち受ける。デスクは自分の体験の範囲内で記事をチェックしていくし、見出しやレイアウトは別な部署が行う。他社との競争の中で追随記事・番組も強いられる。ニュースのサイクルがとにかく速い。瞬時、瞬時が締め切りである。ますます現場から離れ、電話やホームページで取材をすまそうとする。

結局、ここでも解決策は自分たち自身の足元での繋がりが決め手だ。取材の深さ、記事の濃度や早さにおいても。我々の側に必要なのは複雑な事象をコミュニティや当該分野の内側から案内や解説ができ、かつその問題を体現している団体・個人と記者を結びつける役回りをする所だ。それはやり方によっては「汗をかかない取材」を増幅しかねない面もあるにしても、**そうやってコミュニティの側もメディアを使いこなす力が要る。**われわれもまたふだんから説明力、提案力を養っていくべきである。報道の分野でもスーパーマンが来て助けてくれるわけではないのだ。そういうこと。

2013年3月　まちづくりって何？　福祉・医療とは無関係？

すまんのぉ　ワシ
が不勉強やった
ガハハハハ

「ほんなら、まちづくりの方はそっちでよろしく。ワシはちょっと…」
「アホ！　アンタもカンペキに勘違いしてる一人よね」

最近感じること。それは「まちづくりとは何か。何が最も重要か」という問いだ。日本では「まちづくり＝道路やビルのハードや施設のハコモノづくりを行政や専門家等の一部の人々が先導的に推進すること」的なとらえ方がまだまだ根強く残っていて、それがまちづくりの障壁になっている面がある。たとえば、行政、それも一部局がタテ割りのセクト主義の中で、住民との充分な協議を経ずに走ってしまう出来事が西成特区構想具体化の過程で起きた。シェルターやあいりん総合センターの建て替え・再編の問題などはまちづくりの問題ではない、自分たち「関係省庁・部局」だけで決められる問題だととらえているフシもある。別に悪意が無い場合でも、役所の単年度主義予算にからむスピードの速さと、住民に浸透して議論が深まっていく比較的ゆったりしたスピードとは明らかに、質までも違う。お互いの頭の切り替えと工夫が要る。

一方、地域住民や支援団体サイドはサイドで、福祉・医療・仕事づくり等のソフトのことこそまちづくり的発想でやることだとはあまり思っていない傾向もある。それ以外のこと、特に駅周辺再開発などがまちづくりの主要テーマだと思っているフシがある。「まちづくり」という言葉や視点に冷淡である人の目にはそういう固定観念が感じられる。スラム・クリアランス型の再開発も世界中で起きてきた歴史があるので、警戒するのも無理はないとしても。

しかし、違う。**まちづくりとは、生活空間を共にするさまざまな立場や利害関係の人々が議論を尽くし、折り合い、合意を広げて共通のビジョンをつくっていく、その民主主義的プロセスそのものを指す。そして、実際このプロセスがすすめば全体の仕事の9割はすんだも同然だというのが私のまちづくり認識だ。都市計画家とはそういう議論の場や合意と民意反映の回路を実にうまくつくっていく人のことを言う。**私は90年代に外国からそれらを学んだ。**そして、釜ヶ崎こそ、それを西成バージョンにしてコツコツと積み上げているのだと考えている。**みなさんのまちづくり観はどうだろう？

ささえ合いの街

野宿になりそうな晩には助かる券だ

何づくり？

実話である

２０１３年10月

古地図のロマンはジイサンを元気にする

出典：大日本帝国陸地測量部仮製２万分の１地形図⇒大阪市立大学水内俊雄教授（当時）加筆

歩くことがガゼン楽しくなるわい♪

この頃の村々の風景を想像してみて♪

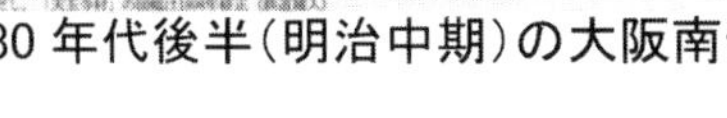
1880年代後半（明治中期）の大阪南部

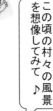

この一〇月に**西成情報アーカイブ**というものがオープンした。西成特区構想に対する我々の提案の一つだ。**地元の歴史遺産や社会資源、アート等を掘り起こし、地元住民までもが持っている「西成」へのネガティブ・イメージを変えていく発信・交流拠点だ。**古代から江戸、明治、大正、昭和に至る古地図や絵図等も展示され、学芸員の解説が付く。私は予想以上の効果があると期待している。それは体験にもとづく。**私たちは生活保護の高齢者等に呼びかけて歴史街道歩きや地元の歴史資源再発見ツアーを遠足代わりに実施している。これには地元の大学や町の識者などが協力してくれる。大都市大阪の成り立ちや変遷の跡が残る古地図や絵図を手に、専門的解説を耳にしながら歩くと、おっちゃんたちも想像の羽を羽ばたかせて、いつしか丸ごと歴史の中にタイムトリップみたいに入り込んでいく。**田園だった頃の牧歌的な風景。実は古くから交通の要衝でもあり、ヒトやモノのたいへんな交差地点だったことを知る。こんなこともある。明治・大正期は今の大阪の難波や梅田の繁華街も同じ「西成郡」だったことを知ると、「なんや。みんな〝ニシナリの人〟やったんかいな。よかったァ」などと笑い合ったりする。

一方、地図や絵図の中には、貧困や差別、隔離、排除、ときには慈愛や包摂、及びそれらとさまざまな先人たちが格闘した痕跡や残滓がある（行政の試行錯誤も含めて）。貧困や福祉にはどの時代の人々も必死に向き合ってきたのだ。西成周辺には特にそれが多い。流転と苦難を懸命に生きた先人たちへのリスペクトの念が心の中に沁み込んでいく。歴史の継続性の中で自分は相対化され、癒しとなる。人生にいろいろあって流れ着いたこの地域への愛着と安らぎに通じていく。

「元ホームレスにまで至った人々にそんな心の余裕や知的欲求があるの…？」などと思うなら、あなたが浅はかだ。人々はこうした楽しみ方ができる力を充分に持っている。日本の教育が与えた底力を見誤ることなかれ。

こうして覚えた歩くことの楽しさは、日常のけだるい路地裏散歩道も楽しく、奥深いものに変える。歩くことで健康づくりへも意欲が湧く。地域定着はこういうことも土台になる。

この界わいを歩くのがとっても楽しくなるようなエッセイよ、これ
これが２０２０年代に「新今宮ワンダーランド」事業などにつながっていくわけです

トンコ街道

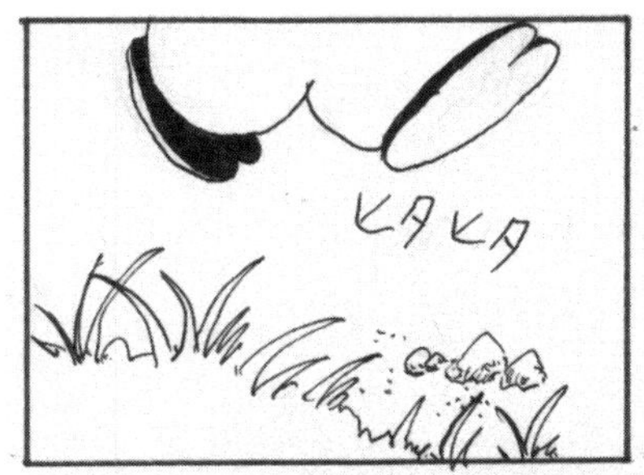

歴史街道ウォーク

2013年11月 まちづくり合同会社をつくりました

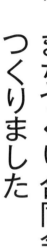

この会社は、ワシらの仕事づくりのためにもうまく発展してほしい

定年退職者「おお～　ありむら君はまだ釜ヶ崎で人生やっとんのかい。ゴクローサンやのぉ。フォホッホッホ」

同年代の友人・知人たちは今、「退職後」をそれぞれ、どこでどう生きているだろうか。私はまだ釜ヶ崎にいる。関わった西成特区構想有識者座談会による提言書は8分野56施策から成り、釜ヶ崎での下からの議論と要望を反映したものが多いが、それらが順次、具体化に向けて動いていっているせいもある。これは実施への手法もおもしろい。各エリマネは、諸提案を5つの専門部会（エリア・マネージメント協議会）に分ける。担当行政部署・有識者座談会委員・地元関係者（町会長、民間支援団体や事業体のメンバー）から成る。そこで議論しつつ、進めていく。なぜ新しいか？　従来はすべて行政が（たとえばホームレス対策等の）施策を決め、予算も決める。その後に地元に相談や説明があれば、マシだった。いくら良い施策でも。しかし、今回は施策も予算も未定のうちから地元と協議をするしくみだ。こうしたボトムアップ型は貧困地域での生活環境改善手法としても画期的だろう。その他に、単身高齢の生活保護受給者の社会的つながりづくり支援事業（通称：ひと花プロジェクト）や地域トータルケア・ネットワークづくりも始動している。やりがいのある局面だ。ヘタなリゾートにいるよりおもしろいかも。

一方、私たちは最近、まちづくり合同会社（LCCという組織性格の簡便な会社）をつくった。**なぜ？　前述の各施策は通常、行政が公募する民間事業のかたちをとる。だから、その受け皿をつくり、住民自身の手で事業を進めていくためだ。仲良しメンバーによるNPO等ではなく、仮称萩之茶屋まちづくり拡大会議という大きな地域包括型円卓会議を基盤にした、文字どおり地域発の合同会社だ。**注目度は高い。**理念やスローガンを叫び、行政を批判・監視しておけばすんだ時代がなつかしい。**先ずは街の生活環境改善分野等で調査事業から始め、多様な中間就労を産み出す事業をめざす。私も社員だが、私ががんばるのではなく、若いスタッフを集め、早々にもう一段力強い会社に脱皮させる。私自身は、定年退職後なので、淡々とした時間の流れと心象風景の中にいる。ここもけっこう心地よいのだ（笑）。

脚力の由来

力を合わせて

子ども食堂

子どもの貧困化対策として
大阪・西成でも子ども食堂
を複数の地域団体が開設

チラシ見て来ました
大人は300円もらうわよ

なんでや？無料ちゃうんかい
それは子どもの場合よ

なんでやなんでや！無料でないといやじゃいやじゃ
子どもや
ホンマや人間見た目で判断したらあかんのや

ワシはずっと見てきた
オラも

2014年2月 釜ヶ崎から見える戦争傾斜政治

1945年の大阪大空襲で
戦災孤児になったカマやん

怒れ怒れ！

「また戦争への道へ行くのかい。長生きするもんちゃうのぉ」

これは日本の安保法制整備が、2014年当時の国際政治状況の中で、条文上とても無理な解釈で強引に進められていくのを見て書いたものです。現在は世界政治はもっと大きく変化していますが、一つの記録として残しておきます

実は私は長いこと意識的に政治の話は書いてこなかった。まちづくりはさまざまな価値観・立場・考え方の住民たちがお互いをリスペクトしつつ、議論をし、折り合いをつけて一致点を見出し、共通のビジョンに向かう、本質的に中立で平和主義の営みである。空疎な政治的スローガンは何の役にも立たないからだ。しかし、今の安倍首相やその取り巻きたちの強引さを見ていると、ストレスがたまる一方なので書く。ついに第2次世界大戦後の世界秩序の大枠まで否定する言動など、欧州や米国からさえ警戒論が出てくるしまつで、敵視している中国の思う壺になっている。愚かなことだ。若者層が気分として引きずられていっている側面も実に危ない。

もともと日本国民の弱点は先の戦争被害の、特に海外で日本軍が侵攻した先々での住民虐殺・兵士の飢餓死・敵国捕虜虐待等の実相を知らなさ過ぎることだ。私は1988年に、大阪のある団体の企画で東南アジア4ヶ国戦争被害取材調査に参加し、生存者の証言も含めて、その悲惨さを見てきたから、確信をもってこのエッセイを書ける。

しかも、**釜ヶ崎は実は第2次世界大戦中での戦争協力態勢づくり（隣組等）が真っ先にできていったという衝撃的な事実がある。スラム住民こそ貧困ゆえにまんまと乗せられていく**。今日でも、これだけ経済不振が続き、若者層にも貧困が広がると、「気分はもう戦争」「戦争こそ希望」となる。戦後平和の土台のうえでこその繁栄だったことを再確認すると共に、福祉等の充実で民生安定を図らないといけない。**その意味では、今話題の生活困窮者自立支援制度づくりは何としても機能させせないといけない**。批判だけではダメなのだ。

そして、実は中韓含め**どの国でも貧困克服は共通の課題であり、ここで交流しあうことは相互信頼を築く**。また、中国人観光客が来日してみたところ、「日本人はやさしい。中国で受けた教育と違う」と語る事例もよく聞く。釜ヶ崎にはそうした観光客を受け入れる簡易宿所転用型の国際安宿街が広がりつつある。私たちのまちづくりの成果でもある。ここでしっかり「おもてなし」体験をしてもらうことも国際平和への貢献だと思う昨今だ。

長生き遺伝子

生物は飢餓状態になるとサーチュイン遺伝子というのが活性化する

その期間はDNAを休眠状態にするので長寿効果が現われる
戦争体験世代が長生きするのもそのせいじゃ
ヘェ〜〜すごい！

そうするとこのヒトはどうなりますか？
今日も腹へって死にそうや 先生

生涯断食状態だったとみてモーレツな効果やな
おそらく500年は生きるやろ
ヒェ〜〜助けてェ〜〜

徘徊老人

ダンゴ汁くれ
そんなん今どき！

じゃあすいとん
あるかァそんなもん
サツマイモのツルの煮込みもかい？

ひでェご時勢になったのお
戦争中やあるまいし
この認知症の徘徊ジイサンめ

子供の頃苦労したんやろけど気の毒に
いやそのジイサンなりの危機感ちゃうか
9条改定急ピッチ

2014年5月　ゴミ回収仕事から見える貧困層の暮らし

ええかぁ　ゴミはルールを守って出さなアカンねんでェ
アハハ
啓発ビラ
まち美化パトロール
まち美化パトロール
まち美化パトロール
ほ、ほんまにカマやんも変わったかも　すげぇ…

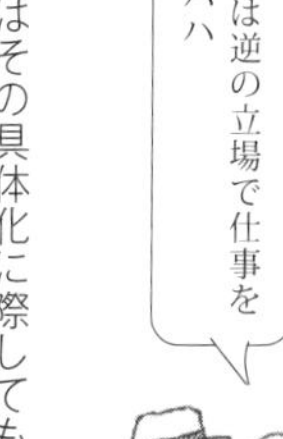

おもろいわ。日頃とは逆の立場で仕事をするんやから。ガハハハ

地域からのボトムアップ型で行政に提案した諸項目はその具体化に際しても住民でできることは住民でやるべきだ。私たちはそう考えて、半年前にまちづくり合同会社を作った（本書第3章170頁参照）。その会社があいりん地域のゴミの不法投棄抑制パトロールや分別回収事業の委託を大阪市から受けた。**この街にはなんと他の行政区からわざわざ車でゴミを投棄しにくるヤカラがいるのだ。「釜ヶ崎なんてしょせんゴミ捨て場」と見られているわけだ。**会社の力不足は、この仕事に熟達している労働運動基盤のNPO法人スタッフたちの加勢を得ることで、事業実施を可能にした。これで老若の日雇いや生活保護層の雇用を向こう1年間毎日11人分創り出した。西成労働福祉センターの窓口で約1週間毎に求人公募がされるが、20倍強の抽選となるなど、体力・年齢に合った仕事の無いおっちゃんたちの間では次の抽選日の話で持ち切りである。

単に雇用数が増えて被雇用者の収入増につながるだけなら、既存のNPO法人受託の高齢者特別清掃事業と変わらない。**しかし、まちづくり会社だからなのか、効果が少し違うところが面白い。**どの種類のゴミがどの地点に、地域外からだと何時頃に・どんな方法で・どのくらい持ち込まれるのか。同じく地域内部の各住民層（商店主・簡易宿所宿泊者・路上生活者・露天商等々）からのゴミは、どの建物から、何が・どのように排出されているのか。蛍光色制服でのパトロールや啓発チラシの配布で、どんな抑制効果があるのか等々が日誌に記録されていく。これを分析すると、単なるゴミ問題を超えた「地域住民生態学」が見えてくる。市のゴミ対策が噛み合っていない部分には貴重な政策的提言となるし、まちづくり総体にとってもハッとするようなヒントが発見される。幅広い貧困層が雇用され、啓発側での体験をすることで彼らのゴミへの意識も変わる効果もある。

この街独特の姿も見える。たとえば、路上に廃棄された電化製品から有価部品を取り出す行為やアルミ缶を回収する行為はリサイクルになっている（逆に、その取り出し作業が路上でなされるとゴミ排出源にもなっている）。精神疾患のある路上生活者がいて、露天商のゴミ出しを手助けすることで小銭を得て暮らさせている実態が見えたりもする。路上でのささえあいや知恵である。この事業、まだ始まったばかりだ。

まち美化パトロール①

ささえ合いの街

サンタさん

まち美化パトロール②

引き取り

ゴミステーション
これ全部パパが飲んだのよ
良いパパもったねエ
もらって帰るわ

ちがう！役立たずのアルコール依存症よ
ゴミステーション
生ゴミ

この亭主ヅラしたクズもひきとってよ
私の収入で子育てできるし
ケッ

で引きとってきたんかい
雇える？
ウ〜ンレアな流入パターンですね
求人
調査
研究者

路上飲み会

コロナ緊急事態宣言で酒類販売店の時短や休業のため路上飲み会が流行
良くないのでおやめくださいッ
なにィコラッ

ほんならニシナリへ行こうや！路上飲みのメッカや
無法地帯や

どいてくれるか清掃のジャマやねん
ワシらのまちはワシらできれいにしてるもんで
高齢者特別清掃事業やまち美化パトロール事業
NPO

キミたちみたいにお行儀の悪いこと もうしないんだよボクたち
そうそう人間進歩がだいじ
ウワサどおりこのまち変わってきてるんや…
NPO

2014年6月

「つながり」は距離感がだいじ
～徳島・海陽町を訪ねて～

狭い路地裏には折り畳み式の縁側があって、おしゃべりを可能にする。
（撮影：2014年5月 最前面が筆者）

本書第2章（55頁で書いた『生き心地の良い町～この自殺率の低さには理由がある～』という本で知られるようになった徳島県の旧・海部町（現・海陽町）。そこにまちづくり仲間たちと行ってみた。人口約三千人の、一見どうということのない小さな、普通の町である。中心が商業か漁業か農業かでタイプの異なる3つのエリア（集落）に分かれている。商業地域には朋輩組という、江戸時代から続く**小さな互助組織群がまだ存在し機能している。**出入り自由で気軽でゆるやかな、助け合い目的の年代別仲良しサークル群だ。**青年団グループがそのまま持ち上がっていくイメージでもある。「病、市に出せ」という象徴的な地元の言葉がある。困ったことがあればすぐ相談に出せる風土なのだそうだ。**

一方、漁村エリアは狭い路地のある住宅密集地だ。写真のように隣近所の人々とおしゃべりができるように、折り畳み式の縁側が通路側に取り付けられている。この縁側をお向かいどうし開けば、お互いの家の中も透け透けで、同居人みたいな気分になるのだという。共同の洗濯物干し場もあった。その横でのんびり憩っていた3人のおっちゃん。「自殺率が本土では一番低い町と聞いて、やって来たんですよ」と話を向けると、「そうかもなあ。みんな世話好きが多いからな」と笑いが返ってくる。

ただし、「つながり」さえあればいいというものではない。山村で育った私はつながり感が強すぎる集落の息苦しさを知り尽くしている。前述の本の著者、岡檀さんも指摘しているが、**ほど良い距離、ほど良い関係が大事だということもこの町は教えている。**この町は材木の集積・交易地としての歴史から、人の行き来もオープンな風土なのだ。

奇遇にも、私たちの街釜ヶ崎も構造的に似た部分がある。狭い地域に日雇い労働者が集住し、路上や公園を交流のための「談話室」として使い、個々人が気ままに暮らせる、ほど良い距離をとっている。これを長所として見直し、引き継いでいく「コレクティブ・タウン」づくりを提唱している。まちづくりのおもしろさがわかると、旅はさらにおもしろくなる。

なるほど。私も旅がてら行ってみたくなったわ

アルミ缶集めのついでに足を延ばしたろか…無理か…

1日を長くする

トシとるとは

若いみなさん、トシとるとはこういうことなのだ

2014年7月

福祉の発想とまちづくりの発想の違い

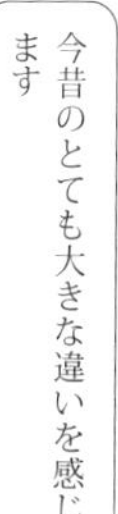

今昔のとても大きな違いを感じます

←サポーティブハウスはまちづくりの発想でこそ生まれた

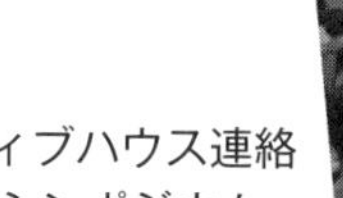

NPO 法人サポーティブハウス連絡協議会 10 周年記念シンポジウム→
撮影：2014 年 7 月

7月20日にNPO法人サポーティブハウス連絡協議会創設10周年記念シンポジウムが開催された。行政も含め150人もが参集し、感慨深いものがあった。

2000年に釜ヶ崎独特の状況の中で生まれた「サポーティブハウス」とは「簡易宿所転用型の生活支援付き高齢者マンション」のことである。1軒目が始まった当時は次のような点で独創的であった。①今そこにあるものを活用するという発想、しかも簡易宿所をである。②今住んでいるそこに（在宅型で）生活支援をつけるという発想。③1軒あたり百人前後が住む建物でわずか5～6人の素人スタッフが何でも相談の「**ごちゃ混ぜサポート**」を、24時間見守り体制でやってしまえていること。④制度の狭間にある人々を救う狭間の民間支援住宅であり、⑤運営は何の補助金もなく、居住者からの家賃収入だけで成り立ってしまっていること等である。

これには福祉の専門家ほどショックを受けたはずである。なぜなら当時の常識では、既存の社会福祉制度にもとづいて新たに建物を建て、アルコール依存症とか知的障害とか軽度認知症のようにカテゴリー毎に入所者を細分化して受け入れ、補助金で運営するのが一般的だったはずだからだ（今も?）。支援付き住宅は今でこそ全国化したが、当時はそうではなかった。

なぜ可能だったか？　今思えば、福祉だけの発想ではなかったからだ。私たちが（福祉も仕事創出もつながりづくり等も視野にあり、空間活用概念もある）まちづくりで状況を打開しようという発想だったからだ。案の定、行政は長い間、私たちを無視してきた。それが今は、孤立した人や施設・病院等で支援困難な単身高齢者の入居受け入れを行政側から頼んでくる。

まちづくり的には、ピンチをチャンスに変えてきた15年間でもあった。90年代末のどんづまり状況。2008年のリーマンショック直後の生活保護ラッシュへつながった状況。2012年の突然の西成特区構想の「襲来」等。サポーティブハウスを創造したように、いつも「逆活用」のうねりを起こして、ちゃっかりと前進することができてきたように思う。それが私の独りよがりではないことが、このシンポジウムにはにじみ出ていた。

忘れる
敬老の日
忘れんように何でもメモしとけば安心や
パチパチ
えらい!
そのメモの置き場所も忘れんように首に下げとく
エライ!
メモ入
カマやんもかわゆいお年寄りになってくれてよかった〜〜
ケッ何も知らん女め……
数日後
あんたが自分で書いて自分でつけたんやないの!!
知らん!
おまえらグルでワシを子供扱いしよって!!悪人どもめ
メモ
何のこっちゃ
改札口
しかし……短かくなったなァ
ワシらの余命がかい
助けあいは釜ヶ崎の良さ
しかたないわな命ある者はいずれ消える
ちゃうがな
?
改札口
スカートが短かくなったんや
なんや生きる力がわいてくる

【資料7】

これを読めば　この街の人々の大チャレンジが始まったことがとてもよくわかる
釜ヶ崎が大きく変わっていく姿だぁ

毎日新聞　2014年10月22日(水)夕刊

特集ワイド Wide

町会、労働団体、行政…同じテーブルに

あいりん地域の将来描く

今後の在り方が検討されている「あいりん総合センター」＝大阪市西成区で17日、本社ヘリから川平愛撮影

ニュースアップ

学芸部・鈴木英生、社会部・松井聡

日本最大の日雇い労働者の街、あいりん地域（通称釜ケ崎、大阪市西成区）にある労働者支援施設「あいりん総合センター」と周辺地域の今後の在り方を話し合う「あいりん地域のまちづくり検討会議」が9月、始まった。行政が施策を決める従来型の「トップダウン」ではなく、地元住民や労働団体、行政が立案の段階から同じテーブルで議論し、「ボトムアップ」で街の姿を描く取り組みだ。大阪府と大阪市は、検討会議が年内にまとめる意見を最優先に、今後の方針を決める。

「あいりん地域のまちづくり検討会議」では多くの案が検討された＝大阪市西成区で20日、久保玲撮影

労働者支援「総合センター」の在り方も

まちづくり検討会議が始動

「日雇い労働以外の新しい仕事を紹介できる場に」「総合センター内の医療機関を地域医療に特化させて」「子育て世代を呼び込める住宅を」

今月20日夜、センター隣の市立萩之茶屋小で開かれた会議。町会や簡易宿泊所組合、労働団体の代表ら30人が複数のグループに分かれて議論した。約2時間、さまざまな意見が出る中、今の機能を維持しつつ、総合センターと周辺を、より広い層のニーズに応じた場所にしたいとの声が多く聞こえた。

あいりん地域はJR大阪環状線新今宮駅の南に広がるエリアを指す。地域の人口は約2万2000人（2010年）。日雇いの仕事を無料紹介する大阪府の外郭団体「西成労働福祉センター」があり、各地から集まった日雇い労働者は最盛期の1980年代、2万数千人を数えた。しかし、バブルがはじけた90年代以降、仕事にあぶれ、高齢化も進み、今では推定約8000人に落ち込んだ。一方で、生活保護受給者は約9000人と急増し、「労働者の街」のイメージは変容しつつある。

そんな中、あいりんの象徴として地域の雇用や福祉の拠点になってきた「あいりん総合センター」も、老朽化で改修や建て替えの必要性が指摘されるようになった。70年に府、大阪市、国が共同で建設し、鉄筋13階建ての低層部には西成労働福祉センターや大阪労働局の公共職業安定所が入り、高層部には、市の外郭団体「大阪社会医療センター」の付属病院と市営住宅（177戸）が入るが、耐震強度不足が大きな問題となっている。

日雇い労働者らは時に、待遇や環境改善など不満の矛先を行政や警察へ向け、暴動として噴出することもあった。地域の商店主や日雇い労働者が住む簡易宿泊所の経営者は困惑する一方、「行政は何もしてくれない」「この地域に何でも押しつける」と不満を募らせもした。同じ地域に根ざしながら、相互不信に陥っ

（次頁へ続く）

てきた労働者、地域、行政。それらが立場を乗り越えて、今回、同じテーブルを囲むことになった。

◆　◆

「高齢化や人口減など、この街には全国どこにでもある問題が極端な形で出ている。ここで地域の50年先を見すえた議論が成功すれば、日本全体に応用が利くはずだ」

会議の座長で市特別顧問（西成特区担当）の鈴木亘・学習院大教授は、今回の検討会議の意義を、こう語る。鈴木教授自身、大阪大に在籍していた98～04年、ホームレスや生活保護の問題に取り組んできた。そんな経験から、「地元には『自分たちでやろう』という街づくりの動きが、町会や労働団体などの枠を超えて、既に進んでいた。しかし、行政はこれまで、地元の事情を理解せず、施策を打っては誰も歓迎しない結果を招いてきた。町会や労働団体の力と行政の予算を組み合わせれば、とても効率的な街づくりができる」と、検討会議発足の背景を解説する。

事実、街はこの十数年で変わりつつあった。総合センター東側は、かつて歩道を埋めていた屋台が姿を消した。路上にあふれていたごみも減った。荒れ放題だった公園も、子どもの遊び場に再整備された。

先駆けとなったのは、「釜ケ崎のまち再生フォーラム」のありむら潜・事務局長(63)らの取り組みだった。ありむらさんは労働福祉センター職員でもあり、増加する路上生活者の問題に対応するため99年、労働団体関係者や簡易宿泊所経営者らと再生フォーラムを組織。路上生活者が生活保護を受給できるように、簡易宿泊所をアパートに登記変更する動きを進めるなどした。その結果、路上生活者も、簡易宿泊所の空き部屋も激減した。ありむらさんは今回の検討会議に委員の一人として参加しており、「町会と労働者側は、同じ地域にいても地球の裏側ほど遠い関係だった。今回は地域で活動する団体のほとんどが委員を出した」と歓迎する。

釜ケ崎日雇労働組合の前委員長、山田実さん(63)も、検討会議の委員として参加している。90年代前半から、労働組合の枠を超えて、路上生活者のための仕事づくりに取り組んできた。周辺の商店街には「野宿問題を解決しなければ、街の発展はない」と呼びかけてきた。今回の検討会議については「（あいりん総合センターという）地域最大の施設の問題だからこそ、一緒に街づくり全体も考えられるチャンスだ。立場の違う人ともじっくり話し合い、最大公約数の結論になることが大事だ」と語る。ただ、高齢化が進む街の人口は、15年後には1万人を切るとの予測もある。「全国的に若年の生活困窮者も増えている。そんな若者に向けて、どんな働く場所をつくっていくかが課題だ」とも指摘する。

「包容力」生かせるか注目

「やっと街の将来をいろいろな立場の人と話し合える場ができた。これからも腹を割って話し、地域全体のプラスになるようにしたい」

今月6日の会議で、地元・萩之茶屋第6町会長の西口宗宏さん(54)が、感極まった様子で発言した。

西口さんは、街づくりの一つとして、経営していた簡易宿泊所を、生活保護受給者の生活相談などを受け付ける「サポーティブハウス」に変えた。入居者と地域との関係づくりを重視し、小学校の運動会の手伝いをしてもらうことなどを試みた。「住民、特に子どもと知り合いになれば、街を大事にする気持ちが生まれる」と、横のつながりの大切さを訴える。

検討会議で街づくりの方針が定まっても、新たな仕事づくりなど、課題は山積する。しかし、ありむらさんは力を込める。「地域最大の施設の将来を自分たちで決めるという成功体験は、『西成モデル』の街づくりとして、全国に発信できる」

あいりん地域は「誰でも受け入れる包容力が長所」と言われる。その長所を生かした街づくりの取り組みを注視したいと思う。

2014年9月

釜ヶ崎の天王山

～人は決定的場面で検証される～

←釜ヶ崎の運命を決める第１回目ワークショップの開始前のようす

撮影：2014 年 9 月

これってりっぱやはんちゃう？
そうよ、りっぱ！
この用紙で意見表明できる

↑2 回目からはこの傍聴席でもワークショップをした（たぶん前代未聞）

釜ヶ崎のまちづくりが一つの天王山を迎えている。地域状況が最悪だった99年を起点に、営々と積み上げてきたまちづくりの流れが、08年のリーマンショックや12年の西成特区構想「襲来」の「ピンチ」をチャンスに変えた道のりを経て、ついに大きな大きな峠道にさしかかるのだ。すなわち、行政と地域住民団体から成る「エリアマネージメント協議会」の5つ目の課題別部会＝**「あいりん総合センター&周辺まちづくり会議」がこの9月から12月まで集中開催されるのだ。**日雇い労働者が集まる寄り場機能は、縮小はあっても維持存続させることは確約されている中で、医療センター・職安・市営住宅の各機能も残し、駅前機能を加える。**それらを小学校跡地や公園等の周辺一帯に住民の議論で再配置していく作業だ。公的機関、全町会、労組を含む支援団体、福祉や子供施設、まちづくり団体等の約30団体が参画する画期的大会合となる。110年の地域史でも前代未聞のことで、私などは「よくぞここまで来た」と思っている。**

ところが、これまで2回の会合を開催してみると、参加者（団体）間の情報や発想のギャップの大きさに唖然とする。要するに意識はバラバラだ。まちづくりの発想など考えたこともないお人や団体もいる。団体交渉と勘違いしている？　団体も。敢然と全面公開にした意義も理解されない。それどころか、1回目のワークショップでは傍聴公開をいいことに明らかな妨害工作にやってきたグループもあって、終始怒号が飛び交った。**それでも、1回目はやり抜いた。体験したことの一つは、こういう決定的な局面・場面でこそ、その人（団体）がどういう人（団体）なのかという本質（貧困改善への向き合い方）が露呈するという現実だ。**ふだんの勇ましい言葉との背反も露呈する。逆に、ハグしたくなるくらい前向きに関わろうと努力する人も出てくる。

「地方自治とは民主主義の学校である」とよく言われる。**今の局面はまさしく住民や支援団体が住民自治を学ぶ学校である。**私は、99年以来の取り組みに誇りを感じながらも、自分も含めて「まあ、小学生くらいでしょう（笑）」と言ってきたものだが、ここは確実に進級しようぜ。2回目からは、なんと傍聴席でも果敢にワークショップを試みた。参加型を貫くのだ。**お見守りとご支援を！**

この本のヤマ場かもしれんぞ

この時期のものすごい緊迫感が伝わってくるわね

人の道

カマやんは講習を受けて介護士の補助の助っ人もたまにする

アレ～ッあの時のタコ部屋の……！

あエッ

ああ

しまったァまちがって来てもうた

ギャ～ハハナニィ賃金？そんなもん払えるかい！

30年も忘れんとシ、仕返しに来たんか!!

ああ！たっぷりと

親切にしたるまずオシメの取り換えや

ワ～～すまんおおきにワシが悪かった

人の道を今知ったわ

ゆるゆる人間

なんや腹巻もゆるゆるせんかハハハ

タオルかてゆるゆるや

アーハハ

ニッカボッカも地下タビもゆるゆるや

ハハハ

人間丸ごとゆるゆるや

ハハハ

西成特区構想緊急集会

なんかアタシ、力がぬけるわ

アハハ

もうええからアンタ帰ってくれ

↑緊迫した集会

小学校施設を使い 傍聴席も含めた大ワークショップとなった

撮影：2014年10月

2014年11月 修羅場で学ぶ学生たち

ナマのホンモノ体験やから
これが種子となって将来ど
んなものになっていくか
見ものよね
ワシは雲の上から見とる
ぞ　アハハハ

私たちの活動フィールドは大阪市西成区の釜ヶ崎であり、そこは**貧困やさまざまな社会的矛盾が凝縮された地域であると同時に、問題解決策が多様に試みられる地域でもある。ということは、大いなる学びの場、人材育成の場でもある。**現に、私たちの15年間のまちづくりや支援活動の草創期にここで鍛えられた学生・院生たちが全国各地の大学教員等となって、自分のゼミ生を連れて「里帰り」を果たす事例もたくさん進行中だ。自分が歳をとった証拠でもあり、「…（複雑）」という思いもするのだが。

この9月から12月にかけて展開した釜ヶ崎のまちづくりの一つの天王山＝あいりん地域まちづくり検討会議[*1]は、35人の委員席や150人にものぼる傍聴席双方でのワークショップとなったが、怒号やヤジでまともな議論が聞こえないほどの修羅場でもあった。たくさんの正副ファシリテーターとその補助員が必要なので、前述の大学教員たちに学生ともども駆けつけてもらった。学生たちは会場で出た意見を簡潔な短文にして直ちに付箋紙に書き込み、模造紙にどんどん貼り出して「見える化」して整理していく作業だ。機転が利く学生ばかりではない。**しかし、住民間対立や理不尽な破壊行為も含めて、ほんまもんの社会体験となったはずだ。**事前・事後のスタッフ会議にも参加させ、教員たちは節々で具体的な助言・指導・解説もしていく。役所との際どい情報交換の場に同席していても学生たちはきょとんとしていて、こちらは思わず笑ってしまったりもする。

しかし、こういう住民参加型民主主義のほんまもんの修羅場は学生たちには一生の財産となるだろう。**「スラム・クリアランスへの内側からの画策だ」「再開発資本と行政がしかけたワナだ」「こんな会議意味がない」等の批判を浴びせるだけの傍観型民主主義との見分け方も含めて、大切なものを学んでいくだろう。**そうして、どこかの教員となってまた学生を連れてくること、大歓迎だ。

何事も、人材育成・確保とはそういう長いスパンとサイクルの中で実現することだと思う。みなさんの世界ではどうなのだろう。

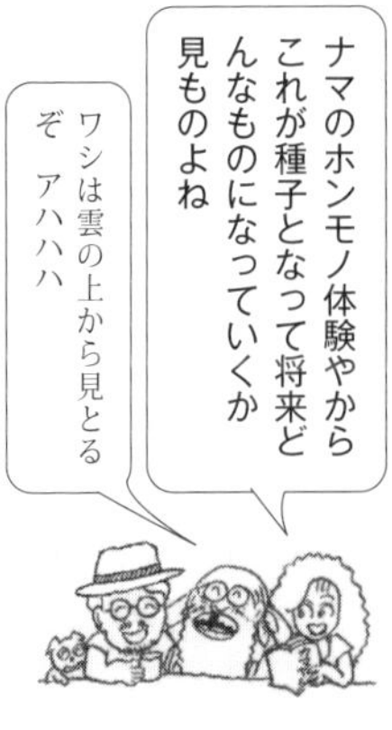

＊1　この時期（2014年秋）に集中的に開催された会議名は「あいりん地域まちづくり検討会議」。そこでの合意事項を引き継いで、2015年から開催されてきているのは「あいりん地域まちづくり会議」。2文字の違いだが、ステージの違いがある。前者は大きな方向性を、後者は具体論を議論する。

聴き取り調査

小銭の貸し借り

2014年12月

愚直に、ひたすら愚直に、話し合い

撮影：2013年3月

↑あいりん総合センター正面（老朽化と耐震強度不足から建て替え話が始まった）

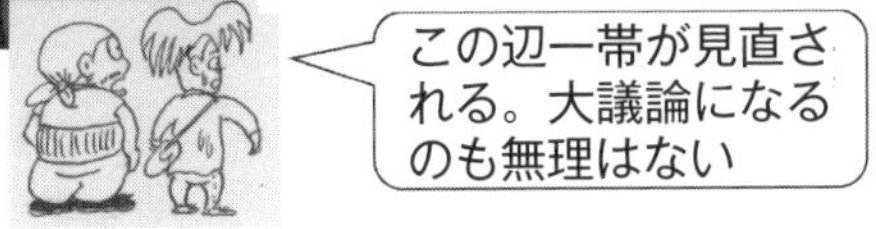

撮影：2013年2月

↑廃校となる萩之茶屋小学校の庭で。向こうにあいりん総合センター上階部分（市営住宅）が見える。

この辺一帯が見直される。大議論になるのも無理はない

とりあえず　ここまで本当によくがんばったよなぁ

でも　ここらはまだ特区構想の第一段階やったんですよ

「あいりん地域まちづくり検討会議」の続きだ。なにせたいへんな取り組みだった。日雇い労働者の寄り場のあるあいりん総合センター、及び小学校跡地など周辺諸施設の建て替えや再編成がテーマだから、地域の今後のあり方を決める大会合だ。**36人の地元委員を軸にした地域ぐるみの直接民主主義型取り組みだった。**

▼そもそもこの会議体の設置自体を「信用できない」とする委員たちすらいた。▼**準備会合冒頭で、西成区長と大阪市特別顧問が深々と頭を下げて歴史への謝罪を行った。半世紀にわたる釜ヶ崎対策の不十分さへの謝罪だ。私など目がうるんだ。**▼議論をワークショップ（以下WS）方式にしたのは、恐る恐る参加の町会長さんたち等でも意見が言えるようにするためだった。個別訪問による聴き取りで補完作業もした。▼半世紀前の釜ヶ崎から飛び出してきたような闘争スタイル（野次怒号、妨害活動）に対して警察官の導入ではなく、なんと彼らにもWSを敢行したのは前代未聞だろう。勝手に大声で発言する人たちの声も「ご意見」として受け止めてポストイットに書く。ルールを順守する多くの傍聴者の意見と併せて、模造紙にどんどん貼り付けていく。これほど民主的な対応があるだろうか（笑）。ある執拗な場外発言者は正規の委員に「あんたのほうが、ワシよりはるかに濃く参加してるやないか！」と叱責される場面まで生まれた。▼この取り組みの只中で、「行政は別案をすでに決めている」という大新聞の大誤報が飛び出した。「衆院選に総責任者たる橋下徹大阪市長の転出もあり」とする憶測も降ってわいた。しかし、それらはみんなの怒りの対象となり、むしろ雨降って地固まる役割に転化できた。▼支援団体間の対立も露わになった。「野宿がなんで悪いねん」と本音を吐き出す委員に「運動体が野宿を推奨してはいけない」とさとす他団体委員。10人の町会長さんたちの顔すら初めて見た活動家も多かったはず。**かくも深き「分断の街」だった。**▼議論が落ち着いてできるように毎回委員席や傍聴席のレイアウトに知恵をしぼり、WSは毎回進化していった。こうして、最後はついに傍聴席も静かになった。▼市営住宅入居者集会や、野宿労働者が泊まるシェルター出張WSも行った。▼**最後は、「地元要望書」本文3頁＋「すべての発言記録添付」という形でとにもかくにもまとめることができた。**▼対立や矛盾も含みながら、それでも包摂型で前へ進む。これが釜ヶ崎のまちづくりだ。すごい経験の途上だ。皆様のご協力に感謝！

＊地元要望書等は次々頁に。

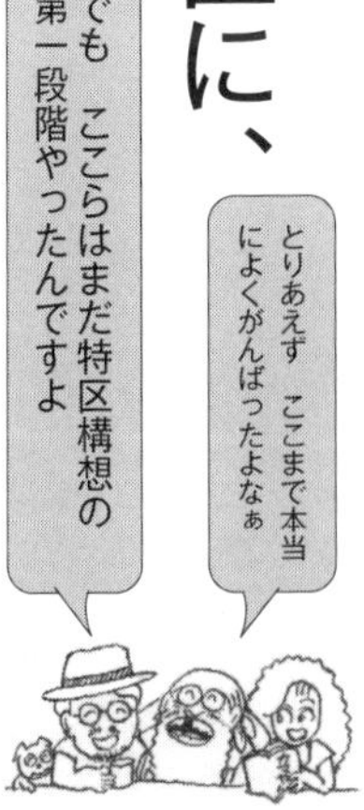

【資料8】朝日新聞 2015 年 1 月 27 日朝刊より

2014 年 9 月～ 12 月に集中的に開催された「あいりん地域まちづくり検討会議」の議論のうち労働施設の扱いの中間まとめの記事です
次頁は　それも含めた地域全体の将来の方向性や行政への要望・提案の合意文書だぁ～

あいりんセンター 現地建て替えへ

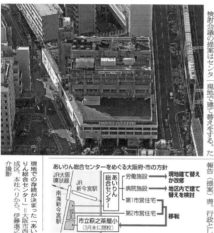

労働者「よりどころ」存続

日本最大の日雇い労働者の街・あいりん地区（大阪市西成区）の中核施設「あいりん総合センター」が現地で存続することになった。センターの将来像を話し合ってきた地区の検討会議が26日、建て替えて労働施設を残すことを提案。橋下徹大阪市長や労働施設を所管する大阪府の松井一郎知事は「地域の声を最大限尊重する」と、受け入れる考えを示した。

センターは13階建てで、国と大阪府、大阪市が1970年に開設。労働・住宅・医療の各施設からなるが、老朽化により耐震性の問題が指摘されている。

検討会議の提案はセンターの機能を存続させることが前提。労働者が日々の仕事を求めて集まる場所や、就労あっせんを行う「西成労働福祉センター」といった4階までの労働施設は、現地で建て替えをする。ただ、建物の改修で対応することも選択肢に残した。

センターの5～13階にある市営住宅は、併設する市営住宅とともに3月で閉校になる近くの市立萩之茶屋小学校の跡地に移転。5～8階にある病院施設は建て替えを地区内で検討——という内容になった。野宿者らが排除されないよう注意を払い、JRと南海の新今宮駅前の活性化を進めることも盛り込まれた。

橋下氏は26日、市役所で検討会議の提案書を臣永正広・西成区長から受け取り、「国と府と市が地域と一体となってまちづくりを進めていきたい」と表明。新たに国と府・市による調整会議を立ち上げ、議論を進める方針を示した。

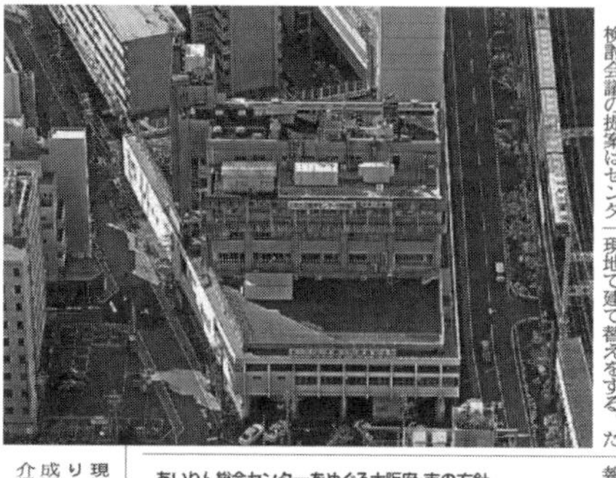

現地での存続が決まった「あいりん総合センター」＝大阪市西成区、本社ヘリから、伊藤進之介撮影

あいりん総合センターをめぐる大阪府・市の方針

JR大阪環状線
JR新今宮駅
南海新今宮駅
あいりん総合センター
労働施設 → 現地建て替えか改修
病院施設 → 地区内で建て替えを検討
第1市営住宅
第2市営住宅
移転
市立萩之茶屋小（3月末に閉校）

利害絡み 議論長期化

あいりん総合センターの現地存続が決まり、「労働者のまち」の将来像作りはようやく一歩踏み出した。

「歴史的に大きなことで、血と涙の結晶のような報告（提案）書。行政として前に進めてもらいたい」

検討会議の取りまとめ役を務めた鈴木亘・学習院大教授（大阪市特別顧問）は26日、市役所で橋下、松井両氏に、こう要望した。

センターは2009年3月、耐震診断で「大地震で倒壊・崩壊の危険性が高い」と指摘されたが、建て替え議論は進まなかった。国と府・市の3者が管理するため、市の担当者は「互いの利害や責任問題が絡み合って調整がつかなかった」と打ち明ける。

労働者たちの行政不信も立ちはだかった。地元のまちづくり団体の関係者は「行政のトップダウンで移転や廃止を決めれば労働者の反発は大きい。もめ事をさけたい役人では主導できなかった」と指摘する。

議論を動かしたのは、西成区の活性化に意欲を示す橋下氏だった。昨年夏に存続の方向性を示すと、市と地元関係者、有識者で検討会議を設けて協議を開始。利害が絡み合う地域や労働者支援の代表者らが議論を重ね、提案書をまとめた。

「労働者のまち」は残るが、労働者の減少と高齢化は進む。一方、地元が要望する駅前活性化や教育重視との両立は今後の課題だ。

橋下氏はこの日、記者団に「実行あるのみ。しっかりやっていく」と強調。検討会議のメンバーで、釜ケ崎のまち再生フォーラム事務局長のありむら潜さんは取材に「行政は成果を急ぐが、地域との信頼感を積み上げる努力を今後も怠らないでほしい」と語った。

（野上英文）

■あいりん総合センターをめぐる経緯

2009年3月	耐震診断で基準を下回る結果が出る
12年6月	市の西成特区構想プロジェクトチームが「移転が適切」と提案
13年12月	橋下市長が「来年度中に方向性を示す」と表明
14年8月	橋下市長がセンターの機能存続を表明
9月～12月	市と地元関係者らによる検討会議を6回開催
15年1月	検討会議が現地建て替えの提案書をまとめる。橋下市長らが受け入れを表明

【資料９】 2014年9月～12月に大議論した＜我がまちの将来の方向性、あいりん総合センターの建て替えやその敷地の利活用等＞について大阪市長に提言（2015年1月提出） ⇒これを土台にまちぐるみの議論は翌年から第2ステージへ進みました

拡大して読めます。西成区役所 HP→西成特区構想→第２期特区構想→第１回あいりん地域まちづくり検討会議の提案
https://www.city.osaka.lg.jp/nishinari/cmsfiles/contents/0000313/313493/270611teian.pdf

あいりん地域まちづくり検討会議における提案

本会議は、平成26年9月22日から12月1日まで、計6回にわたり開催した。町会長や支援団体、労働団体など、地域に関係する36名の委員が集まり、あいりん地域にある萩之茶屋小学校の講堂で毎回2時間以上にわたって多様な意見を出し合うことができた。同時に傍聴者として会場に集まった方々からも、委員同様にワークショップを行いながら意見を聴取するとともに、市営住宅の住民、シェルター利用者等も個別に会合を開き、聞き取りを行ってきた。

この会議に参加されていない方々からもこうして広く地域の意見を集め、多様な意見のとりまとめ、整理を行ったものが本提案である。大阪市長、大阪府知事におかれては、この提案の意見を最大限尊重し、今後の方針決定を行うことを要望するものである。

会議では会議そのものの位置づけや手法、実現可能性について紛糾する場面や、急ぐべきテーマと時間をかけるべきテーマの整理など、各々の思いが交錯しながら、極めて多様な意見が出された。それだけ本テーマは、この地域にとって重要なテーマでありながら、ある種放置されてきたがゆえに課題が複雑に絡まっている状態でもあった。

議論そのものは、なるべく小さな声も含めて拾い上げるために、少人数のグループに複数分かれてのワークショップ方式で行い、会場の意見も含めてリスト化し、意見の集約化を図った。しかしながら、すべての意見を集約・整理するまでには至っておらず、多くの矛盾を抱えていることも確かである。また、今回は、あいりん総合センターを中心に議論したものの、これを契機にまちづくり全体として取り組むべきテーマも数多く示された。

会議については、第6回までの議論は、いわば「一段ロケット」であり、大きな方針を決めるまでの第一段階の議論と位置づけられる。今後、この大きな方針のもとに、個別・具体的な議論を引き続き行うべきという点は、委員の多くが一致した。

また、これまで会議に寄せられた多くの意見については、今後、各テーマ別に詳細を検討する「新たな検討の場」等に確実に申し送るとともに、西成特区の諸施策にも生かせるように検討を行うべきである。

この会議で得られた意見については、大阪市だけでは完結することができないものもあり、国・府等の行政関係部署が入った上で、具体案を検討することが不可欠である。

したがって、国・府・市の関係部署は、それぞれのテーマ別に早急に「新たな検討の場」を立ち上げ、検討テーマに応じた本委員会メンバーをはじめとする地域関係者等と十分に協議して、具体的な方針、計画を決定していく必要がある。

その際、新たなまちづくりや地域活性化の議論を行うにあたっては、労働者、野宿生活者をはじめ地域社会を構成する誰もが「排除」されないよう、地域特性と調和のとれた方針になるように、十分に注意を行うことが重要である。同時に、区民への積極的な周知にも配慮すること。

なお、今後、全ての具体案の策定にあたっては、「あいりん地域のまちづくり検討会議」で行われた全ての議論・意見（添付資料）を熟読し、十分に配慮することを求める。

また、「あいりん地域のまちづくり検討会議」は、市長から一定の方向性が公表された後も存続することとし、一定期間ごとに、「新たな検討の場」における議論の進捗状況や経過などの報告を受け、この会議が打ち出した方針に沿って計画が進んでいるかどうかをチェックし、具体案に対して地域の意見を述べる場として活用することを求める。

■ 市営住宅・住まい・まちに関することについて

① 第一住宅については、緊急を要する耐震問題に対する不安から、第一住宅入居者の多くが、萩之茶屋小学校への移転建替えを希望しており、当会議においても委員の多くがこれに賛同している。今後も地域で充分議論しながら、居住者の不安を解消するためにも、早急に建替えを具体化して実施すべきである。

② 第二住宅についても、居住者の理解が得られれば、まちづくりの観点から第一住宅とともに、萩之茶屋小学校への移転・建替えを検討すること。

③ 居住者の高齢化や単身世帯化に配慮し、建替えに伴って従前の生活が破たんしないよう、住宅というハード的側面だけでなく、介護サービスなどの福祉的機能や見守り機能の充実、緊急時の対応、従前コミュニティのつながりや子育て環境との融合、店舗機能への配慮など、行政の各担当部局をつないだ多様な視点から、まちづくりに位置づく住宅計画を策定すること。（同時に、家賃をはじめ転居や移転に伴う費用負担も明確化すること）

④ 現在の居住者がみんなで移転できるよう配慮すること。ただし、移転・建替えまで、耐震強度に不安があることから、すぐにでも移りたい住民に対しては、地域外の市営住宅に移転できるよう検討すること。

⑤ 現在の入居住宅戸数に加えて、子育て世帯・ファミリーなど多様な世帯向けの住宅を組み込むこと（困窮世帯と中堅所得世帯の共存も要検討のこと）。

⑥ これまでの画一的な公営住宅供給事業でなく、まちづくりの観点から多様なライフスタイルを組み込み、福祉・医療などを考慮した住まいや子育て世帯向け住宅など、今後の地域特性に応じた住宅計画を検討すること。

⑦ 計画策定の際には、現在の居住者をはじめとする地域住民が、主体的にアイデアを出しながら、これからのまちの姿をみすえた議論を進めながら住宅を作っていく「当事者参画型」の計画を取り入れること。

⑧ 住宅の建替えを契機に、だれもが排除されない、安全で安心して暮らし、働くことのできる魅力的なまちづくりを推進するために、国・府・市も参画した一体的な取組みのなかで、ハード整備に留まらず、地域課題を解決するソフトの仕組みも含めた総合的なまちづくりを推進すること。

【補足説明およびその他の意見】

- 市営住宅について、あいりん総合センター上部に位置する第一住宅は、耐震性を満たしておらず、早急に耐震化を行う必要がある。また、第二住宅については、まちづくりの観点からは、住民の方々の理解を前提として、移転建替えを検討していく必要がある。
- また、建替え後の住宅については、現在の入居者だけではなく、子育て世帯等の呼び込みを行うため、様々な形態の住居を検討すべきとの意見が寄せられた。
- 今後、どのような新住宅を建設するかについては、担当部局を中心に関連部局が連携し、検討を行った上で、入居者や地域関係者と協議して具体案化するための会議を立ち上げ、実施すべきである。

■ 萩之茶屋小学校の活用について

① 萩之茶屋小学校の活用に関しては、なるべく既存校舎や運動場を活かした、「防災・防犯・こども・地域・住まい」の諸機能が効果的につながる活用が望ましい。

② 「萩の森」は、地域に数少ない緑の拠点であることから、プレイパークなど子どもの遊び場を確保するとともに多様な人々との交流が生まれる地域の重要な拠点となるような活用を求める。

③ 住宅のみで完結させず、時間をかけて、周辺を含めたまちづくりにつながる拠点機能（地域交流・子育て・子育ち・教育・福祉・医療・防災など）について充分議論する機会を創出すること。

④ 萩之茶屋小学校の活用に関して、医療機能は住宅との親和性はあるが、労働系の施設は移転すべきではないとの意見で一致した。

⑤ 萩之茶屋小学校への住宅移転については、利活用に関わる全体計画との整合性に十分配慮すべきとの意見や、地域等地元の意向を十分尊重する検討が必要である。

【補足説明およびその他の意見】

- 大阪市立萩之茶屋小学校は、平成 26 年度をもって統合され、廃校になることが決定しているが、地域における防災拠点などになっていることに加え、萩之茶屋小学校北東側には、「萩の森」と呼ばれる緑のスペースが存在しており、この部分について、地域住民や地域関係者が公園や防災のために利用できるようにすべきという意見が多かった。
- 施設等の管理・運営に関しては、行政・地域が連携しながらも、責任を持った持続可能な体制構築が必要であるとの意見もあった。

■ 社会医療センターに関して

① 総合的な医療や地域医療の充実を目指しながらも、地域内の病院として必要な機能、規模、移転場所に関しては、担当部局で検討を行った上で、地域関係者と協議して具体案化する会議を立ち上げ、実施すべきである。

② 安心して受診できる無料低額診療機能、結核や精神障がい(アルコールや薬物依存)治療をはじめ、地域の中で暮らしながら治療でき、複合・合併した疾患をもつ患者にも複合治療ができる、多様な診療科をもった医療連携等を充実させる必要がある。

③ 子育てファミリー世帯の居住をすすめるため、小児科も検討すべきである。

④地域住民、子どもやファミリー層、女性、労働者、結核患者、精神疾患を抱えている人など、様々な立場にある一人一人の尊厳や命、状況に丁寧に対応できる地域連携や行政連携を図り、具体的な体制づくりを推進すること。

⑤ 入院病床(結核病床を含む)も一定規模必要であり、一時入院のシステムや入院後に地域に戻って生活できるようなアフター・ケアのシステムなど、治療、入院、退院後の地域生活、それを具体的にしていけるような機能を検討すること。

⑥ 地域ニーズをかんがみ、持続的な運営ができるようにすべきである。

■ 労働福祉センター・職安に関して

① あいりん労働福祉センター(西成労働福祉センター・あいりん職安・寄り場)の利用上の特徴(利用時間・車の利用など)から現在の位置(萩之茶屋第二住宅も含む)が最も現実的な場所である。

② 現在と将来を見据え、労働市場や雇用システムなど「社会変化」を受け止めつつも、なし崩し的に機能縮小しない弾力的な計画にすべきである(事業プロセスを考慮した暫定的・段階的な利用方法や多機能化も検討すべき)。

③ 労働関係施設計画の具体的な検討の際には、国・府が主体的に責任を持って検討作業を行うとともに、住民協議の場で一緒に考える場を設定すべきである。

④ 事業が進められる際には、既存の労働市場の職業斡旋数や、あいりん総合センターを「居場所」としている人々の生活に支障が無いようにすること。

⑤ このまちにとって「居場所」が重要であるという意見が多いことから、この「居場所」のあり方に対する議論を深めながら、あいりん総合センターだけではなく、広く地域内に点在・連携させていくまちづくりを推進すべきである。

⑥ 市は府、国に働きかけて雇用の創出と確保を行うべきであり、あいりん職安は仕事の紹介を行うようにすべきである。

【補足説明およびその他の意見】

・労働関係施設については、新今宮駅前エリアの賑わい・地域活性化も図りながら、第二住宅を含むあいりん総合センターが現在ある場所の中で、建替えや耐震化など対策の立地として考えるという点で多くの委員の意見が一致した。
・一方、労働関係施設を今ある場所以外に移転すべきとの意見や、社会情勢の変化に応じて段階的に多機能化を図っていくことができるようにしておくことが必要であるとの意見もあった。

■ 駅前エリアの検討に関して

① まちの将来像を共有する機会を創出するなかで、駅前エリアの賑わい・地域活性化検討の際には、第二住宅を含むあいりん総合センターが現在ある場所だけではなく、駅を中心に幅広い視野を持ちながら、多様な主体を巻き込んだ地域貢献型のまちづくりを進めること。

② スラムクリアランス型の再開発にならないよう注視し、駅周辺とまちをつなぐ地域特性に調和した計画にすること。

③ 現在のまちの課題解決に向けた対策も重要であり、とくにあいりん総合センター及び周辺地域に駐車している車両への対応や薬物対策等については、重点事項として検討し、国、府、警察、そして市が連携しながら地域と協働したまちづくりを具体化していくこと。

④ 今後の労働のありかたを議論し「働く」イメージを編み出しながら、新たな「働く人」を呼び込む「広場機能」と「(大小ビジネス)オフィス機能」、「海外からの観光」の視点など、人材流入・生産性を上げる機能の創出も検討すること。

⑤ 地域活性化にあたっては、だれもが「排除」されず、安心して暮らし、働くことができるまちづくりの推進を主眼に置いて検証すること。

⑥ 第二住宅を含むあいりん総合センターの場所については、労働関係施設のあり方と駅前エリアの賑わい・地域活性化という2つの命題について、両者から様々なニーズが存在し、場合によっては相反する意見が出された部分もあり、今後とも詳細な検討が必要である。

ワシは見た！
むつかしい議論を
よくぞまとめたもんや
みんな がんばった
伝説に残る出来事
に立ち会えて良かっ
たなぁ
さぁ
先へ行こ！

2015年2月　200回、積み重ねて

↑2004年3月まちづくりひろば
（生活保護の方々のWSテーブル）

2013年7月まちづくりひろば

私たち（釜ヶ崎のまち再生フォーラム）が開催しているまちづくりひろばが2015年3月で200回目を迎える。ホームレス問題がピークに達した1999年に、その名も「第1回釜ヶ崎のまち再生フォーラム」という集会名で始まった。労働運動基軸の状況改善手法が90年代以降の長期不況で行き詰まり、地域でささえあうまちづくりで打開しようとした。問題に直面する人々が、組織に拘束されず自由な個人として集い、学び、議論し、打開へのビジョンをさぐる。起業も促進していく。まちづくりの、今でいうプラットホームのようなもの。毎月、旬の地域課題と旬のゲスト・スピーカーを囲んで、それをやる。「旬」のものを選び続けることが継続の秘訣だ。継続は力なり。この15年間に果たした役割は大きい。

一つは、個々人のサポート分野。全国から集まっている日雇い労働者たちが、生活保護も活用しながらホームレス状態を脱して、老いても一人でも住み続けられるための、まちとしてのしくみづくり。例は、簡易宿所を活用して在宅型の生活支援を付けたサポーティブハウス。

もう一つは、地域全体の再生方向。1960年代に形成され世界にも類まれな男性日雇い労働者一色の街が、時代に合わせて次のステージに軟着陸できるように道筋を描いてきた。国際ゲストハウス街の発案や後押しもその一つ。三つめは、力を合わせて住民参加の回路づくりに注力した。今の萩之茶屋まちづくり拡大会議やあいりん地域まちづくり検討会議などにたどり着いた。

15年の時を経て、今いくつかの実感がある。街の大きな変貌に立ち会ってきた実感。それも、単なるウォッチャーではなく、この月例まちづくりひろばを基軸にして状況を内側から突き動かしてきた実感。そのために内と内、内と外の無数の人々を地域資源として結びつけてきた実感。そういうものが私にはある。

課題も正直に言わないとウソになる。漂流民意識の強い地域労働者一人ひとりのレベルまで巻き込んで、ボトムアップ型の住民参加を深い所から創り出すという、難攻不落の課題を充分には克服しきれていない。「旅人の街」という釜ヶ崎の本質とも関わり、これは永遠の課題だ。そう考えれば、誠に無謀なことにチャレンジしている私たちである。

りっぱよ！　釜ヶ崎のまちづくりがボトムアップ型と言われる根拠の一つと言いたいわね

そう。個人的には一番知ってほしいポイントです

↓第 100 回まちづくりひろば（2007 年）

↓第 1 回まちづくりひろば（1999 年）

↓第 169回まちづくりひろば（2012 年）

対立がめだつ時代もあった。時が流れ、こうなった。
ワシはこれも見た。
2024 年の今も まちづくりひろばは続いておる。

2015年3月12日付けの朝日新聞（大阪市内版）を一部引用するわね

あいりんの課題分かち合い200回　～住民ら議論「まちづくり」ひろば～

日本で最大の日雇い労働者の街・大阪市西成区の釜ヶ崎（あいりん地区）で月に一度、開かれている「まちづくりひろば」が14日、200回目を迎える。生活困窮や社会的孤立などこの街が抱える課題をテーマに毎回、ゲストスピーカーを囲んで住民らが議論してきた。「ひろば」から生まれたアイデアが具体化した事例も多く、釜ヶ崎の街になくてはならない存在になっている。

「ひろば」を主催しているのは「釜ヶ崎のまち再生フォーラム」。1999年10月、「長期不況で路上生活者が街にあふれる状況を打開する道を探ろう」と釜ヶ崎に関わってきた有志6、7人が呼びかけ、1回目を開いた。

フォーラム事務局長を務める漫画家のありむら潜さん（63）も立ち上げメンバーのひとりだ。西成労働福祉センターの職員（現在は嘱託）として日雇い労働者の相談に乗り、路上生活を送る人たちと接するなかで、「生活困窮者をささえる地域をつくるために、多様な人を巻き込んで、学び、討論する場がほしかった」と話す。

近畿大学の寺川政司准教授（地域計画）や大阪市立大学の水内俊雄教授（地理学）らも当初から運営に関わる。ホームレス支援や住宅問題、福祉など課題に沿ったゲストを招き、自由参加の数十人と意見交換を重ねてきた。

議論の中で生まれたアイデアを具体化させたケースもある。簡易宿泊所の福祉マンションへの転換、社会とのつながりが希薄になりがちな単身の生活保護受給者による菜園づくり、外国人バックパッカーを呼び込むゲストハウス街―。13年には「まちづくり合同会社」を設立し、地域の不法ゴミ防止のパトロールを実施している。

参加者は、日雇い労働者や地元町会の会長、簡易宿泊所の経営者、ホームレス支援団体のメンバー、労働組合幹部、自治体職員、まちづくりや福祉を学ぶ大学生など多様だ。

東京・山谷で路上生活者の社会復帰を助けるNPO法人「自立支援センターふるさとの会」もほぼ毎回、職員を派遣。水田恵・前理事長は「困窮者を地域でささえるという発想がいい。ボトムアップ型のまちづくりを学ばせていただいている」と話す。

（以下、略）

2015年9月

訪日客泊めて、下流老人脱出？

「ワシが秘かに住んどる空き家を格安で また貸し したろか ハハハ」

釜ヶ崎の不思議というか、魅力はいつも時代の最先端の動きが出ることだ。このエッセイの連載が執拗に釜ヶ崎という特定の地域の出来事を書き続けられるのも、そこに普遍的なものがあると編集部が考えるからだろう。今月は建設飯場、つまり建設会社の作業員宿舎の、ちょっと驚く話から入ろう。日雇い労働者たちの老いに伴って、**飯場も生活保護を受ける人々のアパートに転換する流れが10年ほど前に現れた。**状況が落ち着き、そこまではアパート物件が不足しなくなった。いよいよ飯場も淘汰されるかと思いきや、**今度はホテル不足にあふれる訪日観光客が泊まり始めたというのだ。**さもありなん。観光客の激増によるホテル不足で出現したのが民泊という新型ビジネスだ。私自身、釜ヶ崎周辺で、路地裏の空き家に向かう外国人観光客の一群を目にしたことがある。今や全国に広がり、目先のきく人は自分の空き家・空き室を貸す副業で月収2百万円！という記事までネットにあった。この副業が世界中で広がる理由は、そうした利用可能物件を地球規模で旅行者に仲介する専門サイトが台頭したからだ。ホストはそのサイトに登録して、客を待つだけでいいのだ。泊めるだけ。トラブルにはそのサイト運営会社は全く責任は負わない。ともあれ、労働者不足で窮状の飯場経営者には起死回生策に違いない。

「え～。ほんならワシも観光客に自分の部屋を貸して、老後の資金不足を補おうか」と、下流老人候補の私さえ考える。観光客とはウィンウィンだし、民間外交にもなるし。

だが、待てよ。旅行業法、旅館業法との関係はどうなるのだ。（まだ）違法だろう。第一、宿泊者・ホスト・近隣住民それぞれの安心・安全はどうなる？　なのに、大阪府・市議会で議論中の条例案はこの流れを無頓着に推進するとの批判がある。訪日客の増大は、雇用拡大・貧困化の歯止め・地域経済活性化に資するべきだ。釜ヶ崎内部では簡易宿所という、れっきとした旅館業法にもとづく観光客受け入れ方法が本流である。その釜ヶ崎とは異なる混乱が、近隣の一般住宅街には見える昨今である。

＊その後、２０１７年に「住宅宿泊事業法」が制定されて法律上の混乱は沈静したように見える。

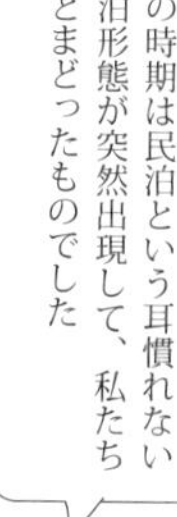

この時期は民泊という耳慣れない宿泊形態が突然出現して、私たちもとまどったものでした

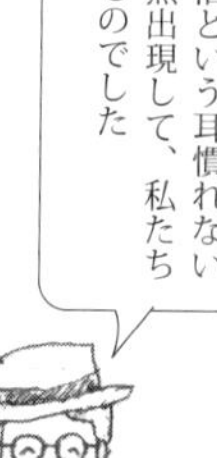

特色活用

釜ヶ崎にはこのような簡易宿所が、数は減ったとはいえ、50数軒ある

2015年11月

紛争国の研修生たちが見た、釜ヶ崎のまちづくり

2008年6月 第24次釜ヶ崎暴動

2014年10月
あいりん地域まちづくり検討会議（ワークショップ）

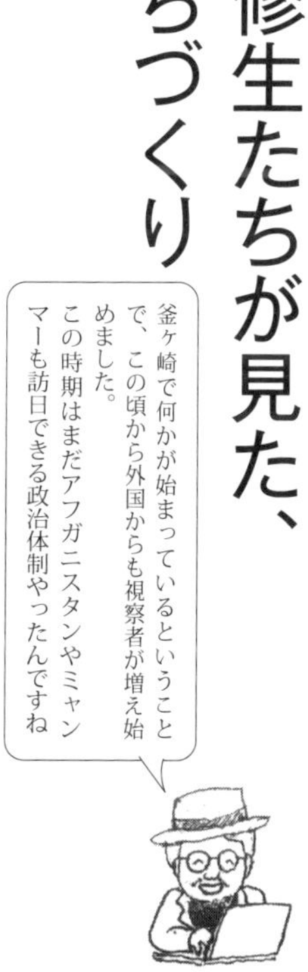

どうしてこういう大変化を起こせたのデスカ？

学びたいネ

釜ヶ崎で何かが始まっているということで、この頃から外国からも視察者が増え始めました。
この時期はまだアフガニスタンやミャンマーも訪日できる政治体制やったんですね

釜ヶ崎のまちスタディ・ツアーという研修事業で今年もJICA（国際協力機構）からの研修生を引き受ける。今年は、アフガニスタン、ブルンジ、ミャンマー、ルワンダ、スリランカ、スーダン、ザンビア、東ティモール、コソボ、南スーダン、フィリピンからの16人だ。母国では地域開発に関わる公務員やNGOスタッフたちである。なぜ釜ヶ崎か？　**これまでは、釜ヶ崎とは「持続不可能なコミュニティ開発」という「失敗事例」として学ぶ対象だった。**各国々での資本主義の進展の中で、女も子供も男もごちゃ混ぜに集住する「スラム」という段階まではどの国も同じような軌道をとる。各研修生たちも自国で現在、直面中である。しかし、釜ヶ崎は1960年代に、そこから政策的に、「日雇い寄せ場」と呼ばれる、「男性・単身・日雇い・建設労働」単色の特異な姿に変えられた。そして、やがて老いて孤独な生活保護受給者だらけの街となった。「スラム対策としてそういう政策を導入すると、こうなる」という意味で、研修生たちには貴重な反面教師なのである。

ところがこれが、昨年あたりから模範事例に変わりつつある。なぜ？　研修生の多くは紛争国からやってくる。今、釜ヶ崎で、半世紀の分断・対立・憎悪を超えて、地域ぐるみのボトムアップ型の話し合いのしくみが創られ、市・府・国も参画して進んでいるまちづくりに触れに来るのである。たとえば、研修2日目には、長年対立しあってきた、町会長や労働者支援団体の代表者に、彼らの前で座談会をやってもらう。「なぜ円卓会議ができ、どうやって対立を超え、地域合意を形成しようとしているのか」をざっくばらんに語ってもらうのだ。たしかに、かの国々とは紛争のレベルは全く違う。だが、帰国する時、彼らは語るらしい。**「自分の部族のことしか考えず対立している状況は釜ヶ崎と同じだ。地域全体の和合や発展についての話し合いのテーブルをどうつくればいいのか。大いに心を動かされ、ヒントを得た」**「滞日中の訪問先では釜ヶ崎が最も印象に残った」と。釜ヶ崎はやはりいろいろな意味で、グローバルなのである。日本社会でこそもっと評価され、注目されてもよいはず。

2016年1月
釜ヶ崎丸ごと爆買い？ 地元の対抗策は？

釜ヶ崎の商店街。この数年、中国人事業家たちによる「カラオケ居酒屋」の出店ラッシュだ。〝中国人ガールズ・バー〟である。この界わいですでに百軒を超すという。ターゲットはなんと生活保護のおっちゃんたちだ。彼らが昼間から通う姿は、ただでさえ誤解の多い生活保護制度擁護の面からは苦々しい情景である。中国系不動産屋と改修工事の工務店等が組んで、わずか140万円程の初期投資で簡単に開店できる。〝ワンストップ型〟の爆買いシステムだ。これを在日中国人社会にネットで流し、投資家を集めるしくみだという。顔も見えないから、地元のまちづくりとは決してつながらないし、住居系に投資が向かえばたまったものではない。

街の混乱には、宿泊業の〝白タク〟営業とも言える「民泊」問題も加わる。釜ヶ崎界わいだけですでに最低20軒はあるようだ。「このままではチャイナタウンになるかも」との憶測が出る。私はニューヨークのチャイナタウンで「ここはかつて簡易宿所街だった」と説明された日を想い出す。

しかし、中国人を恨んでも何も始まらない。投資とはそういうものだろうから。一方、地元の人々が今、懸命に取り組んでいるまちづくりのせいにする傾向も論外だ。自分自身はけっしてまちづくりの地域住民の輪には参画しないで初めから反対を決め込みながら、「ジェントリフィケーション」*1という、日本ではまだ耳新しい言葉を知って飛びつき、これを使って八つ当たりをする傾向だ。

逆に、**地元のまちづくり強化こそ基本的な対抗策だ。**私たちが15年も前（1999年）から、「高齢者でも、一人でも、子育て世帯でも住み続けられるまちづくり」をめざして、支援住居や仕事づくりを重ねてきたことは先見的で、正解だったのだ。**もし何もしなかったら、とっくに貧者が街から排除されていよう。そういう構造だ。問題はむしろ、地域の側にまだ力が足りないことだろう。**土地・空き家物件等を住民の立場で活用し合えるように発案や仲介等をする本格的なまちづくり会社を官民で起ち上げることも、対抗策の一つとしてもはや待ったなしのように私には思われる。

この頃は中国系カラオケ居酒屋の騒音やゴミ出しのトラブルが地元商店街で頻発するようになっていました

＊1　ジェントリフィケーションとは、ここでは、貧困地域が改善されて土地の値段や家賃が高くなり、貧困居住者が住めなくなっていくこと程度の理解で進める。実際は、定義も具体的な現れ方も世界中の都市で複雑に展開している。

防暑服

酷暑でも作業員用空調服の効果はすごい!
小型扇風機を何個も縫い込んだ防暑服とても涼しい

建設
社長はんこの服今夜借りるでェ
?

お客さんこのツケいつ払うの
ガミガミ
カラオケ代ビール代
ガミ
ガミ
先月分!今月分!
タバコ代も
ツケ明細

なのによくもそんな涼しい顔して歌えるわねッ
ハハハそらァ涼しいんやもん
ケセラセラなるようになるさ
ツケ

ゴンベのタネまき

こんな貧困地域のまちづくりってネ
荒れはてた土地をみんなで耕し直して安定して作物がとれるようにする、みたいなことよ

ほおぉ
タネまくん
新今宮駅

ほんならゴンベさんのまいたタネをカラスに食われたらアカンのや
アーハハハとんちんかんなことを!
いやッ

ハゲタカ資本
意外と的をえてたりして…
きついご冗談をハハハハハ….
参入企業のみなさんくれぐれも地元との協働を……
新今宮駅

2016年2月

覚せい剤は再犯を絶つケアづくりが急務

見よ！子供たちまで参加する「萩之茶屋地区覚せい剤撲滅キャンペーン」地区ぐるみの努力なのだ

（上）2012年7月
（左）2013年7月

清原和博・元プロ野球選手の覚せい剤所持&使用容疑での逮捕事件は社会に大きな衝撃を与えた。釜ヶ崎では覚せい剤売買の話題は昔から多い。なにせ数年前まで路上売買が事実上放任されていた。私も職場の行き帰りの歩道ですれ違いざまの男から「ありまっせ」とつぶやかれた経験は何度もある。退勤時の太子交差点で現行犯逮捕の格闘劇に遭遇したこともある。今は生活保護で暮らすGさんは次のような実話を大笑いしながら、語る。「ワシが釜ヶ崎に来たての頃、ある居酒屋で食っとったらな、若い男が無銭飲食で逃げようとした。店主や客が捕まえたら、その男は必死に訴えた。〝このバッグの中に商売用のシャブが入ってる。通りで売ってカネつくって来るから、たのむ、いっぺん放してくれ〟と。ワシ腰抜かしたわ。大阪は丸ごと新喜劇の街や」と。買い手は他地域から車等でやってくる一般人が中心のようだ。警察は「いくら取り締まっても、どうせどこかの街で売買するのだから…」と、長年ニシナリでは明らかに大甘の「取り締まり」だった（泳がせ政策）。

それが、変わった。今のこのまちづくり機運の盛り上がりの中で、上の写真のような住民主催の覚せい剤撲滅キャンペーンが始まり、年2回は住民デモのシュプレヒコールが街に響き渡る。住民間の意見もさすがにこの問題では真っ先に一致するのだ。私たちは2014年7月まちづくりひろばで西成での覚せい剤密売組織の元会長という驚愕のゲストスピーカーを呼び、赤裸々な実態を語ってもらうこともした。ほんまの話（笑）。

地域から陳情を受けた府や府警も「あいりん地域環境整備5か年計画」の中に覚せい剤撲滅を盛り込み、ようやく取り締まりに本気になっている。あわせて、まちづくりそのものにも理解と連携を示し始めた。**最後に残る壁は圧倒的に比率の高い再犯を防止するケア体制確立である。日本では欧米のような「刑務所か、在宅治療か」という選択肢どころか、福祉と医療を組み合わせようにもこの方面の専門医が極めて少ないのが実態だ。**各地にある民間のダルクがせいぜいの社会資源なのだ。国や社会が本気になって薬物依存者ケアの専門家や社会資源を育成すべきことを、私は痛感している。

ほんまや。第191回（まちづくりひろば　2014年7月）に密売組織の元会長がゲスト・スピーカーで来てくれた時は、みんなおったまげたよなぁ

実話
まて〜〜 無銭飲食 ゆるさん!
代わりに カネ目のもん ないんか!?
や やめて
なんと覚せい剤の売人だった
たのむ 放してくれ たのむ!
放したら どない すんねん!?
ゲッ
街頭でこれを 売ってカネ つくってくるから
実話だから この街はスゴイ
ただし 最近は状況が劇的に改善されています
職務質問
あのショ… 職務質問を させてもらっても よろしかったでしょうか?
オ〜いいとも ワシは職質 される側の大ベテ ランやギャハハ
あの、あの… そのオ…
なんや 新米かい? 大先輩たちみたい にもっと高圧的に やらなあかんて
ワタシ 初対面の人に 話かけるの 苦手で
ハハハ
心配せんと ど〜んと かかって来い!
メールでお聞き しますから メールで 答えてくれ ませんか?
生身の会話は 苦手で…

2016年6月

公的団体の職員が地域人材となるには（1）

公的団体の職員（以下、役所側）は二つの立場でまちづくりの力になれる。一つは職員として。その業務の専門性・権限・予算を持つがゆえに。一つは、私人の立場で。相対的に安定した労働条件を活用していろいろ動けるがゆえに。今回は両方の立場を経験した私なりの提言とする。

役所時間と地域時間というのがあり、まずはそのギャップをお互いがよく理解しあうことだ。役所側は単年度予算なのですぐに決定や成果を求めたがるし、2年であっけなく人事異動してしまうし、会議一つとっても5時までの壁がある。自分の業務しかできないし（縦割り）、公平性重視で画一的だ。地域の人々はそこに住み続けているから、その問題や取り組みの経緯を熟知し、継続性・総合性・24時間制の中でコトを進める。**役所側はこのすれ違いを軽く見る。自分が地域の側にまわってみると、これらへの住民のいらだちがとてもよくわかる。**組織の「存在」も職員の「顔」も見えないし、せっかくたまにやる気のある職員が来てもすぐに異動し、人間関係＝信頼関係は育たない。地域の側には不信が堆積する。役所内では、業務の縦割り処理に長けた職員が評価され、地域とつながりを強めようとする面倒でヘンな職員は評価されない傾向がある。99年から私人の立場で釜ヶ崎のまち再生フォーラムに没頭してきた私のその活動部分は全然評価されなかった（今は状況が大転換したが）。地域連携に熱心な職員がぶつかる悩みが私にはよくわかる。

必要なことは、役所側では組織として明確で確固とした地域連携の大方針を持つことだ。地域の側は受け皿のまちづくり会議体をつくることだ。まずは私人としての活動も奨励しつつ、それに並行して組織と組織で向き合う。職員労組の役割も重要だ。まちづくりへの理解や参画、できれば政策提案まで行い、個別職員の動きを支援すればなお良い。そうして、役所側と地域側の間で仕事や活動をする職員・私人双方をみんなで応援する。しかし、システムだけではまだ不十分だ。最後は「個の努力」と「個の力」だ。「個の力」とは地域ネットワークを「活用する力」のことだ。「自動的」には動かない。多くの職員たちにまちづくりのおもしろさを味わってほしい。

ありむら潜の個人的体験が濃く反映しております、はい

2016年7月

公的団体の職員が地域人材となるには（2）

「ワシら　まち全体にささえられているって感じる時があるわ」
「よかった♪」

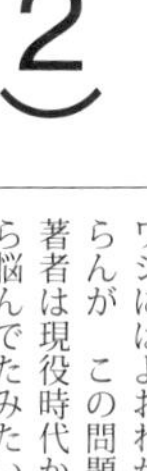

ワシにはよおわからんが　この問題著者は現役時代から悩んでたみたい

地域の側にも成熟がないと、役所側との良き信頼関係はできない。まちづくり参加は日々の自分なりの暮らしをいとおしみ、丹念に丹念に営んでいくところから始まる。その中で自分が今住んだり働いたりしている地域への愛着が醸成される。まちづくりは勇ましいものではない。「革命戦士」も「企業戦士」も要らない。政治演説も要らない。さまざまに異なる人々が同じ都市空間に共存しながら日常を豊かにしようとするわけだから、白黒をつけるのではなく、折り合いをつけるのがまちづくりだ。勇ましくなくても、充分に民主主義と自治の「学校」なのだと実感する。人々は社会参加と、党派性を超えた「大きな政治」を学ぶのだ。

次に地域側の組織。市民活動で言う、協働をめざすためのいわゆる「プラットホーム」が要る。私たちは「定例まちづくりひろば」を持っているし、前回で207回目にもなった。地域全体では「萩之茶屋まちづくり拡大会議」という円卓会議を持っている。こうしたものを形成するプロセスは地域の実情に応じて多様であるべきだ。私たちの場合、国連人間居住会議決議（1996年）を学ぶ「釜ヶ崎居住問題懇談会」という勉強会から大脱皮していった。**要は誰かが始めること。そこに（まちづくりにとって）良き人材を集めること。集まるようにすること。**優秀なファシリテーターや研究者も不可欠だが、日常生活の達人やアイデア主婦たちが豊かな内実を持ち込む。そこに役所側の熟達者が公式にまたはボランタリーに加われば、大きな力になるのだ。

政治的な中立性も言っておこう。これさえあれば、ためらうことなく議会や役所に精力的に働きかけることができる。私たちで言えば、市長や知事が維新の会であろうがその反対党派だろうが全然かまわないのだ。私など自分で驚くほど自身の固有の主張は希薄になった。代わりに、利害が対立し議論のへタな人々が良き議論をして合意点を見つけ出し、共に前進していくのを見ること、それこそが生きがいとなっている。思えば、まァるくなったものだ（笑）。

寿町総合労働福祉会館
（左）解体中
（右）仮移転先

撮影：2016年9月

「カ、カマやん…なんでこの街に？視察かい？」
「ワシら日雇い労働者は昔から 山谷・寿町・釜ヶ崎を気ままに行き来する働き方やがな。元祖多地域居住や」

横浜・寿町の街並み

2016年9月

それぞれのまちづくり
～釜ヶ崎と横浜・寿町～

9月のある日、横浜の日雇い労働者の街・寿町のまちづくりを視察した。地域の中核施設たる寿町総合労働福祉会館（あいりん総合センターに相当する）を耐震強化のため建て替えて、中にある住宅・福祉・医療・労働施設などの役割を再整備し、併せて今後のまちが進む方向性も地域住民のニーズに沿ってゆるやかに進めていこうとしているからだ。釜ヶ崎と瓜二つだが、進行度合いは寿町が3年ほど先行している。東日本大震災での損傷は軽微だったが、取り組みは着実に進んだようだ。

ここでは**私が一番興味がある住民合意の形成プロセスに触れよう。**基本設計段階など重要な節目ごとに住民説明会や意見交換会が開催されている。**ここでも共通点と同時に重要な相違点が見られる。それは釜ヶ崎と寿町の街の歴史や現況の違いでもある。**高齢化率がすでに2013年には50%を超えて（あいりん地域は40%台）、すっかり「福祉ニーズの高い街」となり、住民間、住民と行政間の対立が小さくなっているように見える。もちろん、地域団体によっては「軋轢（あつれき）はある」とのことだが、釜ヶ崎よりは小さいようだ。だから、防災拠点運営委員会というものに地域の70もの団体・施設・簡宿が参画し、万一の時の役割分担がきちんと合意され、会合が日頃から開催されているのに驚く。釜ヶ崎ではまだ連合町会内での取り組みに留まる。地域住民間の距離が釜ヶ崎よりはるかに近いから成せるのだろう。個々の建物をどうこう言う前の、まち全体の「方向性」と「あるべき姿」（コンセプト）がすでに共有されている。『高齢者をはじめ誰もが安全・安心に住み、お互いに支え合いながら、交流しやすい開かれたまちづくりを緩やかに進めていく』（基本計画）と。行政が提案し、それを住民側が大きくは受け入れ、議論はその具体化論になっているそうである。

釜ヶ崎では、まちぐるみとしては2012年からあいりん地域まちづくり（検討）会議という合議体を創って、連合町会と労働団体間など「お互いまだ顔も知らないし、不信感だらけ」の地点から始めた。対立構図死守願望が見え見えの運動体をも包み込みながらの、タフな道だ。ただ、下から社会を変えていく醍醐味がある。

この時点では寿町はこのような段階でしたが、2019年にすでに新施設（寿町健康福祉交流センター）が完成し、新しいステージに入っています

がんばろう
衣料品
おねえさん この鏡 ゆがんでるわ
？
取りかえたら？
ホラ ワシの腰が 曲がって 映ってる
レトロ商店街
衣料品
人間って 自分のことは わからんもんや
見守って あげようや…
はい
見守りのまちであった
ふるさと
お盆に決意して故郷に50年ぶりに帰ってみたYさん
すっかり廃村になっていた
泣けてしょうがなかった
むなしい さびしい
駅
お帰り！ どやった？
ピ〜ポ〜 ピ〜ポ
ウ〜ウ〜
パトカーや救急車が走りまわる姿でもなんだかウレシイ
これも活力なのかもね

2016年11月

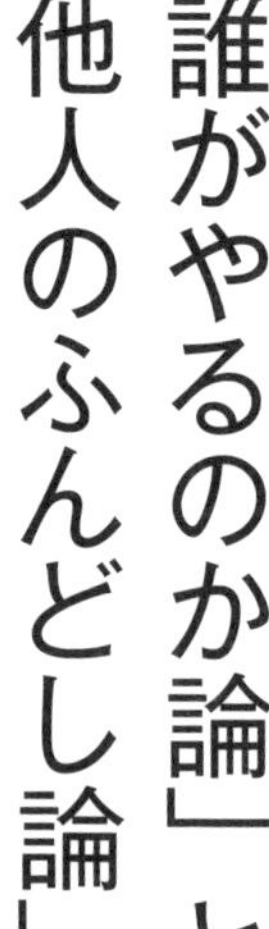

「誰がやるのか論」と「他人のふんどし論」

2010年5月の「定例まちづくりひろば」

「これ、借りてきたけど。フンドシ」
「意味が違うがな！」

たとえば貧困者への居住支援とか就労支援の地域課題を人々が語り合う場面を想定しよう。目の前の状況がいかに不満足なものか、政治や行政がいかにけしからんかという議論はたいがい活発に行われる。昔は政治性の強い（強すぎた？）活動家が多かったので、「政治を変えればいい」と誰かが発言して、ここで終わる（笑）。今日では「ではどういう対策が必要か」という方向で提案型の議論に進んでいく。議論のしかたも工夫されるようになった。過剰な正義感にもとづく思い込みではなく、その問題の当事者たちへの聴き取り調査なども重視される。進歩だ。今日ではどの問題も根が深く、行政にやらせることだけでは終わらない。「地域住民や自分たちは何ができるか」「行政への要求が基本だとしても、自分たちでやれることはやらないと」と。進歩だ。**そして、解決に向けて事業やその実施主体（受け皿組織）などのアイデアを出し、実践に移すことになる。**この時に行き詰まるのが「誰がやるのか？」「本気でそこへ踏み込むのか？」という論議だ。誰もが多忙な日常生活があるから、途端に尻込みする。運動系から来た人はここで実際は何もしない。体質がバレる（爆笑）。「誰が猫の首に鈴を？」だ。**これが伝統的な運動系の人の「文化」かも。社会起業系の人には我慢ならない文化だ。**釜ケ崎のサポーティブハウスなども事業系の人が議論に入ってきて生まれた。私もそうした世代間ギャップの中にいる。

その一方、「まちづくりとは他人のふんどしで相撲をとること」との名言がある。大阪市平野区でまちづくりの要になっているあるお寺の住職が教えてくれた。私なんかこれに飛びついた。**他人まかせという意味ではない。**既存の社会資源やバラバラに埋もれている地域資源・人的資源を見直し、再編成して今日的なものに創り換える。つまりネットワーキングのコーディネーターをやることだ。これだと「みんなが担い手」論にもつながる。この役割は誰かがやるべきだし、以後、私は何かあればこの論に「逃げ込む」ことにしている（笑）。と言いつつも、実際はまちづくり合同会社起ち上げやスタディ・ツアー事業など起業的なこともいくらかはやっているのだが。

何言ってるのか
よおわからんわ

いいえ　よく読んだらおもろい話やからボツにせんとこうよ

神様お願い

神様〜〜
今年こそお願いしますだ
ワシらに就労自立を！
おまえももっとお願いせい！
心から心からお願いしますだ神様の力で
そこをなんとかひとつ！
なあにあんだけ頼んだからもう大丈夫やて
のんびりしようや
結局他人頼みやないか!!

ダジャレ居酒屋

というわけなのよ
なるほどやっぱりそーすよね
ソース
……
やっぱりしょうゆうことやったんかいな
醤油
……
ゴメンよ
焼酎お湯割り
ダジャレばっかりしょうちゅうゆうわりには
ウメ〜とタレもほめてくれんのよね
いやいやうまいアハハハ
梅ぼし
焼鳥のタレ

２０１６年12月

憲法なら12条「不断の努力」こそ

この時期の総まとめ的役割もしていますので、掲載

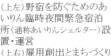

←【行政やNPO等の努力の例】
(上左)野宿を防ぐためのあいりん臨時夜間緊急宿泊所（通称あいりんシェルター）設置・運営
(上右)雇用創出とまちづくりを兼ねた迷惑駐輪防止パトロール（年齢や生活保護受給の有無に関係なく働ける

撮影:(上右)2016年8月(上左)2020年8月

カマやん　それ
ただのボヤキや
憲法と住まい

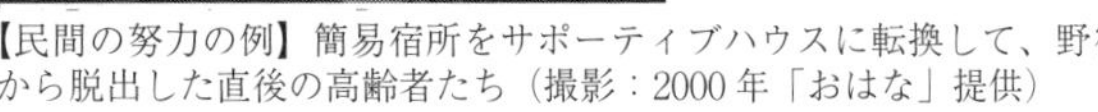

【民間の努力の例】簡易宿所をサポーティブハウスに転換して、野宿から脱出した直後の高齢者たち（撮影：2000年「おはな」提供）

今回は日本国憲法にひっかけて何か語れと言われている。ならば、９条ではなく、私はむしろ12条の「不断の努力」義務をこそ挙げたい。居住権をいくら空念仏的に唱えても何も始まらないし、何も変わらないのだから。今置かれている具体的条件の中で「きちんと住まう」ことから始まり、明日は今日よりも良い住まい方をしようと欲し、近隣と力を合わせて改善していくこと。**そうした「普段の実践」こそが「不断の努力」だと考える。**

では、釜ヶ崎総体は居住問題に関してどんな「不断の努力」をしてきたか。実は実は、努力のしっ放しである。大阪市内で８６６０人もの野宿生活者が出現したどん底期（１９９８年）から今日までのスパンで見ても、おそらく絶対人数で１万人をはるかに超える人々が脱野宿を果した。私たち釜ヶ崎のまち再生フォーラムもこの一翼を担い、サポーティブハウスやアフター・フォローという居住支援を創出したり、居住権・居住福祉概念の定着化を図ってきた。２００回を超す月例まちづくりひろばを開催し、内外からたくさんの人材を呼び込み、社会起業家・社会活動家・研究者・ジャーナリスト育成の場とした。積年の憎悪と不信と分断を超えて、ついに市・府・国までレギュラーメンバーとなる地域包括型のまちづくり円卓会議を創り出した（労働・医療・住宅・公園・地域トータルケアなど問題ごとの分科会も定着させている）。

町会長や労働者支援団体代表など35人もの地域委員から成るあいりん地域まちづくり会議という地域包括の合議体だ。このたび知事や市長も出席のもと、大きな進展があった（２０１６年７月26日）。老朽化したあいりん総合センター内の諸施設を、耐震強化の必要もあって、近隣で建て替え、未来に向けて再編成したり、そのための仮移転先を決めるなど、行政との大きな合意がなされた。労働施設の本移転と新しい就労支援のあり方に至るまでまだ２~３年は議論は続くだろう。この話し合いのしくみ自体が釜ヶ崎のまちづくりの成果物であり、貧困地域の居住環境改善に関するボトムアップ型の、いわば「西成モデル」の形成途上にあると言える。

それにしても、私個人としても、１９９９年の釜ヶ崎のまち再生フォーラム創設以来、息長く活動を続けてこれたものだと自分では思う。直接的にはホームレス支援から始まったが、「住む」ということは主体的で総合的な営みなので、それを支援する総合的な展開は即ち、まちづくりになる（このあたりの流れは本書第２章74頁を併せて読んでいただきたい）。その結果、今日まで約20年弱、実に多面的でボリューム感のある活動内容となった。居住福祉論をはじめとして、実践論的教訓がザクザクあるように思う。

2017年1月 大人を超えた? 児童たちのまちづくりプレゼン(1)

撮影：2017年1月

←毎日400人前後が利用する臨時夜間緊急避難所(あいりんシェルター)も調査したのだ

いやいや。しっかり学んどる。負けたわ

困難に向き合うから　子供はたくましく育つんやろな　あっぱれ!

11月のある日、私はあいりん地域の端っこにある「いまみや小中一貫校」の6年生の総合学習の講師に招かれた。ホームレス問題などにからむ人権学習系の講師依頼はよくあるが、今回はもろに「地元のまちづくりについて知ろう」だ。それ自体「おお、けっこうけっこう。流れはここまで来たか」と私は漫画や写真満載のパワポ持参で喜び勇んでかけつけた。**そこから驚きの連続だった。第一は、**すでに担任のY先生(↓私の中では勝手に漫画アラレちゃんに出てくる山吹みどり先生とイメージが重なってしまった。以下、みどり先生)のもと、すでにあちこちのフィールドワークを敢行していた。国際安宿街とそこのゲストハウス、アート系NPOの地元密着活動など接しやすい所だけでなく、三角公園や臨時夜間緊急避難所(あいりんシェルター)の中などディープなスポットもだ。「こわい所」などの誤った認識を保護者たちすら持っているだろうに、見上げたものだ。へたな説明役の私もめっちゃ助かる。**次に驚いたこと。**このクラスは、この街にどっと宿泊し始めた外国人旅行者たちに英語の「体当たり授業」をしているというのだ(漫画参照)。この学校は新設で全員にタブレットが支給されているので(困難地域にあるための特別措置)、そのみどり先生がニコニコしていわく、「単語不足部分はタブレットを使って写真などで補足しながらやりとりするんです。Me too、ミーツーばかり言ってるコもいるんですよ(笑)」と。アクティブ・ラーニングなのだ。国際感覚・地元のまちづくり発想・英会話を同時に学ぶわけだから、一石三鳥以上かもしれない。

　こうしたさまざまなアクティブな授業を週2回、計15回重ねて、新年1月。「まちづくりプロジェクト提案発表会をやりま~す」と、みどり先生から再度招かれた。つらい面も多いこの地域の実態も踏まえながらの、子供たちなりの8本もの提案があった。日雇い高齢者の雇用づくりまで考慮する、その中身のすばらしさにもう一度驚くのだが、字数が尽きた。次号に続く♪

2017年2月　大人を超えた？　児童たちのまちづくりプレゼン（2）

西成区長をはじめ地域関係者が参観する中で、プロジェクターを使いながら、2ヶ月間の積み重ねの成果が発表された

あいりん地域の端っこに位置する「いまみや小中一貫校」の6年生のあるクラスのまちづくり授業参観の続きだ。8本の提案発表があった。

「自然でいやされる町を作り隊」「西成 Clean & Art プロジェクト」「昭和のUSJプロジェクト」「人と人の交流を増やして笑顔を増やすプロジェクト」「フレンドリースモールワールド・プロジェクト」「西成愛してプロジェクト」「路上の自転車なんとかしようプロジェクト」「西成耐震強化プロジェクト」

大人の読者のみなさん、どうですか？（笑）。ナニ？　何でもプロジェクトをつけるとそれらしくなる？　あのね、小学生たちですよ。「各発表から内容の良さをたくさん見つけようね」と、先生。よし、おっちゃんも見つけるぞ。

①**大人真っ青の論旨展開力！**　こうだ。まち歩きや聴き取りであいりん地域の困難な現実や課題を把握（グラフやデータも映す）→あるべき未来のビジョンを提案（他地域の事例も示す）→提案理由を説明→実現方法や課題を提示（そのために日雇いの仕事出しも随所に。うれしいね〜）→最後には「自分たちができること」（これが一番すごい！　と私は子供たちに感想を話した）。②**地域内にある社会資源や良い面を活用するという、まちづくりの基本手法をきちんと学んでいる。**この界わいの歴史・昭和のままの風景・空き家・激増する外国人旅行者の存在・地域住民の気質の気さくさなどを活用するという考え方だ。目のつけ所がいい。③**自分たちの手で世間からの不当な地域イメージを変えようという気持ちが全プロジェクトに出ていること。**これは他地域にはない苦悩であり、それをはねのけようとする姿に深く共感する。④**人権意識。**「この授業の2ヶ月間に、日雇い労働者や生活保護受給者、ホームレスの人々との出会いの中でおっちゃんたちへのまなざしは明らかに変わりました」とみどり先生。納得、納得。⑤**「自分たちが今できる事」**は「まず自分たちがそれを心がける」「呼びかけポスターをつくる」などがあがった。ありきたりだとは思わない。同じポスターでも子供たちが呼びかけるとインパクトが全く違うよ、うん、うん。

地域の大人たちが呼びかけているこういう形で次世代に引き継がれるのかと、深く感動した私であった。

こうした授業をずっと続けてほしいわね
地域とも共有したいし

地域学習

自分にできること

自分は最後

珍アリとキリギリス

2018年3月　中国系不動産業者らと語らった

←氾濫するカラオケ居酒屋
撮影：2015年12月

なにせ市場原理
やからのぉ〜

わかってんのかい・・おっさん

あいりん地域のあるJR新今宮駅周辺でも今、空地・空家物件の売買が激しい。有名な星野リゾートの進出はその象徴だ。家賃高騰で生活困窮者が住めなくなるという懸念（ジェントリフィケーション論）が出てくるのは市場原理の必然とも言えるし、これへの特効薬が無いのも世界共通の悩みだ。大事なのは生活困窮者の居住を確保する政策追求や具体的アクションである。

そこで、私たちの第212回まちづくりひろば。**当地域の不動産市場を先行的に席巻している中国系の不動産業者らと意見交換する場をついにつくれた。**あいりん地域内外にカラオケ居酒屋ラッシュを現出させた中心的商売人たちだ（数年間で約120軒）。客の多くが生活保護受給中の高齢者たちである点など悩ましい事象だ。住宅物件も手掛け始めた。語り合いが実現したのは、「新華僑たちの起業と地域社会～西成区あいりん地区の商店街を中心に～」という聴き取り調査報告をしてくれた中国人、R・Rさん（大阪市立大学都市研究プラザ特別研究員）の仲介による。以下、その発言メモの抜すいだ。

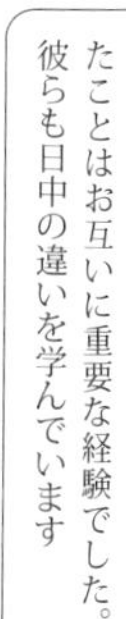

この段階でこの人たちと直接語り合えたことはお互いに重要な経験でした。
彼らも日中の違いを学んでいます

【中国側】　大陸の巨大資本進出的なものではない。二つの中心的不動産屋は福建省出身の個人事業者。カウンターの中の中国人女性たちは、福建省の一つの小さな村から芋づる式につながって来ている。カラオケ騒音やゴミ出しの問題では当初は紛争が多発したが、努力して改善に向かっているはず。社長や中心メンバーはあいりん地域の生活保護受給者たちとは長年接していて、気質も熟知。あいさつもしあう。「郷に入っては郷に従え」ということわざは中国にもある。商店街が荒廃し、西成差別も加わり、「空き」が目立つ商店街を活性化する役割を自分たちにはできる。地域の人々とはウィンウィンの関係をつくりたい。

【日本側】　中国警戒論もあり、出てくる意見は思った以上に厳しい。この地域でずっと商売をする気があるのか。あるなら共通のまちづくり基盤に立てるが、懐疑的。莫大な不動産購入資金の出どころなども全く見えない。オールドカマー（華僑）は歴史が長くて顔が見える関係にあるから良いが、ニューカマー（新華僑）はまだだ。騒音やゴミの問題などは言葉ではなく、まず実績を見せてからだ。

そんな雰囲気であった。一致したことは、「やはり時間が必要だ」。が、その間にも市場は爆走する…。

訪日客ラッシュ

何も残さず

キング・オブ・つけ払いの男であった

2018年4月　地域と行政の関係が変わったのだ

ご心配は理解できますが、私たちは限界性より可能性に目を向けてがんばっている、と言いたい

過日、各地のまちづくり事例に精通するある教授が九州から私を訪ねて来られた。今のあいりん地域でのまちづくりは内発的なものであっても西成特区構想もからんでいることから、私も含む参画者たちがほんとうにはどう思っているのか、私なりに換言すれば「**そこでは警戒は要らないのか?」という質問だ。**私は答えた。「当地はいろいろ大きく変わりつつある中で、**最も劇的に変わったのは実は行政と地域住民との基本的関係だ。住民合意最優先型に根本的に変わったのだ。府知事も市長もそれを正式に何度も明言している。これがある限り、知恵を出せば提案も通るので、本気になるのは当然だ。がんばるのは今なのだ**」と。教授はとたんに納得してくれた。そこが要なのだろう。

どう変わったか。あいりん地域まちづくり会議の本体と5つのテーマ別分科会には今では地域側（10組織ある全町会、福祉やこども関係、労働者支援団体等を網羅）と、行政側は区や市だけでなく、かたくなに地域側との対話方式を避けていた（ように見える）府や国（大阪労働局）も参加している。府は労働施設検討会議では呼びかけ人だ。市はあいりん対策の窓口を遠い本庁から地元の区役所に移すなどの内部改革もして対応している。暴動しか異議申し立ての道がなかったかつての状況とは根本的に異なるのだ。これは上から与えられたしくみではなく、90年代後半から積み重ねてきた地域総体の地道な努力が切り開いた状況だ。「よくぞここまで持ち込んだ」という実感が私たちにはある。まちづくり推進にあたって整理してきたように（本書第3章152頁）、①このまちで変えてはいけないもの、②次のステージに引き継ぐべきもの、③新しく大胆に加えるべきもの、がある。②の一番は「この地域が持つ大きな包摂力」だが、今後は前述のような「地域住民と行政との、住民合意優先型協働関係」もそうだ。**今、地域側が経験中のこの方式は少々のことでは後戻りできないと私は思うが、これを崩す要素も確かに多い。**行政側の人事異動も意外に曲者だが、地域側にもある。「行政＝権力＝敵」で、「ワシは何が何でもすべて反対」という立場。「役所にまかそうや」「まず役所に案を出させようや」の行政依存の立場。ともにそうだ。そこからは、存在する不十分さを克服しつつ、次のステージに引き継ぎ、ボトムアップ型を深化させようという発想は出てこない。ただ、この作業には、次のステージで貧困者や子供等の支援で活躍するであろう若い世代の参画をどう増やすかが課題としてある。それも含めて、全国のみなさんにも参考になる出来事のはずだ。

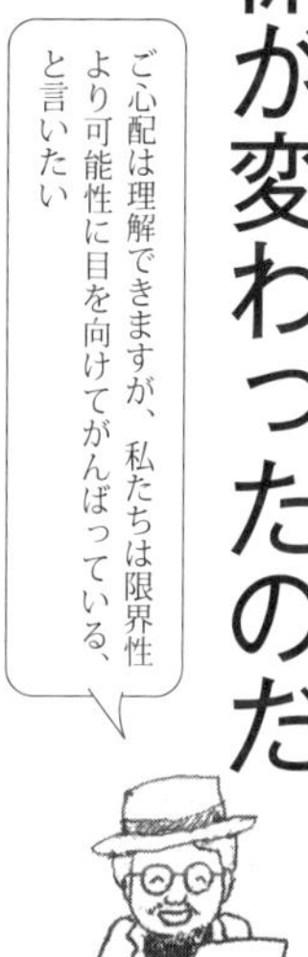

（右）1990年10月4日
第22次釜ヶ崎暴動の3日目の朝は哀しみの小雨だった記憶がある
筆者撮影

（下）最近のあいりん地域まちづくり会議
（西成区役所HPより）

隔世の感とはこのことや

まちづくりの場で

独り言

自分では気づかないものです

2018年5月 カマやんの街に世界銀行研修団がやってきた

なるほどねぇ　みんな
良いことを言うのぉ

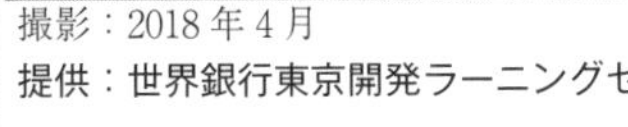
はいな。わてがカマやんでんがな

撮影：2018年４月
提供：世界銀行東京開発ラーニングセンター

そう。あの、国際機関の世界銀行だ。４月下旬の２日間、13ヶ国の都市政策担当の行政関係者を中心に、なんと60人もがやってきた。**あいりん地域を視察先に選んだのは「安全で・包摂的で・レジリエントな**（復元力のある、しなやかに強い、打たれ強いなどの意）**まちづくり」が進んでいると認め、そこから学べる知見を各国に持ち帰る（移転する）ためだ。**そもそも世界銀行とは、「貧困削減や開発支援を目的とした融資や技術援助を行う国際機関。先進国からの拠出金で途上国の都市開発と社会開発の課題の解決をめざす。訪問研修は先進国各地のまちづくりの知見を後発の国や自治体に伝承するのが使命」なのだ（同銀行パンフ）。スタッフも何度も来阪し、地域諸団体・西成区役所・西成労働福祉センターなども全面協力。おかげで、「来年も来ようか」という声があがるくらい、双方に研修成果があった。彼らの感想。（55歳以上が登録して輪番で就労できる高齢者特別清掃事業その他施策を目の当たりにして）**「みんなが助け合っていて、街は（貧困地域なのに）清潔」。「（地域からの）ボトムアップと（行政内部での）トップダウン両方の組み合わせの重要性を見た」「計画段階から多様な利害関係者の意見を吸い上げることの大切さを感じた」**「我が国も高齢化対応が喫緊の課題。勉強になった」なども。当事者をどう参画させるかはどの国・都市も関心事であることもわかった。私たちも約20年間の取り組みを大きくふり返り、知見としてまとめていく良き機会となった。

「知見」もさることながら、「ハート」もシェアできたようだ。サポーティブハウス「おはな」の経営者の次のような説明に感銘したという。「ここに居住している単身高齢者の多くは、日本が貧しかった１９６０年代にまさにあなた方、世界銀行さんから融資された新幹線や高速道路の建設工事で雇用を得た人々だ。そうした援助もあって、日本はいち早く先進国になり、拠出する側に廻ることができた」。バブル経済崩壊後もあなたの簡易宿所は経営は悪くなかったのに、なぜこういう生活支援付きアパートに転換したのか？　の質問には次のように答えた。「国のために働き、うちの簡易宿所に泊まってきた人々が不況や高齢化で路上に投げ出され、放置されるのを黙認するわけにはいかなかった」と。翌日のパネル・ディスカッションの場で、アフリカの若い市長がこのことに深いお礼を述べたことで私も知った。**釜ヶ崎のスピリットが、貧困や内戦を経てこれから都市建設の諸困難に向き合う彼らに影響を与えられるなら、こんなうれしいことはない。**

ツイッター(SNS)

SNS のツイッターは 2023 年に X（エックス）に変わりました

ものは見方しだい

２０１８年６月 〈参加〉について考え込まされた日

ほんまにむつかしい課題をうまくとらえた写真やと思うわ

あいりん総合センターでの日雇い労働者・野宿生活者・生活保護受給者等によるまちづくり関連大討論会（撮影：2018年５月）

〈１〉

↑開始前の趣旨説明や討論後のまとめのようす（１階）

〈２〉

↑３つに分かれてワークショップ形式で討論（１階）

〈３〉

〈４〉

↑↓２階の接写（ホームレスの人々）

〈５〉

吹き抜け構造なので、１階と２階の対比が写真１枚に収まる

写真を見てほしい。２０１８年５月に開催された、あいりん総合センターの建て替えやそれに先立つ仮移転、及びまち全体の今後のあり方についての大討論会（ワークショップ形式）である。支援諸団体の有志が「センターの未来を提案する行動委員会」を立ち上げて、最初の行動だ。現在進行中のまちづくりプロセスに対して、同センター利用者（日雇い労働者・野宿生活者・生活保護受給者等）に集まってもらって議論し、生の声（不安・不満・要望・提案等）を集約し、まちづくり会議体に届けようとする取り組みだ。あいりん総合センターという生活現場そのもので開催することにもこだわる。まちづくり議論を上っ面なものにさせず、ボトムアップ型の深さを決める、今の釜ヶ崎で最も必要な取り組みの一つだ。近隣の児童も含む多様な人々がこぞって参加できるように、炊き出し・生活相談ブース・映画上映・展示コーナーなども併設された。通行人的な立ち見という参加形態でも歓迎だ。屋根のあるオープン・スペースということもあって（この日は運よく？　雨天）、参加者は最大時で３００人以上に達したようだ。私も応援する立場で見守った。

うなってしまったのは〈３〉の写真だ。１階と２階のショッキングな対比が偶然１枚で撮れてしまった。〈１〉で最も議論されているのはこのビルの空間を昼間の居場所（≒寝場所）として使っている人々の代替場所をいかにきちんと確保させるかという点だ。事前に周到に準備された情宣活動をもってしてもこの集いを知らなかった上階の人でも、階下で何が行われているか、ハンドマイクでのやりとりなのでわかる。**しかし、文字通り枕元での、行政ではなく彼ら自身の支援団体によるこれほどの大がかりな取り組みでさえ、蚊帳の外に留まる、というか、包摂しきれない人々がいる。その現実をとらえてしまったショットだ。**別な時に個別的聴き取りで補ったりもできるにしても。その前に、当地域のまちづくりや建て替えに関する情報を正確に伝えきる必要もあるが（実はこれすら簡単ではない。「建て替え絶対反対」という自分たち独自の結論に合う「事実」だけを伝えたがる人々もいる。判断するのは当事者なのだが）。

読者のみなさんもご自分の持ち場で同じような課題があるはず。当事者・利用者・社会的弱者・声なき声などと呼ばれる人々の声をすくい上げ、少しでも参画させていく努力はどのようにされているだろうか。むつかしいものである。

まちづくり議論

あいりん総合センター建替えの大議論を傍聴しよう
案内
じゃかァしい
ワシは生活に忙しいんじゃ
馬
レース

半年後
まちづくり掲示板

まちづくり掲示板
センター建替え議論の状況
なにィ〜〜センター建替え!?

どこにもいるオッサンだがこれ、アンタのこととちゃいまっか!?
会議
コラ〜ワシ何も聞いてへんで

当事者

NPOまちづくり
おまえらかて役所と同じじゃ しょせんワシら当事者の苦しみはわからんわい!

西成特区構想への提案づくりの集い
って言ってたんだから今こそ声を出してよ

そ、そう言われても、ダハハ、もうカシコイ人たちにまかすわ
アハ、アハ
こういうヒトはよくいる→

なんやと〜コラッ、オッサン ヒトをなめとんのかオ〜!?
言ってることとやってることがちがうのはおどっちじゃ〜!?
こっちは女の人生かけとんじゃ
す、すまん…カンニン…

どっかのギャグとは関係ありません

「え～　こんなとこで働き始めたんかい？」
「センターで講習を受けてな人間したたかに生きなきゃ」
HOTEL
給与明細書
30
ここから
自動車

撮影：2018年1月

2018年11月

たとえばベッド・メイキングの仕事づくり
～万博開催・ホテルラッシュとの向き合い方～

ピンチはチャンス！　ということやな

２０２５年大阪万博開催が決定した。もともとあいりん地域のある新今宮駅界わいは昔から木賃宿街→簡易宿所＆ホテル街なので、明治時代から大阪での各種博覧会のたびに街は変容してきた。まちの生成自体が１９０３年の博覧会と時期的に重なっている。今回もどのような変容があるか要注視だ。建設業の機械化進展で、70年万博のように関連工事で働く日雇い労働者の流入は大量にはないだろうと語られている。ただ、関西空港がＬＣＣのハブ空港化したことで海外から観光客が大挙押し寄せていることもあって、国内外からのホテル資本（民泊含む）の流入ラッシュには拍車がかかるだろう。ジェントリフィケーション（貧困地域が改善されると不動産価格や家賃等が上昇し、旧来の貧困層が住み続けられなくなる、世界的な現象）への警戒心が必要なことは言うまでもない。「狼が来る！」式の叫びだけではなく、具体的な対応が必要だ。政治も無策だし、市場原理にまともに対抗できるわけもないのだが。**だから、私たちは現在この地域で進行中である住民主導のまちづくりの中で大阪市長に対して、生活困窮者や就労困難層に対する就労・福祉・住宅・医療等を横串で貫く「サービスハブ」機能のアップデートを提言したわけだ**（本章第2章98頁と１００頁）。

さらに、この状況はもっとしたたかに活用したい。そのわかりやすい事例をあげよう。当地にある西成労働福祉センターでの技能講習で、ようやくベッド・メイキングの科目がこの秋から始まった（国の事業で受講無料）。（簡易宿所転用型も含む）ホテルの客室清掃の仕事がますます大量に出てくる。ただでさえ人手不足の日本だ。地域には建設業以外の仕事を求める年配層や若年ボーダー層も確実に存在する。**彼らが講習を受けて、まずは可能な人から個別に働き始める。やがては、ベッド・メイキングや清掃作業の欠員が出たホテルに即座に助っ人として誰かが駆けつけられるような地域全体のしくみをつくる構想だ。**実はこの構想は２０００年代初頭から我が再生フォーラムも関わって推進してきていたのだが、条件を整えきれず（簡宿組合と連携することについてこの時期の大阪府側は無理解、さらには妨害までであった）、十数年来の課題だったのだ。これについては、本格的に動き出してから詳述できる日を楽しみにしたい。どうだろう？　この例は向き合い方を考えるうえで参考になると思うのだが。

日本体験

職業訓練

COFFE
毎日ウロウロね
はいかい
徘徊ちゅうねんハイカイ
中期滞在型旅行者

徘徊こそワシの趣味、生き様・芸じゃ！
ワオ～～ハイカイ？ワンダフルね
日本文化

さ、さいっしょに行こ行こ
案内
ど どこへ？

はいかい
俳諧教室
短歌・俳句
日本文化
ハイカイや～～ああ徘徊や俳諧や～～
涼

この先 満車
すごい渋滞ね

おっちゃんじ～っと立ってるのタイヘンやなァ

この先満
そう思うてなワシなァ小学生の時から職業訓練しとんねん
？

3組
イタズラの天才！立っときなさい!!
キャッキャッ
毎日毎日ゴクローサン
ハーイ

2019年5月　まちづくり授業のススメ

↑2007年6月の
まちづくりひろば

ごちゃごちゃして読めまへんが、気にせず本文へどうぞ

先日、「何がまちづくりや。そんなもん、くそくらえや」と、勇ましいお言葉を、ある運動団体の情宣ビラで見つけた。まちづくりの方向性の違いの表明ならともかく、そのものの否定だ。確かにまちづくりは勇ましくはないが、きわめて総合的で高度な闘いだ。私たちで言えば、1999年にまずはホームレス問題での危機的状況に地域トータルケア・ネットワークという発想で対処するためにフォーラムを立ち上げた。以来、「定例まちづくりひろば」の開催で営々と勉強会や提案活動をやってきた（直近で217回目）。2000年にはホームレス支援と地域再生をめざす第1ステージ（緊急対策）と第2ステージ（中長期対策）を地域社会や行政に提言した。机上の遊びではなく、実際に状況を動かした。さらに発展させて、2004年頃から数年かけてまとめたのが上の複雑な絵図である（第3ステージ。長期戦略）。行政との連携など微塵もない時代で、何もかも手探りだったが、地域内外の実に多様な人々と結びつき、実践を深めていった。私自身も丸～くなった（笑）。

まちづくりではまず、絵図のように「ゼロステージ（無策状態）」を考える。何もしなければ状況はどんどん悪化し、行き着く先の地獄を広い人々で共有する。次に、そうならないように対策を考え、提案をしていく。**変えてはいけないもの・変えるべきもの・継承発展させていくべきもの・全く新しく持ち込むもの等に分けながら。将来の大きな方向性に沿って、緊急対策・中長期対策などを考え、状況改善の階段を一歩ずつ、時には一気に（革命的に？笑）昇って、目標に到達する。**必要な人材をそろえ、協働の輪も広げていく。そんな作業だ。効果として、①自分のまちへの愛着と自身の自己肯定感が養われる。②宇宙人のように見えていた他の人々との共生や連携を考え始める。③ただただ悲観や反対ではなく、政治的な枠組みばかりに拘泥せず、現実を動かす知恵を出すことを学ぶ。③自分の頭で考える訓練は住民としての主体的な力をつけ、地域総体の自治能力を高めていく。行政は勝手なことはできなくなる（釜ヶ崎は今その初期段階）。④観客型（傍観型）民主主義から参加型民主主義の世界へ入っていく。**実は違いを超えて共に目標に向かえる状況こそ高次の民主主義だと知る。**小学校から地域学習としてまちづくりを採り入れることをお勧めしたい。

第3章209・210頁の、いまみや小中一貫校の授業と併せて読んだら、もっと納得できるわね

街頭テレビ

三角公園には昔から街頭テレビがあって にぎわってたもんじゃ

ガイトーテレビって何？
きょうの語り手 カマやん
エ～～それわからんか……
ウ～ン…そうねェ

ニッポン ニッポン
そやわ！パブリックビューイングのことよ
なんや PVのことか はじめから言えばわかるのに
そ、そうなのかい

ガラ～ン
その日本一長続きしているパブリック・ビューイングも絶滅寸前である
ウェ～ン さみしいよ～～

地域の歴史

地域学習
この辺が田畑の頃どんな生物がいたか想像力を働かせましょう
駅
ハーイ
はいッ

ダンゴムシ～～～
お空にはヒバリや
マツムシ！松虫って駅が近くにあるし
なるほどねェ

だいじなトリを忘れトリまへんかァ？ガハハ

無数の自称旅ガラスたちやこのまちを寝ぐらに全国の工事現場を渡り歩いとったんや ワシまだ現役
求人票
で、出たレトロじいさん

2020年1月
西成関連はフェイク・ニュースだらけ

<追加>中日新聞　コラム2023年1月
西成をフィリピン無法収容所に例える

西成暗黒地帯を歩く
誤報ルポ　頻繁に

あいりん　強まる観光色
屋台村を整備
労働の街変化

SNS　西成すげぇ　笑笑笑
日常的にデタラメを拡散

大阪市があいりんの公園テント撤去を計画
朝日新聞 2010年2月

三角公園が農園に？変わる MBS毎日放送
2018年

あいりん総合センター移転先は隣接の学校跡地へ
毎日新聞 2014年9月

出た出た　またでたァ

第2章137、第3章154、165頁とあわせてお読みください

定住人口、（観光客などの）交流人口と並んで、（外部に居ながら対象地域と多様に関わる）関係人口という言葉がある。釜ヶ崎（≒あいりん地域）は関係人口が異様に膨らむのが特徴だ。そこに、最新の貧困事象やインバウンド等のグローバル事象が流入するので、関連報道も多い。ところが、それが誤報だらけで、「やってられないよ」という昨今である。**以下、類型化してみた。**

（1）マスメディアによる誤報。じゅうたん爆撃的地域社会破壊効果がある。直近では2019年12月27日の日経新聞夕刊のトップ記事もそうだった。ここでは字数の制約で詳述できないが、要するにまちづくりに関して「地域住民による話し合いの積み重ねの真っ最中であって、〝案〟としてすら決まっていない繊細な議題を、決定したがごとく書く」「日雇い労働者の街＝労働の街が、観光客の街にとって代わるような論調で書く」類の大誤報だ。まちづくり有識者委員連名で激しく抗議し、訂正要望書を提出して、交渉中だ。

（2）SNS等で好き勝手に書かれる誤報。いつどこでやられるかわからない個人テロみたいなもの。「釜ヶ崎○○潜入記」とか「西成○○地帯を行く」とか、ルポを語って、そこがいかに暴力・犯罪・麻薬・生活保護等であふれかえっている問題地区であるかと並べ立て、自分は悦に入っている新旧タイプの誤報。

（3）内部からの誤報。70～80年代のステレオタイプ的釜ヶ崎像に執着し、近年は状況が大きく変化していることは無視したまま、安易に発信する。現在進行中のまちづくりに関しても、「2013年からの西成特区構想や大阪都構想の枠内の政治的動きだ」としてのみ皮相的にとらえ、ただ批判的に発信する類もここに挙げておきたい。支援団体や町会等の自覚的活動として地域内部から2000年前後から盛り上がってきた事実を知らないか、無視する発信だ。我が「釜ヶ崎のまち再生フォーラム」などは、脱野宿を果たした後も単身高齢者としての脆弱な暮らしを地域全体でささえていく、つまり「まちづくりが必要だ」と気づいていち早く取り組み始めた（1999年）。この内発的でボトムアップ型の特長を無視する。

もともとこの地域の出来事は常に多面的な問題が複雑にからみ、しかも今は大きな変化の過渡期にあるわけで、事態を正確に理解するには努力が必要だ。3つの共通点は、悪意はもちろん善意の場合でさえ、釜ヶ崎はこうあってほしいという「自分の」都合や願望で見る点だ。常に事実の検証やエビデンスが必要なのに。もちろん、私自身のこのエッセイにも誤報が混ざっていないか、常に自己検証は忘れてはならないと考えている。

監視社会 vs 民主主義

GAFA 問題

2020年5月

ジャパン・ミステリーを推察する コロナ禍篇

第2波への警鐘

この漫画がんばったけど、絵的にいささかムリがあるような・・・

今想えば、コロナ禍に関してはこの頃は混乱の極みやったわね。何が起きているのか、類推するしかなかったもんね。

対コロナ世界大戦は各国の社会的特質が実によくあぶり出される形態で展開中だ。日本の戦い方はとにかく「はがゆい」に尽きるのではあるが、さまざまな日本的弱点を抱えつつ、日本的長所を拠りどころにして、とりあえず1回目のトンネルを抜け出た。しかし、ミステリー感がただよう。釜ヶ崎もミステリーだ。強烈な「3密」の超高齢社会なのに、日雇い・野宿・生活保護いずれの人々にも今のところ感染者が出ていない（あいりん職安の職員4人が他所へ異動済み後に感染判明したが）。東京・山谷も横浜・寿町もゼロのようだ。貧困地域に感染死亡者が集中する他国での例を見るにつけ、奇跡的である。もちろん、油断はできない。ミステリーを形成する「ファクターX」がやがて解明されるだろう。カマやんたちの多くは今は、特別給付金10万円を不安定居住の状態でどうすれば受け取れるか、そちらに気もそぞろだ。

日本はPCR検査数でなぜこうも苦戦しているのかというミステリーは、セクショナリズムと総称できる日本的弱点がからんでいないか。それで苦労してきたホームレス支援の世界からはそう見える。たとえば、大学の器材・人材・知見が膨大に存在しているのに、山中伸弥教授が指摘するまで利用されなかった。「厚労省ではなく、文科省の管轄だから」と。行政改革ですでに人材も予算もやせ細っていた保健所に頼り切っている。もともと国・都道府県・市町村・民間・NPOという異なる指揮系統があり、それらに属する病院・検査機関・隔離施設等々がある。もしかしたら、それらを、我々がまちづくり分野で日頃から口にする「ヨコ串を刺す」という使いこなし方がなかなかできないでいるのではないか。検査統計すらバラバラに、しかも今時FAXと手作業で集計していたし。日本人って、〝縦割りにまじめ〟すぎるのも弱点だ。各セクション間の垣根や溝を越えてすべてをフル動員するには、ヨコ串に加えて、現場に熟練のコーディネーター職員、トップに強力なリーダーシップも要る。**なぜこう推察するか。私たちは生活困窮者支援のまちづくりの中で、日頃からこれらとの闘いの連続だからだ。**相当な改善もさせてきた。それでも人事異動などで蓄積の多くを無にすることも多い。**結局、現場の切迫感をテコにした日頃からの取り組みしかないのだ。**この推察は当たりかハズレか、コロナ医療現場のどなたか、教えていただきたいものだ。

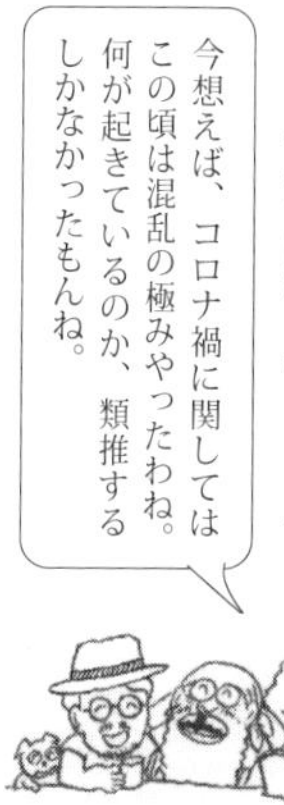

＊コロナ禍篇は本書のあちこちの章にあります。

初もうで

ごめんやっしゃ
どど～ぞお先に…

ワシの残りの命と引き換えてでも世界中の人々がコロナから救われ世界が分断から平和へ向かいますように

フンどうせロクでもない願い事だろうハハハッ

世界中が混乱しても私の財産と家族だけはなにとぞ助かりますように！
ねっ人間て外観じゃないのよ
ドテッ
パン パン

マスク社会

あ！カマやん
私です！遅まきながら今年もよろしく
？

NPOの鈴木ですよホラ
それはわかってますよ鈴木さん
マスクで、ちょっとね

名前忘れてて今さら聞けない人にでも今ならごまかせる
コロナ禍でもただでは起きぬ
エライ！

ア、もう忘れた
名前ダレやった？
こちらの問題も切実なのだ

2020年7月　オンライン版「まち歩き&語り合い」の効果は？

この時が初体験でしたが、意外な展開でした。良かった〜

私たち主催の「釜ヶ崎のまちスタディ・ツアー」という研修事業には毎年35団体前後（大学のゼミが多い）、合計400人前後の視察者を迎え入れている。だが、このコロナ禍で3月からはすべてキャンセルとなった。**毎年ここでの学びを重視している神戸大学国際協力研究科のA教授が「いっぺんオンラインでやってみようよ」と提案してきた。**「そんな無謀な！日本の代表的な貧困集中地域たるこのまちでの学びは、まずは独特のまちや人々を『五感で体感する』ことから始まるのに」と思いつつ、チャレンジした。なにせZoomを使うのも初めてなので、おっかなびっくりである。いつになく準備は重ねたものの、さあ、どうなるか。

ドローンによる自前の空撮動画。グーグル・ストリートビューでリアルの場合と同じ順路でのまち歩き。路地に入るとただならぬ雰囲気が画面に出てきて、釜ヶ崎と呼ばれるこの都市空間の異質性がやっぱり伝わる。リアルと違って、あっちこっちに行きつ戻りつつ解説できるのが強みか。続いて、パワポで歴史や現状、人々の暮らしやまちづくりの課題を説明して、質疑応答。同時通訳的スピードでA教授が「チャット」に英訳を書き込んでいく。次は、紙芝居劇団「むすび」の「桃太郎」上演。彼らの事務所から中継だ。「テレビに出れるぞ〜」的気分で、生活保護のおっちゃんたちは大張りきり。日頃より笑わせてくれる。背景に映るさびれた商店街を、自転車に乗った野宿生活者がアルミ缶を山積みして通り過ぎる。リアルだ。上演後は「なぜこんな紙芝居活動を始めた？」などの語り合い。**最後は、いつも人生の語り部をしてくれている、元・現日雇いの高齢者たちが波瀾万丈の人生や日本社会のリアルを語ってくれる。**オンラインだと画面に集中できるためか、予想外に学生の質問や感想が心深くに迫る。「しんどい時にささえになる（なった）ものは？」「人生をトータルに振り返って、今何を想う？」「釜ヶ崎を出たい VS いやこのままで良い、の葛藤はあるか？」など。Hさんが「西成はええ街です。けど、最後は亡き妻と暮らし、想い出の詰まったH区で私も死にたい」と、私にさえ初めて涙を見せた。その涙は画面を超えて伝わり、共に泣いている学生の姿もあった。**オンラインでも伝わるものは伝わるのだ。**この事業も姿・形を変えて、釜ヶ崎らしくしたたかに、レジリエントに生き残るぞ！　進化するぞ！

（右）参加者は留学生が多く、帰国したまま日本に再入国できないで、母国（韓国やアフリカのギニア）の自宅から受講している学生も混じる

（一人ひとりのお顔は少しぼかしてあります）→

あとで全員が感想レポートとお礼のお手紙を書くので、読んでね

撮影：2020年7月

いやぁ、こちらこそ時代の最先端の体験をさせてもらって、仲間にええ話のネタができましたわ

（上）進行役の著者と、３人の語り部のみなさん

（右上）紙芝居劇団むすびのみなさん。左側には、わかりにくいが、２人のおっちゃんが桃太郎の登場キャラの面をかぶって演じている。右側に紙芝居の絵を置いた

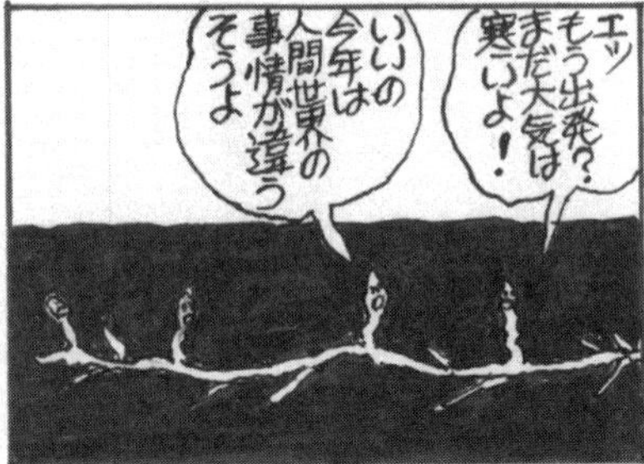

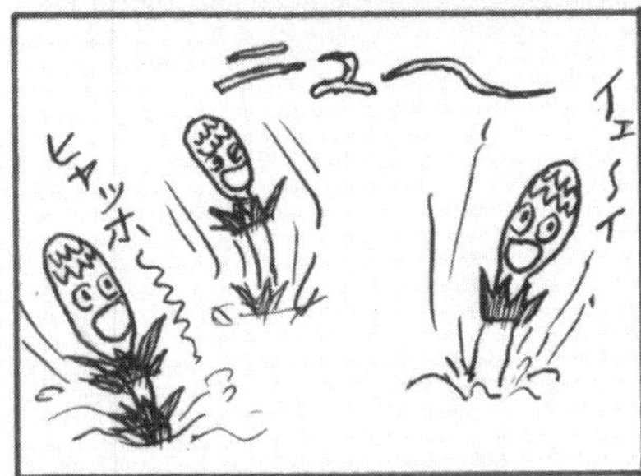

コロナ禍が収束すれば

苦労人のご長老の言葉は説得力がちがうのだった

後　遺　症

近い将来の同窓会
名札をつけてもお互いを思い出せんか…
……
？

まだ若いのにみんなボケたんか！なさけない
ちょっとまって！

全員これをつけてください
マスク

おお〜〜〜
山本〜
ケイスケ
アナミ〜
マスクしないとわからんよな
トモミィなつかし〜
コロナ禍時代の同級生たちだったのね

渡り鳥今昔

民泊に客なので清掃＆管理人の仕事の日
ヘェ全国を旅しながらの仕事かい？…
食べてや

ワシもスコップかついだ渡り鳥人生やったんや
ヘェ〜先輩だァ

困ったらメシ代くらい貸せるぞォ
西成は人情がうれしい

リモートワークが進化して旅しながらでも働ける大企業の社員だった
パソコンをかかえた渡り鳥かいな
本日の業務は終了します
OK
東京
負けたわ

2020年12月

新・大阪社会医療センターは大きな成果

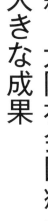

相変わらずアホを言うとるのぉ、お前は…
うれしいなぁ！　天気も体調もええし、元気なうちに通院じゃあ～
はぁ…

↑新しくなった病院。その奥には市営萩之茶屋北住宅２号館の工事も進む
（撮影：2020年11月）

この病院があることがコロナ禍でも威力を発揮しています

釜ヶ崎にある大阪社会医療センター付属病院は日雇い労働者のOBたち（多くが生活保護受給者）がよく利用する大阪市の外郭団体（社会福祉法人）だ。〝釜ヶ崎の赤ひげ先生〟こと本田良寛院長（1985年逝去）がかつてはおられて、実は私の漫画の「カマやん」の名付け親でもある。それは別途書くとして、この病院が地域医療の拠点として50年間果たしてきた役割は大きい。それが、あいりん総合センターの建て替えの全体計画の一部として、市営住宅と共に隣の萩之茶屋小学校跡地内に建て替えられ、この12月から新スタートを切った。移転にあたっては心配する人たちもいた。核を成す無料低額診療事業（健康保険証や現金が無くても受診できる事業）は継承されるのか等。それは大丈夫であっても、当初は役所の中には「周辺病院もできたので、小さな診療所程度でよいのでは」という考えがあった。**しかし、結果的には規模的にも機能的にもなかなか良い病院になった。**労働者系ではない一般住民の方々の反応も良い。「わてらも含めて、広くみんなが使える病院になった。使い勝手も良さそうや」「入院が楽しみやわ（笑）」と。

そうさせたものは何だったか？　一言でいえば、地域委員たちが主体の「あいりん地域まちづくり会議」でボトムアップ型の議論がされ、その多くの要望が反映されたからだ。医療施設検討会議は2015年以降、14回開催された。**反映された項目を挙げる。**無料低額診療事業の継続、ニーズが高まる精神科の充実（専用外来及び相談室の設置や精神保健福祉士の配置）、結核やノロウイルス等の感染症対応病室の設置（陰圧室を4室）、入院機能は80床を維持（一般病床50室、療養病床30室）、女性も利用しやすい病院に改善、リハビリ機能や防災拠点機能の充実、待ち時間短縮のための予約制も導入、医師の確保定着方策の工夫、訪問看護ステーションの設置準備等々だ。まちづくりのしくみと取り組みが無ければ小さな診療所で終わったはずだ。**今後はレベルアップしたハードにふさわしい、レベルアップしたソフト（地域密着の深化など）を組み合わせる地域課題にこの力で向かうことになる。このように他のテーマ別部会でも、できてみれば「素晴らしい！」となるよう、引き続き見守りや応援をお願いしたい。大チャンスなのだから。**

↑新・大阪社会医療センター付属病院

ワクチン接種促進

釜ヶ崎の赤ひげ先生

2021年2月

続・サービスハブ論
～女性の自立支援ハウス～

本書第2章98、100頁とあわせてお読みください

居住支援の事例がまた一つ増えた

撮影：2021年1月

こどもの出入りがあるだけでうれしくなるわぁ

「ステップハウス とも」と荘保共子さん

釜ヶ崎は社会で「サービスハブ」という役割を果たしている。どの国でもサービスハブ地域にはフォーマルな支援（公的機関や専門職による正規の制度や支援）の他に、インフォーマルな支援（地域の人々やボランティア、ＮＰＯ等による、制度にもとづかない支援）が集積しているのが特長だ。今回紹介するその事例は、居場所のない女性の自立支援ハウス「ステップハウスとも」だ。

簡易宿所転用型だが、あの世界的企業ＩＫＥＡが話を聞きつけて内装工事の資金・デザインともに手伝ってくれた幸運もあって、誰でも思わず住みたくなるような北欧風のおしゃれな色調で明るい雰囲気の3階建てアパートである。フォーマルな制度の「自立援助ホーム」的でもあり、「母子寮」（母子生活支援施設）的でもあるが、認定ＮＰＯ法人こどもの里の理事長、荘保共子さんが自らのために積み立てていた退職金を投げうって開設したインフォーマルな居住資源である。居場所のない若年女性や母子が安心して住み、人生を次のステージにステップアップさせるためのハウスだ。萩之茶屋地域周辺まちづくり合同会社からチャレンジ・ショップを借りて、就労訓練の場となるカフェ「さとＰｌａｔｚ」も組み合わせている。2人部屋3室、1人部屋5室から成るが、現在は7人が住み、すでに利用していった人が15人ほどいる。母親は22～36歳、こどもは2～7歳、単身女性は16～27歳。難民、（身体・精神・経済の）各種ＤＶ（精神・発達・コミュニケーションの）各種障がいなどのために実家がある場合でも住めず、まずは安心して滞在できて、その間に学校（高校・専門学校・大学）や職業訓練で自力で生きていける力をつけてもらうことが役割だ。「きっかけ？目の前に対象者がいるからよ。いつもこうよ」と荘保さん。**制度があろうがなかろうが、やむにやまれず、とにかく支援を始めてしまう。**制度を気にしすぎる人々にはここがすごいと思うはず。**当然運営費は行き詰まるが、フォーマルな制度とのリンクも含めて、問題点を行政や社会に突きつける。そのエネルギーがすごいのだ。**今回も、どこからともなくこども支援の社会起業家が現れてクラウドファンディングをやってくれて、3年間分の運営費不足分を集めてしまったという（720万円）。サービスハブ地域にはこのように福祉の原点がある。

老いを感じる日

睡眠専門家

あいりん総合センター跡地等の利活用議論＆具体化状況

【土地利用・配 （第13回あいりん地域まちづくり会議　2021／2／25　資料より）

（平面図）

福利施設＆にぎわい施設

多目的広場

駐車場エントランス

新労働施設

萩小の森

市営住宅（店舗付き）

市営住宅

社会医療センター（病院）

・労働やにぎわい機能と相互補完しながら、住民への助けとなる機能や住民に便利な機能などを有する施設を配置する。

・乗換駅や幹線道路に面しているという「地の利」のポテンシャルを発揮し、地域の新たなイメージを形成することで、来街者を含む多様な人々が訪れ、新たなにぎわい創出に資する施設を配置する。

・多様かつ柔軟な利活用を可能とすることで、土地の有効利用を促進するとともに、防災機能を備え、非常時の対応も可能とするような「多目的オープンスペース」の確保に努める。

●融合空間

・労働ゾーンの機能と福利・にぎわいゾーンの機能を結びつけるため、両ゾーンの間に、両ゾーンの利用者をはじめとする多様な主体が訪れ、様々な用途に用いることができる多目的広場を導入する。

●労働ゾーン

・西成労働福祉センター・あいりん労働公共職業安定所等の建替えを核にして、機能の拡充等を図ることで、多様な人が安心して暮らせる社会的包摂力を発揮できるような労働の拠点とする。

読みにくいかも。でも、みんながんばってまっせ

2021年4月

まちづくり議論の現在地点

～地域住民と全国の見守りの皆様へ途中報告～

やっとここまで来たのよ。民主主義は時間がかかるわね

大阪・釜ヶ崎（あいりん地域）のまちづくりの動向は生活困窮者支援の視点からも全国的注目を浴びている。なぜなら、当地域は現代日本の社会的課題とその克服のための試行錯誤が先行的に現れるからだ。「なぜこの土地に?」の問いには「生活困窮をはじめさまざまな事情がある住居喪失者にとって何かと便利な日本一の安宿（木賃宿→簡易宿所）街が昔からあるからだ」と答えたい。このコロナ禍においても新困窮者が、今はネットで安宿を知って、たどり着く。そのうえで仕事探しも、皮肉にもすぐ近くにある伝統的な「寄り場」ではなく、ネットで外に探す。生活その他相談も含めて同じ地域内にある既存の社会資源とのすれ違いが目立つ。一方ではこの安宿群はインバウンドの受け皿としてゲストハウス化の流れも進む。字数制約の関係上、凝縮して、当地で進んでいるまちづくりの現議論のゴールのイメージと到達度を示そう。まち全体としては、交通の要衝という圧倒的な地の利を生かしつつ（→地域経済の再興へ）、「釜ヶ崎」が蓄積した弱者包摂と支援のサービスハブ機能をさらにアップデートすること。その具現化の中核案件が上図。耐震強度不足と老朽化で危険ビルとなったあいりん総合センターの諸機能を再編して時代に追いつき、追いこす。センター跡地等と南側隣接の萩之茶屋小学校跡地を一体的にとらえ、市営住宅と大阪社会医療センターは小学校跡地に移設して新展開する（ほぼ完了）。西成労働福祉センターとあいりん職安（道路1本隔てた南海電車高架下に仮移転済み）は旧総合センター解体後、25年には元の場所に機能増強（女性や新困窮層にもかみ合わす）して戻す。ホームレス就業支援センターもここに移す。生活保護を含む大阪市所管の生活困窮者支援の窓口も引き込んで（その対象範囲を議論中）、この一帯を区・市・府・国・NPO（民間）連携による総合支援ゾーンとする。そのためにもワンストップ窓口のあり方は決定的で、熱烈議論中だ。この敷地全体の北側に行くほど駅に近づき→地域住民全体の福利機能（生活支援施設）ゾーン→駅利用者を含めたにぎわいゾーン、というグラデーションになるが、その融合のさせ方、及び持続可能な機能（施設）となるための財政的基盤や運営主体の検討など、困窮者・弱者支援団体が苦手な議論が峠にさしかかっている。分断に抗しつつ、住民による熟議型民主主義なので時間がかかるのですわ（汗）。

2021年5月

創造的な「ワンストップ窓口」とは？

ここにふさわしい「ワンストップ窓口」を考える

ありむら潜　2021/4/20 更新

新今宮駅方面
福利施設&にぎわい施設
多目的広場
新労働施設
駐車場エントランス
萩小の森
市営住宅（店舗付き）
市営住宅
社会医療センター（病院）

就労系相談
関連相談
関連相談
すんまへ～ん　ワシ毎日困っとんやけど　何に一番困ってるのか　自分でもわからなくて困っとんですわ
医療系相談
居住系相談
ワンストップ窓口
関連相談
はい！この窓口が見事に対応してみせましょう
関連相談
（生活保護など）福祉系相談

←施設やオープンスペース等の配置はあいりん地域まちづくり会議で出されたイメージであり、決まったものではありません

ローカルな話に見えて全国共通の課題だ。もし読者のみなさんに知見が蓄積しているなら、ご教示いただきたい。大阪の大ターミナルJR新今宮駅前にあるあいりん総合センターは職安・西成労働福祉センター・大阪社会医療センター付属病院・市営住宅などから成る大型複合施設だった。２０２０年度で本移転（南隣りの萩之茶屋小学校跡地に病院と市営住宅）、仮移転（西隣りの南海電車高架下に上記労働施設）も完了。本年度には旧ビルを解体し（裁判も残っているが）、25年度には同じ敷地内（市営住宅跡地も加わる）にもっと多様に社会福祉資源を集積させて再出発の見込みだ（ホームレス就業支援センター入居は決定済み）。伝統的な建設日雇い労働者の激減に代わって、多岐にわたる就労課題や生活課題を抱えた人々がやってくることに備える（サービスハブ機能のアップデート）。生活困窮の老若男女、障がい者、ＬＧＢＴＱ、定住外国人等々。就業能力も、即可能な人、中間就労ならがんばれる人、生活保護受給が軸になる人、どちらなのか自分にもわからない人（かなり多い）。抱えている課題は複合的なので、「総合支援」が必要だ。昔は「そのご相談は○○係へどうぞ！」と交通整理すれば事足りたものだ。なぜだったんだろう（笑）。**ホームレス問題が噴出する90年代の苦闘を経て、00年代から「伴走型」とか「総合支援」の概念が生まれ、対で「ワンストップ窓口」という言葉も生まれた。すべてこの道程を体験したのが我が釜ヶ崎人生だった。「相談」は多様な「出口」ともリンクしないといけない**（各種の就労機会提供や技能講習・生活保護・社会福祉サービス等々）。そのあり方は、この新ビル内をはじめ近隣にどのような社会資源（支援施設・団体）が存在するかにも拠る。最近は「新型コロナ　住まいと暮らし緊急サポートプロジェクト」（略称・緊急ＳＰ）という、釜ヶ崎だけでなく、オール大阪型の支援ネットワークが、しかも若い世代の手で構築できた。これは前進だ。**また広域的に大阪市内・府内の社会資源も活用する必要がある。同時に、釜ヶ崎・新今宮駅前ならではの特長を発揮しないといけない。**ここは緊急支援が強みだ。ワンストップと言うなら、たらい回しとは逆の、サポート側が臨機応変に窓口に駆けつけてくる発想も必要だ。かつ、**諸行政間の連携や予算の議論も必要。**その中で西成のまちづくりはミッションを果たさないといけない。とても高度なミッションなのだ。

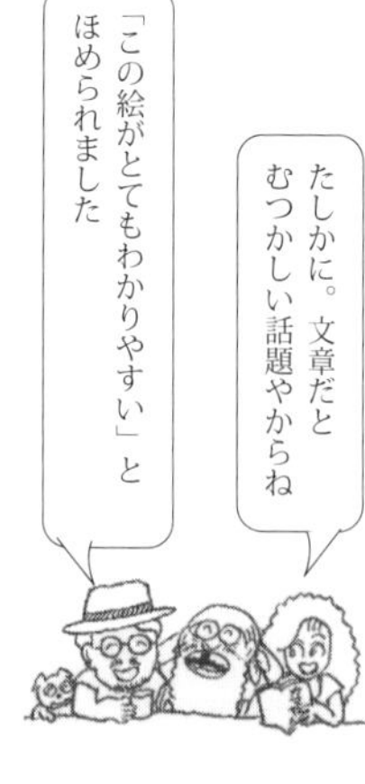

「この絵がとてもわかりやすい」とほめられました
たしかに。文章だとむつかしい話題やからね

もうええわ

ワンストップ窓口

撮影：2007年11月

↑↓撮影：2003年12月

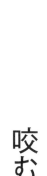

00年代までは屋台・露天商・野犬が萩之茶屋小学校を取り巻く形で路上にあふれていた

オレらが右も左も咬んだからやて

ヒョウショウジョ〜
君たちは　地域の
人々が立場を超えて
広く集まるきっかけを
見事につくりだし・・・

2021年9月
〈まちづくり秘話〉犬が人を咬むので集まった

ギャ〜ハハハ　こんな
秘話は内側で見てきた人
間しか知らんわな

いつもローカルな話ばかりで恐縮。今月は特にそうだが、物事が大きく動く時のきっかけはどこでもこんな笑い話的なことがあると、普遍化して読んでいただきたい。

1961年から計24回も暴動が起きていて、住民諸層間に深く暗い分断がある釜ヶ崎で、地域ぐるみの話し合いの場が、行政も深く巻き込んで、**ボトムアップ型で形成されてきたのはなぜか？経過に関してまだ世の中によく知られていないエピソードがある。**まちづくりの源流（私たちは1999年だと考える）から、その内側でずっと関わってきた者として記録を遺したい。2008年のリーマンショック直後に地元の連合町会（10町会で構成）が軸となり、地域諸団体（労働者支援団体、福祉施設、学校・こども支援団体、簡易宿所組合等々）に幅広く声かけをして「仮称萩之茶屋まちづくり拡大会議」という地域横断型円卓会議が自主的に始まった。実は釜ヶ崎大転換の起点の一つはここにある。「でも、政治的に見れば右も左も、でしょ？　不信だらけの中でそれが簡単にできるものですか？」という疑問が湧いても当然だ。そう。そこにはもう一つきっかけがあったのですよ。2006〜7年頃だったと思う。90年代後半に始まる野宿者激増の実態がまだ色濃く残る中で、野犬や放し飼いの犬もあいりん総合センター周辺を中心に地域全体で200〜300頭いると言われていた（野宿者にとっては犬は家族代わりなのだ）。犬が人を咬む事件が頻発した。私も仕事がら頻繁に西成保健所に事案を通報し、対策を訴えたものだった。犬は「右」の人も「左」の人も、子供も大人も、区別せず咬んだ。窮状を見かねて第6町会長（我が再生フォーラム副代表）が「なんとかしよう。役所を呼ぶので、うちのサポーティブハウスの談話室に集まってほしい」と声かけして、**11団体が集まった。今、想えば名だたる個々人だ。**「右」の人も「左」の人もいた。誰が右で誰が左かはけっして言えないが（爆笑）。彼らに囲まれて、保健所役人は実際に手が震えながら弁明に終始した。集まった人々は初対面同士も多かったが、集まる効果を実感した。それがやがて前述の拡大会議につながり（2008年）、まずは行政向けの「野犬対策申し入れ書」を14団体名で発信した。このように、**犬が街中で「右」の人も「左」の人も咬んだから、たまらず集まり出したのだ**（爆笑）。残念、字数が尽きた。

ドッグセラピー
ワテこのワンコを楽しみにしてんのよ
気のきかんヘルパー助手より
ウッ
すごい! 犬とならば歩行もできてしまう
これをドッグセラピーと言うのよね…
飼い主さんも誇り高いわね
グッジョブ!
クソ～犬のくせにワシよりありがたがられよってクソ～
ネチネチネチネチ
ほんまは嫉妬心満載のちんけな男や
なにも泣かんでも…
ヒマワリの種
レジ
320円です
たしか小銭が
?
パラパラ
ヒマワリのタネをいつも持ってんのなぜ?
コロナなどで万が一の時に飢えをしのぐため・と
行きだおれて死んだらそこでタネが育って大きな花を咲かすんやて
りっぱやと思う
忠犬かまワン

2022年3月

まちづくりの「敵」はヘタな人事異動

NPO

私が新任です
よろしくお願いします

もう２年がたちましたので
私はこれにて…

「と言われても　ずっとマスクをかけてはったし　誰が誰やら・・・」
「地域になじめる人かどうか　ワシらバクチと同じやで」

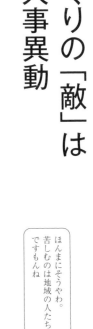

絵のように、ドキドキの季節である。このテーマに関しては私は役所的世界の内側も、受け入れる地域社会の側も見ている。昔は役所内には組織内の立身出世が主要な関心事として働いている人たちがけっこういた。今は勤務評価の手法もかなり改善されているようにも思う。組織の停滞や癒着を防ぎ、総合的な視野を磨かせるために人事異動が必要であることは言うまでもない。しかし、地域社会から見ると、「いい迷惑」となる異動がいとも簡単に行われたりする。

そもそも両者は行動原理が異なる。地域社会での懸案事項は、そこに住み続けている町会長、民生委員、商店主、ＮＰＯや各種地域団体の人々の頭とハートに経過や約束事や微妙な感情が継続され、蓄積されていく。積み上げ型だ。**ところが、役所はそうであるようで、そうでもない。下手な人事異動がされると、その継続性がぶったぎられる。**地域側にしてみれば、「更地からまたやり直しや」とため息をつくのはしょっちゅうである。怒り心頭である。役所にはその怒りが伝わらない。前任者と後任者との申し送りがどれほど大切かはもちろんだが、そもそもなぜこんな人材を後任にしたのかと思うケースもある。**地域社会との協働をうまく回すにはそれに向いた資質が職員には必要だ。**①組織の中しか見ていない職員は、そのタテ糸的仕事作法の中では「仕事ができる人」かもしれないが、地域社会、特に生活困窮者支援はヨコ糸の営みである。多くの課題に横ぐしを刺す対応が必要だ。その発想転換とタテ糸ヨコ糸の織り交ぜ方ができない人はダメ。②フットワークが軽いこと。パソコンに首ったけとかＷｅｂ検索で間に合わすとかなどもってのほか。③聴き上手で、地域の話し下手な人の意を汲む能力があること。④双方に対して報告・連絡・相談がしっかりできること。⑤その土地が好きでないとダメ。５時になったらすぐに帰るようではダメ（笑）、などかな。それらの前提として、日頃から組織として職員の地域研修を精力的にやることも必須だ。**人事異動はそうした細心の配慮のもとでなされるべきである。**そして最後には、どうにも不向きな職員が配置されてしまった場合、どちらも不幸なので、新たな人事異動でやり直すのが手っ取り早い。**「属人性の排除」などという綺麗な言葉があるが、結局、やっぱり人間の世界なのである。**

ほんまにそうやわ。
苦しむのは地域の人たち
ですもんね

2022年6月 釜ヶ崎で民主主義を考える

まちづくりでは議論の場が多層的にあることが重要。主催者も学校、労働者支援団体、専門家や自由な個人、連合町会、区役所と、釜ヶ崎では多様に存在する

釜ヶ崎のこの努力は世間からもっと評価されたり、応援されたりすべきやわ

ウクライナ戦争勃発で「民主主義陣営対専制主義陣営」という世界の対立構図が日々報道されている。必然的に誰もが「民主主義って何?」と自問自答をされていることだろう。私も自分のフィールドに根差した雑感を書く。

この10年間に釜ヶ崎を含む西成区北東部一帯で土地・建物を爆買いして、カラオケ居酒屋や民泊ビジネスの大展開⇒大阪中華街構想の打ち上げへとばく進してきた「中国人不動産王」の計画が、報道によれば「挫折」したらしい。在大阪中国領事や大阪維新の会の地元議員を使って知事や市長にトップダウンでの実現を働きかけてきたのに、地元民の反対で進まない。**中国なら地域の〝支配者〟と話をつければトップダウンで簡単に実現するのに、「日本はどうも違うらしい」と気づいたようだ**（私もこの人にお会いしたことはある）。そりゃ、そうだろう。日本は曲がりなりにも民主主義が根付いているし、ましてや特にこの一帯は、まれにみるボトムアップ型のまちづくりの真っ最中だ。地域住民が受け入れるはずがない。あいりん地域まちづくり会議という本会議と課題別の分科会をつくって熟議をし、地域住民に進展状況を情報公開し、評価の住民アンケート調査なども組み合わせて、民主主義の深化と進化に懸命だ。民主主義は自由な立場や異見を認めあうことによる**遠心力と、議論して一致点を見つけ出して共に同じ方向に進もうとする求心力の両面を持つ。**最初からのまちづくり絶対反対派は別として（それもまた勝手）、多様な利害関係の中で共に手を取って、進められるところは進もうという学びを、愚直というか、誠に遅いスピードの中で（笑）蓄積している。加えて学んだのは、個々の組織や局面では誰かが果敢にリーダーシップを発揮する必要性、行政組織内では逆に（住民の総意をくみ取って）役人たちを動かす強力なトップダウンが必要だ。そして、それらを組み合わせることが重要。それが無いといつしか議論も行政施策も停滞し、「民主主義なんて面倒や。もうやめとこうや」「行政に一任でええやんか」という気分が蔓延してくる。これこそ専制主義につながるだろう。そして、そうした前進の基礎になるのは、正確な情報が一人ひとりに伝わること。一人ひとりが主権在民で判断できる状態だ。ナニ? 結局、教科書的な話でおもろない? **いやいや、「ほんまにそうや」と、体験的実感として私は書いている。そこは若い時と違うぞ。**

黙っている人々

ウクライナ余波

2022年8月

全国の人々も注視する釜ヶ崎の方向性

撮影:2022年7月

超多忙な面々がこんだけいっぺんに集まるのってタイヘンなことらしいのぉ

釜ヶ崎のまちづくりは全国の関心事で、その行方は日本社会全体の社会政策的構図に影響するとも言われている。だが、地域内部での合意形成づくりに注力してきたために、全国ワイドでの意見交換が足りないという反省も私たちは持っていた。そこで、7月のある晩、「全国のキー・パーソンたちとの公開型オンライン意見交換会」を私たち主催で開催した。すると、なんと多彩な顔ぶれが集まってくれたか！　生活困窮者支援の世界に詳しい人なら、この顔ぶれを見るだけで驚くだろう（字数の制約で一人ひとりを紹介できないのが残念だ）。

釜ヶ崎をよく知る全国の識者たちから出た意見を書き出す。

（1）当地域の将来像や理念に関して。特に、「〝普通のまち〟論には乗らず、サービスハブという地域独自の役割や魅力を継承すべき」。これは我々とも強く共有。町会長さんたちの異論もなんとかクリア済みだ。「うちの当事者参加事業では理念の共有が決定的だった。当まちづくりで一番大事にされている理念は？」との問いには「(再)チャレンジのまち」、次いで「子供の声が再び聞こえるまち」などを回答。

（2）まちづくりの主体強化に関する質問や提言も多かった。当地域住民の構成は、労働者系（生活保護受給者や支援団体も含む）や町会系、子供・子育て支援系、簡易宿所経営者系など複雑で、横のつながりはまだ脆弱。それを踏まえて、地域住民のエンパワメントの方策を盛り込むべし、と。「協同組合づくりの視点が欲しい」「孤立対策や見守りは住民たち自身でできるのか？　建て替えられた市営住宅では？」「子供たちの地域肯定観の醸成はどうしていく？」「世間のイメージが悪いディープ大阪だからこそできることを。イメージの悪さはほんとうにマイナス？強みかも」「近隣の繁華街・天王寺などとは異なる特長を持たせるべし」「歴史を生かしてギグワーカー支援の街とか。多様な働き方支援が売りの街に」「センター跡地の新施設を管理運営できる住民の力が不可欠」など。視聴者からは「生活困難層を受け入れる街とすることを全体で共有しきれていない。そこが弱さ」。ただ、そこを詰め切ると町会系は崩れる懸念も暗黙に出されている。

（3）ボトムアップ型をさらに深め、住民参加度を強める方策について。「野宿状態の人々も含めて、隅々にいる住民の声をどう拾っていってる？　いく？」「今は実態的にはミドルアップなのでは？」→これには「センターの未来を提案する行動委員会」の地を這うような取り組みも紹介されるべきだったかも。

（4）提言やビジョンを地域住民や行政にきちんと伝えていくスキルについて。「みんなが理解できる用語や心をつかむキャッチフレーズに知恵を。行政には施策毎に責任部署を明記して迫るべき」。

（5）簡易宿所など中間居住資源を生かした居住福祉推進について。「支援付き住居から（ソフト中心の）居住付き支援の体系への発想転換を」

（6）子供施策について。「地域周辺には子育て支援サービスのインフラが蓄積している。それを区全体にも広げていく発想で」。あ、やっぱり書ききれない。

釜ヶ崎ってやっぱり全国の人々とつながっていることを再実感したわ

非　常　食

レジリエントな街

レジリエンスは復元力と訳される しなる竹のような強さの意味 釜ヶ崎の底力の表現に使う人もいる

アカデミックすぎてスンマヘン(汗)

2022年10月

最優秀の沖縄型を超えたいね

～全国の就労支援総合拠点巡り（1）～

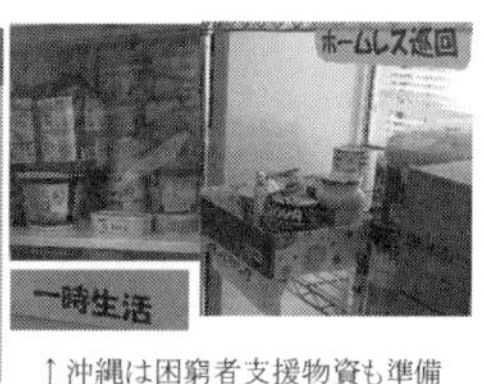

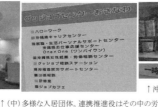

↑沖縄は困窮者支援物資も準備

↑（中）多様な入居団体。連携推進役はその中の労福協・就労サポートセンター

↑上がグッジョブセンターおきなわ関連。左端がその総合受付
↓下の左端が京都ジョブパークの総合受付。下の中央がOSAKAしごとフィールドの総合受付

↑視察団

自分たちで類似の先行施設から学びに行く。これもがんばってるわなぁ

私は1975年から職業紹介団体の窓口で働き、1999年からはNPO的な就労支援の活動にも加わってきた。だから、就労支援のやり方（スタイルなど）の変遷について体験談として語ることができる。日本経済が右肩上がりの頃は就労支援とは単純に**求人紹介**のことだった。紹介窓口に求人票を貼りだしておけば事足りた。1990年代のバブル崩壊でホームレス問題が深刻になると、宿泊相談や医療相談を含めた総合支援になった。しかし、まだ不安定就労者全体への**画一的・その場限定型支援**だった。2008年のリーマンショック後から対象者の個別事情に噛み合った対応が意識され始めて、**個別的・継続的支援**になった。それが**伴走型支援**と呼ばれるようになった。それでもまだ「仕事にさえつければなんとかなる」の発想が濃かったが、最近では官・民ともに**居住支援重視・就労継続支援**に移りつつある。それだけ一人ひとりの生活基盤が脆弱になり、個々人による復元力（レジリエンス）も弱っていき、ついには国家的課題にまでなってきた過程だったとも言える。その反面、支援の方法がきめ細かく丁寧なものに進化したし、国も姿勢が変わってきたと、ポジティブな側面も私は感じている。そうした変遷の中で、2010年代になって**就労（就業）支援の総合拠点施設**が各地に開設され始めた。背景は、2004年の地方分権制度改革により地方自治体も無料職業紹介ができるようになったことで、**一体的実施事業**（ハローワークが行う無料職業紹介業務と、地方公共団体が行う就労支援や福祉等の業務を、共同運営施設などで、ワンストップで一体的に実施する、国と地方の連携事業）が可能となったからだ。

もともと日雇い労働者という生活基盤脆弱者の諸問題に総合的に対処する発想で1970年に建てられたあいりん総合センター。このたびの建て替えにあたっては、どうせなら最も先進的な施設にしたい。そのためには議論もだいじだが、各地の先行事例を視察することが近道だ。そう考えて、あいりん地域まちづくり会議の有識者委員や我が釜ヶ崎のまち再生フォーラムの呼びかけで、沖縄・京都・大阪の該当施設を廻った。そしたら、やっぱりいくつかの重要なことがはっきりした。それは何か？ 残念。前振りだけで字数が尽きた。せっかくこうやって写真を並べたのにね。答えは次号で（笑）。

新・労働施設の基本設計より（2023年度大阪府提示資料） ただし、イラスト配置は著者の想像

2022年11月

釜ヶ崎の良さを生かした型が見えてきた ～全国の就労支援総合拠点巡り（2）～

前頁からの続きだ。私たちはグッジョブセンターおきなわ、京都ジョブパーク、OSAKAしごとフィールドの順に視察した。以下、ポイントを。①国と自治体が共同で、就労と福祉両面で支援をする「一体的実施事業の場」なので、求職者の各層別（一般・高齢者・女性や母子・障がい者・若者・学生や留学生・移住者・外国人など）と、雇用事業所側の多様なニーズにも対応すべく、**さまざまな支援団体（コーナー）が一体的に入居している。**セミナー室、キッズルーム、ジョブ・カフェなども併設されている。②そのために、**総合受付やインテーク窓口の在り方が問題になる。**利用者カードの発行・担当者制・予約制どうする？　の単純な問題から、相談来所者に対してどの団体がどの程度までの聴き取りをするか？　その相談票や支援履歴などの情報共有をどうするか？　相談が複合的であってもたらいまわしではなく、なるべくワンストップ型になるように、団体間連携をどのように熟練させるか？　それらの課題が見えた。③その課題に熟達するには、（外部も含めた）**関連団体全体の「廻し役」（コーディネーター）をどういう団体がやるかは決定的に重要だ**と私たちは見た。京都・大阪は府の直接の職員や官色の濃い団体がやっているが、沖縄は自主展開の歴史も持つ労福協就労サポートセンター（労働運動系）が担っていて、熱意や人材の熟度が違うことが伝わってきた。④ところが、そもそもこうした施設は自分で仕事を探せる人が前提であった（ズッコケ、笑）。生活保護へのつなぎや連携も含めた、**生活困窮者への就労&生活支援をどの程度実施するかは地域で異なる。**京都は開設の数年後から、沖縄は初年度から、それらを伴走型支援として行う団体を組み込んでいる。大阪は実質無しと見た。**この点で釜ヶ崎の新施設に期待される役割や特長はもう見えてきた。**⑤加えるべきは、インテークでアウトリーチ（出張相談）。他方では、製造業など民間企業との協力を深めて、求職者個々人の実情に応じたオーダーメイド型の求人開拓など、**多様な「出口」づくり（生活保護への即応体制も含めたい）。**⑥**総じて、他事例を研究して「後発組の優位性」を活かしている沖縄が最優秀。**⑦釜ヶ崎は？　OSAKAしごとフィールド（既存施設）等との棲み分けをしながら、**「一体的実施事業型でありつつ、居住&医療支援等も加えた、生活困窮者対応に特に優れた施設」というコンセプトであるべき、が私の個人的結論であった。**71歳のジジイ、勉強になりましたア。

「一体的実施事業型でありつつ、居住&医療支援等も加えた、生活困窮者対応に特に優れた施設」というコンセプトであるべきってことね

こまごま働く

カマやんは民泊家屋の清掃と管理補助のスーパーサブだ

←西成労働福祉センターで講習を受けた

釜ヶ崎で1980年代に存在した国際放浪派だったので 宿泊者とのやりとりもうまい

OSAKA MAP

近頃はかけもちで忙しいてな ほな次へ

あんた器用な働き方してるわ…

釜ヶ崎に突撃潜入！孤独で希望のない高齢者をさっそく発見

アホや

どっちが大切

アルミ缶回収仕事に出発

思わぬ大漁や

前カゴに積むしかないなァ

缶よりイヌを捨てて帰ろか

エ〜〜ッ

ままま、まさか

ワ〜ン ワ〜ン ワン〜〜

すまん目の前のカネに目がくらむとこやったわ

100円〜200円の差でくらむなよ

ウッウッウッ

2023年1月

もうやめとこ　周辺地域同士の分断・憎悪の歴史

↑通天閣

↑簡易宿所街

↑寄り場

↑星野リゾートホテル

←U酒店主

←かつての今宮村

↑（中の写真）中央で奥に延びているのがJR関西線・環状線。その左側が新世界一帯（浪速区）、右側があいりん地域（西成区）

もともとワシらは何のこだわりもなく　そこらじゅうの店で呑んだり利用してる　新世界も大好きや

貧困が集中する地域の、内部での異なる住民層間の分断・憎悪とその克服努力の一端を前回述べた（第2章141頁）。今回は周辺の地域住民との分断・憎悪とその克服について、にする。なぜ？　その弊害やヒントをわかりやすく語ってくれるある人に出会ったからだ。その前に、なぜ出会えたかを書こう。私たちは今、「萩まちだより」というタウン誌の編集仕事で、当地域を「歴史地理」の視点で猛烈な深掘り作業中だ（実際は西成情報アーカイブ等の大学の先生たちなのだが）。その成果を土台にして、スタディ・ツアー（学びのまち歩き）を進化させている最中だ。**釜ヶ崎だけで完結させず、駅北側（浪速区）・東側を含む周辺地域とワンセットで歩いて、当該地域全体の多様性や包摂力を体感してもらう新ツアー「も」開拓中だ。**その成功のためには駅北側や東側の方々との邂逅・賛同・協力・信頼関係が不可欠だ。なので、そういう人たちにもこのスタディ・ツアー（試行版）に参加してもらった。その中に駅北側（新世界）と南側（山王）両方で酒店経営で関与している店主Uさん（イラスト参照）がおられる。字数制約で強引な省略、残念、ご容赦。

「私は新世界で生まれ育った。今回のスタディ・ツアーでほぼ初めて南側の西成労働福祉センターやあいりんシェルター、旅行者用の簡易宿所転用ゲストハウス等の中を見学した」「ああ、新世界だけでモノゴトが完結しているんやないなぁって感じた」「シェルターでは、うちの店で知っているおっちゃんたちがいた。西成側の店で子供の頃はかわいがってもらった。私はあの人らの気持ちがよおわかる。私自身はあの人らにイヤな想いは全く無い。そやからつらかった」「私は地方の大学に入ったが、遠隔地なのに暴動や野宿で西成のイメージの悪さだけは伝わっていて、新世界も一緒くたにされていた」「とばっちりの恨みを西成側に向けている住民はこちらには多い。地図上でも駅の南北で断ち切られてきた」「今は西成側がまちづくりでがんばっているのに、浪速区も天王寺区も阿倍野区も参加していない。なんとかせいよと私は言いたい」「まずは関係する区をはじめ広い範囲で話し合いをする場が必要やと思う」

想えば、もともと四天王寺の足元で同じ今宮村だったものが、明治中期に鉄道が開通して、北側（大阪市内）と南側（市外）で行政区が異なるようになったことから、大・大阪時代の光と影として別々の歴史の軌道を歩んできた。**「これからは両区ともお互いがんばって良くして、街の格を上げたら、苦しまずにすむんです」。**

ウクライナと犬
飼い主が殺され野良になった犬たちは飢えて、
ウクライナ
PRESS
おのれ〜〜
人間どもめ
なんとかせェ!
パチンコ負けた
しかもォ〜〜なさけないッ
こんな時でもオラの飼い主はノーテンキや
なにィ
コラ〜〜
もいっぺん
ゆうてみィ
カチン
戦争してるのに……
景品
戦争か平和の問題と飼い主がアホやちゅうのは別問題やろ
オ〜〜オ!?
ほんまもんのアホめ!
なさけない平和やで
幸福感
アルミ缶回収業は自分のペースで働けるので好き
お元気?
おおきに
うまい
途中の雨風も上手に避ける知恵を持っている自然派
季節の変化や夕焼けの美しさはごほうび
素朴で穏やかな幸せや
缶取りロード
カントリーロード
あくせくカネを追いかけるだけが幸せじゃないと教えてくれてるかも
経済大発展中の国からの旅行者
かつての日本人も旅行先でこう感じたものだ

２０２３年３月

変化の実像を追っかける
～釜ヶ崎の最新人口動態分析から～

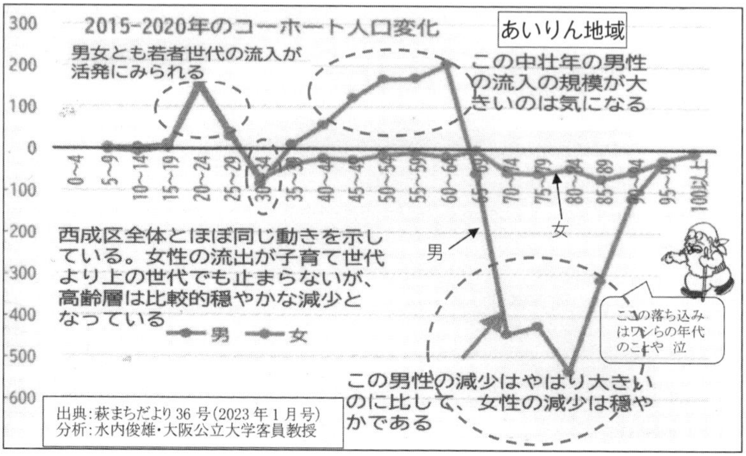

2015-2020年のコーホート人口変化

あいりん地域

男女とも若者世代の流入が活発にみられる

この中壮年の男性の流入の規模が大きいのは気になる

西成区全体とほぼ同じ動きを示している。女性の流出が子育て世代より上の世代でも止まらないが、高齢層は比較的穏やかな減少となっている

男　女

この男性の減少はやはり大きいのに比して、女性の減少は穏やかである

ここの落ち込みはワシらの年代のことや　泣

300　200　100　0　-100　-200　-300　-400　-500　-600

0～4　5～9　10～14　15～19　20～24　25～29　30～34　35～39　40～44　45～49　50～54　55～59　60～64　65～69　70～74　75～79　80～84　85～89　90～94　95～99　100以上

出典：萩まちだより36号(2023年1月号)
分析：水内俊雄・大阪公立大学客員教授

私が編集責任者をしているタウン誌「萩まちだより」で大特集を組んだ。２０１５年から２０２０年までの５年間の人口動態がそのまま継承されると、次の５年間、その先の５年間ごとの人口構成等がどう変化するかを探る作業だ。我が敬愛する天才・水内俊雄大阪公立大学客員教授による「コーホート分析」という手法だ。国勢調査結果と住民基本台帳（不詳人口も補完済み）が織り込まれた人口推計だ。**そこから見えてきたものが実に興味深い。①次回２０２５年実施予定の国勢調査では西成区全体で遂に人口10万人を切る流れにはあるが、減り方は緩和されつつあること。その中で、②男性高齢者層の（他地域に例を見ないほどの）急激な自然減（出生＜死亡）が進行中で、高齢化率は２０２０年がピークであったことが判明。今はもうすでに年々下がりつつあるのだ。③女性子育て世代の流出が見られる。④自然減と対照的に新規流入者群の存在が興味深い。（ａ）20歳代男女、（ｂ）男性中壮年、（ｃ）外国人から成る。**

これらはまさに最近のさまざまな事象のエビデンスともいえる。では、そこに実感としての心当たりはあるか？（ａ）では、確かに特に週末になると若者グループが妙に増えてヘンに「楽しんでいる」風景はある。でもそれではなく、（ｃ）の外国人と重なっている可能性が大だ。西成区には滞日外国籍人口が急増しており（特にベトナム人）、西成区全体の12％に達している。大阪市区でのトップに近づいている。生野区は高齢化が進むオールドカマー層からニューカマー層が台頭している中で、西成区は国籍数でも在留資格数でも多様性がめだつニューカマー層だ。①は団塊世代の釜ヶ崎的爪痕だ。社会経済変動の節々で釜ヶ崎に大量流入していた団塊層が大量に亡くなりつつある姿だろう。それと（ｂ）は別事象だと考えられる。私の友人医師いわく、「医療現場にはこの年代層が近年散見される」と証言。生活費不足で、電気代や水光熱費が要らない簡易宿所に「移住」している中壮年層の存在も見聞きしている。③は子育て環境の悪さからの「納得感」はあるが、見える化されていない。以上だが、**我々は研究のための研究ではない。まちづくりの実践課題にどうつなげるかを考える。**まずこれを報告する第２２６回まちづくりひろばを開催した。今後は右記②～③ａｂｃの**実像を見える化して、地域諸団体と課題を共有し、前に進む。これが我々のまちづくりスタイルだ。**

こうしてまちづくりはずっと続く。

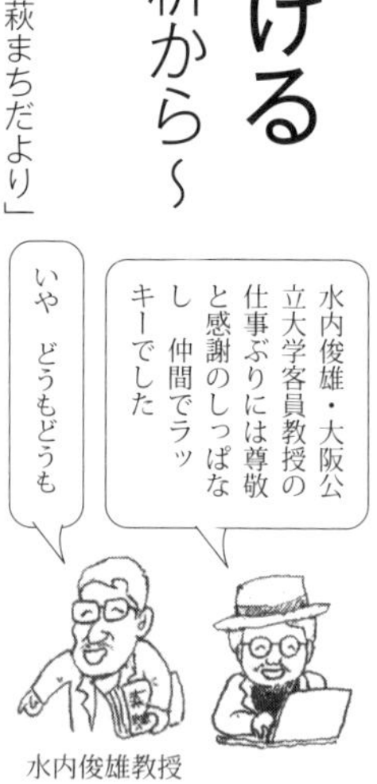

水内俊雄・大阪公立大学客員教授の仕事ぶりには尊敬と感謝のしっぱなし　仲間でラッキーでした
いや　どうもどうも

水内俊雄教授

移住先　広がる

移住実態調査
コロナ禍とリモートワークの普及で移住が急増です

さまざまなかたちで列島に広がってます
動機
地域
職種
家族
判定保留
この判定保留って何ですか？

大阪の釜ヶ崎なの 私の居る街
完全に意表を突かれたわね……

ホルモン
家賃や物価は安いし
他人に気がねせんでええし
カマやんはおるし
おれたち貧乏人には いい移住く〜♪
ア〜ハハハハ

花見復活

コロナ禍も下火で花見文化も復活
流行(はやり)のひとり花見でっか？
あなたは？

ひとり花見応援隊でんがな
サァサァ安心してどんどん飲みなはれ
いやァうれしい
売店
ビール

お嬢さんもコロナのうっぷん晴らしや 安心して飲みなはれ
まァお嬢さんてアハハハ
サァサァ
売店
ビール

ワ〜ハッハッハハ
アルミ缶はこうして集めるもんじゃア〜
天才やッ

孤立を防ぐため さまざまな人々や団体によって さまざまな取り組みがされている。無縁の街から支援の街へ

（2000 年代以降の写真をランダムに）

↑「紙芝居劇団むすび」のおっちゃんたちは ロンドンでの世界ホームレス文化芸術祭(TEN FEET AWAY FESTIVAL)に参加
撮影：2007 年 提供:石橋友美氏

↑釜ヶ崎のまちフォーラム主催の「歴史街道歩き」シリーズ 撮影：2012 年

↑これまで行政とは激しく闘ってきた団体もボトムアップ型の提案活動を深めるために大きく動いた（センターの未来を提案する行動委員会主催の生活現場開催型ワークショップ）
撮影：2018 年

↑子どもたちとおっちゃんたちで萩小の森に花壇づくり（萩之茶屋地域まちづくり合同会社） 撮影：2022 年

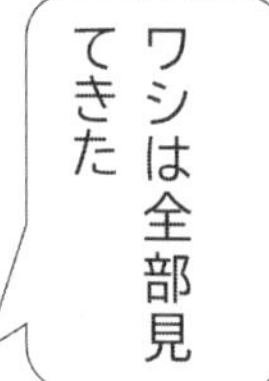

↑淀川工科高校吹奏楽部による「たそがれコンサート」は毎年 9 月初めの釜ヶ崎の風物詩（主催は公益財団法人西成労働福祉センター）

裏話は誰のものだろうと
オモロイかも

第4章　ありむら潜の創作裏側日記

20年近くもエッセイを連載していると、ネタ切れで苦し紛れに私的なことも書いたりします。

逆に、それが読者からは意外な反応をいただいたりします。

それをこの章に集めました。

私の祖父が大正時代にこの近辺で出稼ぎ大工として働いていたことや自分の息子が西成・釜ヶ崎に助けてもらっていることなども書いてしまいました。

ワシはもう知ってる
絶対読むべし

撮影：遠藤智昭氏　2019年5月

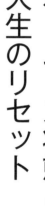

2012年3月

ホームレス状態と人生のリセット

「大丈夫やで！　この街ならだいたいなんとかなる」

楽しい定年退職記念の旅になったみたいね

神出鬼没のワシのおかげや
ギャハハハ

恐縮するが、私的な二つの話。数日前に、学生時代の旧友から突然のメールが入った。まともなやりとりは約30年ぶりくらいだ。経営していた店を閉めて離婚し、消息不明になっていた友からだ。転職・病気・孤立等が重なり、ホームレス同然となった姿も私は一時は想像した。もう死んだかも、とも。ところが、彼曰く「この際に人生をリセットしたくて、いっさいから消息を絶った」のだと言う。そうして元気を回復したので、私にだけ連絡したかったらしい。うれしい（泣）。大げさかもしれないが、**現代はかくも簡単に「ホームレスにでもなっているのでは…」とまで心配に至る時代だ。だから、釜ヶ崎には「たずね人相談」が多い。**ともかく元気で良かった。

もう一つは我が家の次男のこと。優秀なサッカー選手で、U-12からU-16まで日本代表候補合宿にも呼ばれ、Jリーガーも本気で夢見ていた。それが、肩の骨折の際に二度もの医療ミス（5年後にそのことが判明）で暗転、半寝たきり生活になってしまった。今は出口の見えない、暗く長いトンネルの中で、絶望と引きこもりの日々だ。テレビではかつてのチームメイトたちの活躍が躍る。現在20歳の身にはむご過ぎる。「叶うものならば、負傷直前に戻り、リセットできないものか」と、私は親として悔恨の日々だ。そして、「親の死後、自暴自棄・孤立無援となってホームレス同然になるのではないか」とまで心配が至る。ホームレス支援の世界にいる私なのに。皮肉だ。

しかし、気を取り直して言おう。みなさん。ホームレス状態になったからって大丈夫。全国にネットワークを形成している支援団体（私たちの仲間）が必ず力になってくれる。その程度には日本の市民社会も福祉も力はある。むしろ、それに至る過程のむごさに比べれば、とことんまでいって人生をリセットできることは再起への起点づくりにさえなる。ポジティブに考えよう。

うれしい余談でもしよう。前述の旧友から連絡があった時、私は「奄美大島から与那国島までの定年退職記念一人旅」の計画の真っ最中だった。その旧友にメールで聞いた。「いっしょに行くか?」。一転して、その旅は「青春時代の親友同士で語り合う二人旅」になる。さア、出かけるぞ。人生は不思議だ。

＊こうして次頁、次々頁の漫画は実際はホームレスになりそこねた旧友が隣に合流していたのです。

放浪の旅へ
ありむら潜は定年退職
記念の一人旅に出た
釜ヶ崎で37年間働き
漫画も描きまくり
NPOも運営中で
3足のわらじで頑張りぬいた
8冊目
カマやんの夢畑
ほんまによく
やったよな
自分で自分を
ほめなきゃ
死んではいかん
がんばって
生きぬけば
一つくらい
いいことが
ある!
気の毒な
人生だった
のね
ちがうっ
つうの…
放浪の天才
船はまもなく別の
島に着き 新たな
客が乗ってきた
南の小島
な、なんと
最近行方
不明のカマやん
ではないか
ちょっと
お客さーん
宿代まだよォ
民宿
も
持ってあげている
出世払いやと
言ってきた
サァ
長〜いこと
待ったさァ
けど近頃は
ホームレス
人生じゃ
ないのォ
いやいや
ワシの人生
まだ希望が
あるさァ
それを
信じてる私
らも私ら
よね
ハハハハ
放浪の天才カマやんの
一面を見た

琉球の小島にて

奄美大島にて

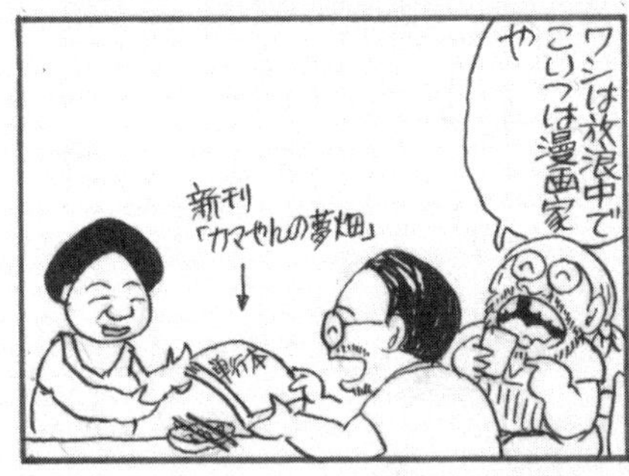

実話である

2013年2月

パーソナル・サポートセンターと我が家

すみません。実は・・・この頃こんな家庭事情にありました。この話は、本章285頁でも続編を書きました

不幸とはどんな心の状態かを思い知らされた日々・・・

私にとっては、福祉とか就労自立支援の問題は個人的にも自分自身の問題であることを書こう。漫画「カマやん」等を通して釜ヶ崎から社会に発信してきた私の人生も、今から考えると50歳頃まではまだお気楽なものだった。人生はいつまでもそうはいかない。2000年代、50歳代になると、どんどんしんどく重たいものになった。社会や地域の状況が悪化してそれに対抗し、釜ヶ崎のまち再生フォーラムを立ち上げ、寝る時間も無くなったからだ。それだけではない。釜ヶ崎が一つの地獄絵図だとしたら、帰宅すると、もう一つの地獄絵図があった。次男と共に苦しむ地獄絵図である。Jリーガーを本気でめざし、U-12からU-16まで日本代表候補合宿にも呼ばれ続けた息子である。高校入学頃の試合で起きた左肩鎖骨骨折への医師の固定処置が甘く、それによるゆがみが肩関節や頭首部への圧迫を惹き起こし、「原因不明」の吐き気・めまい・痛みとなって増幅定着していった（4年目に原因がようやくわかった）。そこに至る途中で、「名医」とされる整形外科の主治医は「慢性疲労症候群」と診断した。それも混迷に拍車をかけた。やがて難病系の疑いも出て、約20ヶ所ものさまざまな診療科目の病院を原因探しで放浪する迷路に入った。どこの病院も見事に的外れだった。その間、高校は通信教育校に転校し、OA入試で入った大学も半年しか通学できず、休学→中退に追い込まれた。出口が見えない→自暴自棄→自室に引きこもり→ほぼ寝たきり→医療への絶望→夜中に部屋で暴れる→夫婦間の亀裂拡大等の地獄が続いた。テレビをつければ、かつてのチームメイトたちが活躍する姿があり、残酷さを加えた。

原因を発見したのは「専門性」を超えた「総合診療医」で、悪循環に歯止めをかけたのは医療の「制度外」にいるカイロプラクティックの先生の献身的な努力だった。負傷後8年目の今も懸命のリハビリ中だが、次男にはサッカーで培った不屈の闘志が蘇りつつある。痛みの間隙をぬって、社会復帰へのリハビリを兼ねた夕刊配達を始めた。**そして、通い始めたのが就労困難若年層のためのパーソナル・サポートセンターである。隣の市にある。このしくみのありがたさを私は親として体感している。ホームレス化予防の取り組みは国民生活全体を下からささえていく営みだと実感している。**

2013年5月

「亜流」の存在意義

「雑草もあってこそ　土地は豊かなんじゃ」
「へぇ～　雑草のはしくれとして　ウレシイ」

今月はややネタ切れ感がある（笑）。エッセイらしく、気ままに書こう。

この連載も長いが、私は福祉の専門家ではない。ケースワークの基礎的な勉強すらしていないし、国家資格を何か持っているわけでもない。まちづくりも、NPOの事務局長でありながら、専門家でもない。漫画だって、ペンネームの意味のごとく「モグリ」である。デッサンや似顔絵など本格的な勉強をしたわけでもない。だから、気の毒なのは本書の読者のみなさんだ。申し訳ありむらせん、である。ただ救われるのは、ホームレス問題そのものが、取り組みの歴史も浅く、福祉の主流ではないことかもしれない。舞台とする釜ヶ崎そのものも、そこでの貧困の現象形態も、世の中からすれば亜流だろう。そこでは必要にかられて、制度外の制度を産み出し、苦境を乗り切ろうとする。たとえば、わずか三畳一間の簡易宿所を活用したサポーティブハウスなどは（支援付き共同住宅の）「もどき」と言われてもおかしくない（ただし、断じて「貧困ビジネス」ではない）。**では、広く世の中に役に立たないかというと、そうでもない（はずだ）。亜流や「もどき」が広く裾野を形成してこそ、福祉という山は高くなるはずだし、安全網は密になる。**そうした思いで、連載もただ続けている。継続は力なり、と。

先日数年ぶりに連絡がとれたある友人からこんな話を聞いた。「次々とガンを患い、転移した部分の治療が難しく危険なので、手術してくれる医者を探しまくりました。その甲斐あって、主流を歩まない勇気ある医師にめぐりあい、その先生のおかげで、今の私は生きています」と。定型的でない病態については、主流の医師、というかエリートほど太刀打ちできない。「想定外」には弱いと。病名は違うが、同じような経験を息子のことで我が家ではしていると、私はその友人に答えた。

白か黒かの二者択一しか存在が許されない、もろくなるばかりの（のように私には見える）デジタル文明化に抗して、釜ヶ崎のように、雑多なあらゆるものを呑み込み、包摂し、竹のように、しなるような強さを持つ社会であれかしと世には願う。変貌する釜ヶ崎もまた、そうであり続けるべしと思い、書いている。

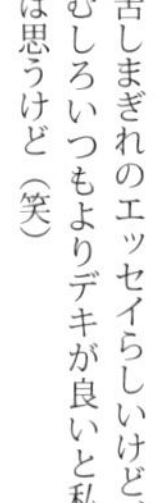

苦しまぎれのエッセイらしいけど、
むしろいつもよりデキが良いと私
は思うけど（笑）

引　　退
長いこと
がんばったもん
なァ
宮崎駿
映画監督
ついに引退
オラも引退や
ネタも切れたし
目も悪くなったし
旅に出たいし
ジェジェジェ
ありむら潜
作者がいなく
なったらもう
アンタ登場
できひんわよ
ヒエ〜〜〜
なんとかして
くれ
ギャッ
トホホ
なんて没女
や
フワフワ君が
描いた
ちょっと
ムリかしら
ねェ
雑　　草
しつこい雑草
どないしたら
ええ?
それ
くらい
放っとき!
雑草一本も
ないような畑は
好かん
どこかの会社と
同じで、
やり過ぎです
私も
そんな会社で
苦労した時代
がありました
エッ
あなたもですか!
私もです
つらい現役時代
でした
定年退職者
市民農園
みんな
苦労して
きたんや

コラコラ、逃げるという得意ワザをまた使うつもり？
緊急会議
問題山積

2013年6月
カマやん漫画の読み方・異聞

こんなワシですまんのぉ　フォフォフォフォホホ

今号は「釜ヶ崎って所がうらやましい。私だって蒸発したいと何度思ったか」と語った元シングルマザーのお話だ

A県に住むY子さんは50歳代前半の苦労人主婦だ。夫からは長年DVを受け続けた。長男はいわゆるアスペルガー症候群で、そのこと自体、後年に判明した。そうした中で4人もの子供をもうけ、育て、義父母は不仲で、自死まで引き起こす。その間に夫は職場不倫発覚で失業。Y子さんは再び働きに出て家計をささえる日々。極貧と孤独。私なら気絶しそうな展開だ。

しかし、「とにかくまずDVの夫から逃れ、子連れで離婚したい」という長年の「夢」が最近ついにかなった。神様の計らいか、ほどなく新しい恋人に出会い、人生の好循環が始まる。その恋人とは実は私の親友なので、漫画『カマやん』シリーズを知ることになった。「とっても面白いわ～」と言ってくれる。釜ヶ崎という、故あって孤独な単身者となったオトコたちが日雇いをしながらわんさと集住する街に、大いに興味を持ったようだ。彼女は天性のやさしく明るいキャラなので、カマやんたちの苦境には共感できる。**しかし、「カマやんたちが羨ましい」と言う。「私だって蒸発でもしたかった。そのカマガサキとかいう所を知っていれば、どれだけ逃げたかったか。無縁暮らし？　素敵！　でも、私はどんなにしんどくても家にへばりついて、家族をささえ続けるしか選択肢はなかったの」と。**

私は頭をガーンと殴られた気分だった。そして、次のようなことを思い出した。カマやんというのは、あらゆる社会的諸関係から切り離され、究極の無縁状態である代わりに、いざとなれば「逃げ出す」ことができる。劣悪な飯場（タコ部屋）が跋扈（ばっこ）した昔から「遁走」（俗語でトンコ）することこそが日雇い労働者の「唯一の武器」だった。私が知る元日雇いの長老たちも述懐するところだ。しかしこれは、しんどい状況一般があればすぐに逃げ出すという弱点にもつながる。フーテンの寅さんとその家族（特においちゃん）との衝突の構図もこれに近い。どこが一番しんどいかという比較論ではない。自分以外の人々のさまざまなしんどさにも広く思いを致すバランス感覚と、だから共にささえあおうという共助の心が必要なのだと、私はY子さんに学んだ。

扶養者さがし

みんな苦しい

2015年3月

あるオッチャンとワンコの散歩道

「おっちゃんもなあ、ステキな寝ぐらに帰るねん。ハーッハッハッハ」

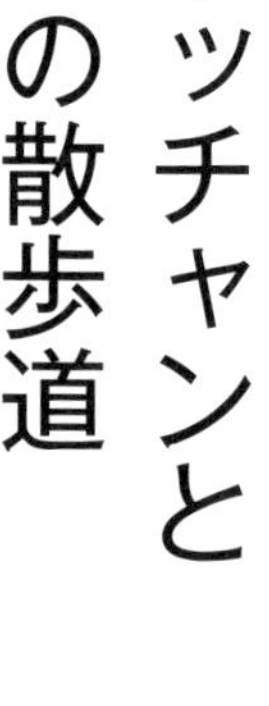

こんなふうに　いろんな生活場面で原稿の締め切りに悶々としております

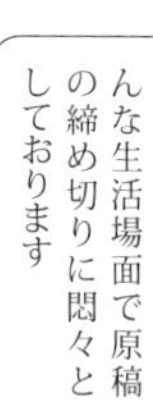

春は春で、散歩道は気持ちがいい。私の愛犬レオはことのほか大喜び。散歩の時間は私には今日も思索タイムだ。ほぼ完成の豪華マンション建設工事の前では、「どんな人たちが住むねん?」とつぶやき、先ほど読んだ新聞記事のせいで、今や世界中で話題の経済学者、トマ・ピケティの『21世紀の資本』のことを思い出す。マルクスの『資本論』の〝21世紀版〟かと、話題騒然だ。なに、ピケティを知らない? 定年退職したおっちゃんでもその程度の勉強はしておるゾ。「資本主義社会は放っておくと富める者はさらに富み、貧困者はさらに貧困化し、必然的に格差を巨大な規模に拡大していく。社会の維持のためには富裕税などでの強力な所得再分配による格差縮小対策が必須となる」という結論だ。理論展開だけでなく、そのことを過去数百年間にわたる世界各国の歴史データで実証して主張する点、驚嘆である。

ただ、論壇では、日本の格差社会の特徴は、1%の人による巨大な富の独占という面は薄く、実体は「貧困層の拡大(中間層の陥没)」だと言われている。うん、実感だ。私はクセで、すぐに釜ヶ崎のことに思いを致す。釜ヶ崎の人々は、貧困農村・炭鉱閉鎖・在日コリアン社会・都市雑業貧困層など日本経済成熟前から存在する貧困層からの流入者がまだ多数派だ。そして、西成区全体は格差社会というより、格差なき「丸ごと陥没」社会なのだ。先日、生活困窮者自立支援法の2014年度モデル事業をふりかえる会議があった。鳴り物入りで西成区でも取り組んだこの事業だが、「なぜ、こんなに相談件数自体が少なかった?」との質問をした。答は「この支援制度は住居や貯金がいくらかあって生活保護適用まではもう少し時間を稼げる人々が対象者です。西成区での相談者はすでに所持金も尽きて、直ちに生活保護を打つしかない貧困層が圧倒的なんですよ」。だから、統計から外しているのだ(ただし、相談を聞いて緊急措置はしている)と。納得。

マンション前を離れる頃に、ハッと漫画のアイデアがひらめく。カマやんがここの建設現場を終えたら、自分も寝ぐらに帰るだろう。どこへ? 釜ヶ崎の簡易宿所かホームレス用シェルター(臨時夜間緊急宿泊所)にである。そう! 豪華マンション居住者とそれを建設した労働者とのこの住宅格差こそ漫画的である。ただし、カマやんならいちいち格差に嚙みつかない。矛盾に満ちた現実を焼酎で飲み込んでしまう「プロの貧者」である。「よし。このネタでいこう♪」。漫画家の足取りは愛犬レオ以上に張りきり始めた。

かまワン
カマワンって イヌや
ワン 飼い主より ずっと かしこいん
酒
でたらめ 言うな
見とけ
オイ ここに 何本あるか 言うてみい
ワン（酒ください）
見てみィ たくさんあるのに 1本や 言うとる
アホや
どっちがや
輪　　廻
仏教に輪廻という考え方があってな
来世は人間になって生まれて来い
真の父子になろうや
チャン！ うれしい
来世
やったア 人間やア
カマやんは？
すまん ワシが イヌに生まれ かわってもうた

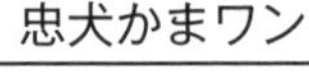
忠犬かまワン

老人ホーム
またな
ワシがああなったらどないする？
フン また野良犬に戻(もど)るだけのことや

と言いつつさみしいなァいややなァ

要(よう)するにカマやんが自宅で暮(く)らせるようにすればええんやろ

技能講習
それでヘルパーの資格をとりたいと…
犬にしとくにゃもったいないねェ
忠犬やァ

格差社会

豪華マンション販売中

きれいなおウチやウレシイなァ
よかったなァ幸せやね～

ウンおっちゃんありがとー
ええねんええねん

ホテルオールド釜ヶ崎
自分はこんな住まいなのになァ
ええねんええねん
1泊1,000円～1,200
ホテル
大人物(だいじんぶつ)のカマやんであった

2015年8月

そして、子供が住めなくなった街

子供たちこそ社会の宝だと実感する時間

私も孫がいるお年頃だ。現在一人だけいて、時々遊びに来る。いっしょに公園やプールや買い物に行く。そこは子供だらけだ。お供をしていると、自然に釜ヶ崎と子供の問題にも想いがよぎる。

釜ヶ崎内にある萩之茶屋小学校は、漫画『じゃりン子チエ』の舞台でもある。１９６０年代の労働力都市集中期は児童数約１３００人もいて、教室不足で夜間授業まであった。半世紀後の今、この3月末は全校児童わずか50人弱と、ほぼ壊滅状態だ。ついに4月から近隣の小学校と統廃合され、小中一貫校となった。地域社会としては持続不可能な状態だ。釜ヶ崎の街を案内されたほとんどの人が質問する。**「なぜ男しかいないんですか?」と。「イスラムの街を歩いているみたいですね」とも。**そう。もはや60~70歳代となり、生活保護となった男たちだらけの街だ。国勢調査でも男女比は８：２の、世界にも稀な街である。木賃宿街として成立後、１１０余年。ずっとこうだったわけではない。高度経済成長が始まる１９６０年代に「男性・単身・日雇い・建設」労働者一色の街に変容していった。家族世帯は近隣区の公営住宅等に転居し、地域内の住居は日雇いという旅人的生活スタイルに合うように、簡易宿所（格安ホテル）一色になっていった（最盛時は約２００軒）。こうして、70年大阪万博をはじめ日本経済黄金期の建設土木産業を支える強力な労働力プールとなった。**行政がこの流れを誘導した。まちづくりはまちづくりでも、資本の論理優先の、不自然に造られた街なのだ。ここからのツケに今もあえいでいる。その一つが、子供たちがいない！　という必然的結果である。**もちろん、労働者集住コミュニティの良さはあるし、それを私は漫画カマやんで38年間も描いている。しかし、そのことと、本来ありうべきだったまちづくり論とは別だ。行政は巨大な誤りを犯したのだと、実感する。**だから現在進行中のまちづくりはこの誤りを徐々に是正し、子育て世代も住める地域に戻していくプロセスとなる。結局、子供こそ地域の、社会の宝なのだ。社会存続の基盤なのだと、実感する昨今なのだ。**

突然、「ジッジー。早くすべってよ。すべり台。ジッジーの順番、順番」と見上げるお孫ちゃんの無垢な瞳がそこにあった。ハイ、ハイ。ジッジーは早よお家に帰りたいなあ。

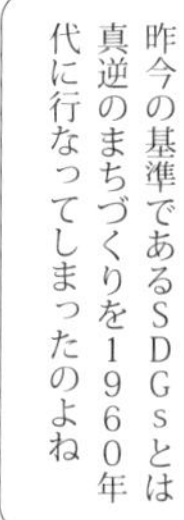

昨今の基準であるＳＤＧｓとは
真逆のまちづくりを１９６０年
代に行なってしまったのよね

子どもジイサン

保育園で
楽しいなァ

このヤロ～
泥ダンゴ

ウワァ本気すぎる！

気持ちがいいほど完璧にとけ込んでいます
こんな大人が一人くらいいてもええのとちがうか

カマやんの年齢

遊ぼパーク実施中
カマやんて何歳なん？
新刊「カマやんの夢畑」

昭和17年生まれらしい。いま平成何年や？
エ～と、西暦で1942年生まれやから今、2012年で…
戦災孤児

平成になってからややこしいて数えるのやめた
エ～～～な、70歳のジジイや

エ～～～知らんかったワ～～～ジイサンやワシ！
こんなアバウトに生きててもええんや、世の中って
安心したァ

2015年12月

犬と人間社会のささえあい

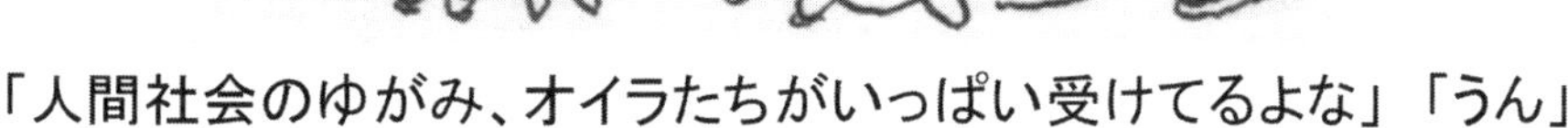
「人間社会のゆがみ、オイラたちがいっぱい受けてるよな」「うん」

私も犬を飼うのは今が初めての経験なのですが、こういう世界が見えるようになりました

「プリズン・ドッグ」というドキュメンタリー映画を観た。今は刑務所で暮らす若者たちが社会復帰のためのプログラムとして捨て犬を世話し訓練することで、自らも生きるすべを学び、育っていく感動の記録だ。犬は捨てられるに至った不遇な経過の中で、信頼感情を持てない、愛情を感じられない性格になっている。だが、実はこれは貧困や薬物依存症等の中で犯罪を繰り返すその若者たちも似通った境遇なのだ。彼らは犬にシンパシーを感じながらその社会復帰をめざした訓練をすることを通して、次のように語るようになる。「人間とは別の生き物だから、（オレも）我慢がいる」「相手（犬）のことを思いながら接しられるようになった」「小屋の掃除も、嫌いだった自分の部屋の掃除も自ら進んでするようになった」「お互いに信頼しあうことを学んだ」「一匹一匹の個性が違うことがわかって、コミュニケーションのしかたを学んだ」など。

そうこうして生まれ変わった犬たちは新たな飼い主たちに引き取られていく。卒業だ。もちろん、このプログラム実施団体（捨て犬の収容施設を持つＮＰＯ）は新しい飼い主家族が責任をもって飼えるかどうかを事前に調査済みだ。

引き取り手側の家族と訓練した若者との語り合いもまた相互理解の良き機会となる。若者はその家族と接することによって、他人に感謝されるという体験をし、かつての自分の罪の愚かさにも気づく。「悪いことばかりと思っていた自分の人生を良い面から見ることもできるようになった」とつぶやく。これを何サイクルか重ねて、この若者たちもりっぱに施設を卒業だ。

犬は新しい飼い主家族にもポジティブな変化をもたらす。孤独や疎外感の癒し、家族のきずなの深まり、子供の情緒養成、外出機会や健康の増進等々だ。犬を飼った経験者ならご存じだろう。

苦難多き現代日本でも、ワンちゃんたちは福祉のゆがみをある時は受けとめ、ある時は補完しているのだ。そう、カマやんのカマワンも。ありむら潜のレオも。

分かち合い

うちにはたくさんあるから食べて

Dog

こんな上等なドッグフード初めてや

連れを呼んできてもええやろか

いいよ彼女かい？

こらァうまいうまい！

お父んや

Dog

飼い主の趣味

まァ私に寄ってきてくれるの？

朝シャンの香りがいっぱい

かわいい

ウーン胸キュン♪

ワシの楽しみにいつも協力おおきに

72歳のスケベェ飼い主

緊急連絡先

日の出

誰も知らないカマやんの秘訣である

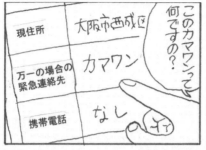

2017年1月　センターだより500号、カマやん連載40年

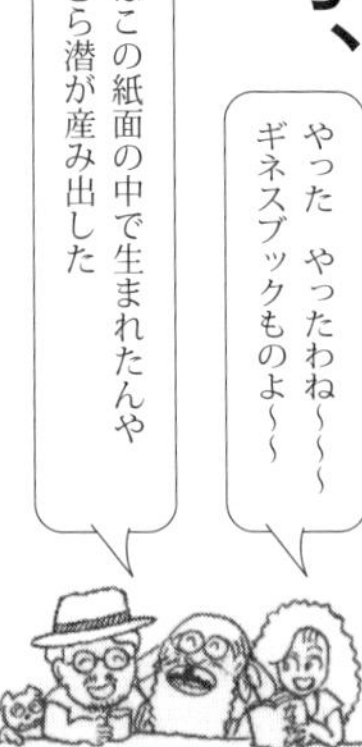

やった　やったわね〜〜
ギネスブックものよ〜
ワシはこの紙面の中で生まれたんや
ありむら潜が産み出した

↑「センターだより」500号（2017年1月号）

私が勤める（公益財団法人）西成労働福祉センターの窓口を利用する日雇い労働者向けの月間広報紙「センターだより」が2017年1月号でついに500号に達した。毎号、求人求職・労働・生活・健康・医療等に関する各種情報、たずね人や仲間の近況、詩や俳句の投稿などがA3判1枚の両面に載っている。地域の支援団体・公的機関・住民等にも配布され、今では地域一番の広報媒体だ。そこに私の4コマ漫画「カマやん」も1978年1月の創刊号から連載（投稿）してきたので、**ほぼ40年間描き続けたわけだ。よくぞこれだけ長く描けてきたものだ（誰も言わないので自分で感心し、自分でそっとお祝いする）。確かに日雇い労働者という当事者が描く作品ではない。しかし、**求人求職や各種相談の窓口で時代の最先端の事象、貧困の最前線ならではの事象をキャッチする。それをカマやんのオトボケキャラに落とし込んで4コマのストーリーにし、**毎月毎月、当事者たちに読んでもらう。いわば試験を受ける。**でも、「もうおもろないわ」「そろそろ終わりにしとけ」とは未だに言われないので、続いているのだ。昨日は、「次の単行本の出版はまだですか?」と相談窓口に聞いてきた70歳の生活保護のおっちゃんがいた。うれしくなって、カマやんストラップを差し上げました（笑）。2017年3月末で私はこの職場はついに去るのだが（あと3ヶ月）、どうやら連載はまだ続きそうである。街にはまだ通うしね。ギネスブックでの最長記録は何年だろうね…。

絵柄は見事にヘタなまま、日本の最貧困地域の変容を映し出し、時代と共に少しずつ変わってきた。時局的な政治批判作品は描かなくなった。**理由は、すぐ古いネタになるのと、ローカルな状況は結局自分たち自身で変えていくしかないからだ。そのことをまちづくりの中で学んだからである。**

「センターだより」がこの40年間の地域変遷と行政施策の苦闘の記録であるように、「カマやん」もまた歴史の中のこの期間の「記録の一つ」になれれば、うれしい。

人生ふり返り

人生も残り少なくなった
またかい

ワシは何を残したんだろうと思う
妻も子もなく名もなくカネもなく

跡形もなく消えていくそれでいいのだ
先輩のみなさんのように

何言うとんねん漫画単行本を8冊も残したやんか
100年後の研究者が読んでくれる
そうか
カマやんシリーズ
2012年

金メダル

カマやんか、ワシはこの漫画30年読んどるぞ
がんばってるのぉ……
そや！
カマやん
センターだより

NPOまちづくり
ええから来て
みんながあなたにこそメダルをあげようと
?

考えてみれば35年間も街のキャラクターとしてお笑いに広報物にがんばっているのよ
おおきにやっと気づいてくれて

缶メダル〜〜〜ッ
廃品アルミ缶をつぶしてつくった
アーハハハ

ご苦労様でした

超長期連載

ちばてつや先生が直接描いてくれはった197号（2段目の右）には釜ヶ崎中がびっくり！大感謝でした！

↑「センターだより」100号（1985年10月号）両面

↑同197号（1993年1月号）

↑同278号（1998年10月号）裏面

↑同400号（2008年10月号）裏面

↑同242号（1996年3月号）

連載の向こうに

2017年1月号の記念号を越えてさらに昇っていくと
雲が…
センターだより連載階段（月間）
祝500号

息子よがんばったねェ！
もしかしてお父とんお母かん！

ここからず〜っと見守っていたよ
会いたかったァ
＊カマやんは1945年の大阪大空襲で戦災孤児になったのだ
いくない！まだ逝ったらアカン！

新今宮駅
起きろ〜コラッウゥッ
おお父とんお母かんアッ
酔っぱらいが多い駅って情報ホンマデスネ

この世に戻ってヨカッタ

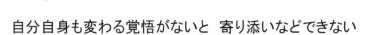

2017年10月　人の心に寄り添うということ

自分自身も変わる覚悟がないと　寄り添いなどできない

私はいわゆる団塊の世代の、シッポ付近に属する世代だ。この世代は、独善的、ゴーマン、めんどくさい人たち、などと下の世代からは言われ続けてきた。そのとおりだ（笑）。文化的にはフォークソング世代である。私もBS放送などでフォークソング特集番組があると、とっさにチャンネルを選ぶ。そんな私には大学時代に演奏活動をしていた友人も何人かいる。一人はS。「赤い鳥」の「翼をください」などをよく唄っていたのを想い出す。彼は家業を継いでとことん働いたのち、体を壊す。思い切って閉店して、50歳代半ばから再びギターを取り出し、マイクセット一式持参で、あちこちの高齢者施設の慰問活動をするようになった。もう10年以上続いている。大正・昭和、戦前・戦後の乱世を生きた世代の大先輩たちのために唄う。聴衆が望むので、古い歌謡曲が多い。東海林太郎、古賀政男メロディ、三橋美智也、美空ひばり…フォークでもないのに何でも、プロフェッショナルに唄う。**軍歌すら唄う。「軍歌だからって戦争賛美とかではないんだよね。この世代は他に選択肢も無く、当時の暮らしの大事な想い出がそれらの中に詰まっていることがわかったからだよ」**とS。持ち歌は、童謡、唱歌などジャンルを超えてついに300曲になった。「そろそろ自分の原点、フォークで演りたいと思わないかい？　オレは聴きたい」と最近、久しぶりに飲みながら、ねだってみた。ところが、「もうそうは思わない」とS。「いろいろ唄ってみて、どのジャンルでも偉大な歌手は人々の心の奥底にまで偉大な功績を遺しているのがわかったから」と言う。Sがやっていることも、**もはや自分の世界を自分のために唄うのではなくて、目の前のその人の心奥深くにある大切なものを、その人と共に、唄で引き出す。表情に反応が現れ、手足が少し動き、涙すら浮かんでくる、そのお手伝いなのだ。**私はそう解釈した。これはもう、アーティストというより職人の世界だ。別な世界だ。そして、ハッとした。ジャンルは違えど、福祉やまちづくりの分野でも同じだ。**支援者なるものが勝手に判断するな、思い込むな、決め込むな、ということだ。「寄り添う」ということは自分も変わるということだ。**基本中の基本。独善的で、ゴーマンで、めんどくさい団塊の世代はそれがヘタ。我がSも人生の辛酸を経て、見事に変わったのだ。「いや、お互い様だ。おまえだって変わったよ」と、私も言ってもらえたかどうかは酒のせいで覚えていない。

同窓会
卒業後10年目の同窓会
おー りっぱな 社会人！
ハッハハハハ
おまえも 相変わらず やな
20年目の同窓会
いやあ みんな 変わって いくなァ
ウン それぞれに
ハ〜ッハッハハハハ
30年目の同窓会
名札を 見ないと 誰が誰だか わからんわ もう
お互い さまやァ
アーハハハハハ
山本
ありむら
50年目の同窓会
ダレや？ オマエ 知らんぞ
おまえ こそ ダレじゃ？
そもそも ワシはこの 学校に入学 しとらん！
ダメッ もう成立しないわ
知らん
同窓会はほどほどにしましょう
屈折
旅行社の新企画 離婚旅行
この10年 いろいろ つらかった
こっちの セリフよ
ついに自由の 身になる！ せいせいするわ
こっちの セリフよ
明日から 希望に 満ちる日々 や
お互いさま
こんな笑顔で 会話できるの 何年ぶりやろ
ほんまよ ね〜
生涯独身の ワシなんかには わからんわ…
旅人

2019年1月

あいりん総合センター建て替えと漫画カマやん

あいりん総合センター
（1970 年建設）
1 階が求人求職の場（寄り場）で、4 階までが労働施設。公益財団法人西成労働福祉センター、あいりん公共職業安定所、大阪社会医療センター付属病院、大阪市営住宅などが入居する、文字どおりあいりん地域の「センター」だった。

↑撮影：2017 年 12 月

↑ 2007 年 1 月厳寒の早朝。使い捨てカイロを求める列

↑ 1980 年代前半のセンター内。（左）1 階では早朝寄り場に求職者たちがひしめき、（右）3 階では朝食の屋台がにぎわった

↑撮影：2014 年 9 月

↑たくさんの巨大な柱に寄りかかって憩う労働者たち。何を考えるか。半世紀続いた風景

このところ理屈っぽいことばかり書いてきたので、反省している（この本では第3章あたりのこと）。もっとくだけたことをダラダラ書かねば漫画家らしくない。で、（このコラムが連載されている）「福祉のひろば」先月号のグラビアの話でもしよう。日本労働遺産とも言えるあいりん総合センターが本年（2019年）3月末日で、建て替えのために約49年の歴史に幕を閉じるルポだった。その日が近づくにつれて報道するメディアが増え、釜ヶ崎という局所性を超えた話題となるだろう。建物内部を見学するなら今のうちだ。そのグラビアでは案内役の私の素顔がド・アップされてしまった。読者の反応？…無い、全く。それより、気になるのは、すっかり太ったジイサンになってしまった風貌が全国の読者にさらされてしまったことだ。できれば隠しておきたかった。ずっと・ま、ええか。

それはさておき、同センターを日雇い求人や技能講習、労働相談その他多様な相談の場として、通算どのくらいの人々が日雇い労働者として利用したことだろう。私なりに推計する。絶対人数で10万人は超えているはずだ。他界したり、各地へ去った人々を含めた数だ。私はこの建物の3階にある西成労働福祉センターの職員として42年間働いたので、**一言でも会話をした労働者は5ケタにはなるだろう。大事なことはその一人ひとりに人生の物語があったことだ。**生い立ち等の個別事情もあっただろうが、その時々の日本社会の矛盾を一身に詰め込んで漂着してきた人々だ。**職員として彼らと接触し始めて2年ほどした頃、私はこの無数の物語をむしょうに何かに表現したくなった。**「なぜ漫画を描き始めたんですか？」とよく質問されるが、「表現せずにはいられないものが渦巻くまち」だからだ。釜ヶ崎を含む「浪花のディープサウス」と呼ばれる一帯であり、街角に物語があふれるまちなのだ。その物語や庶民的エネルギーを基盤にして、大衆演劇の芝居小屋や落語小屋もしぶとく生き残っている。そうした空気の中で、私は「カマやん」を描き始めた。私が70年代に出会った実在の労働者4～5人のイメージを束ねたキャラだ。**当初は30歳代半ばだったカマやんも、約40年も連載が続いて、この駄文を書いている時点で70歳代後半だ。そのカマやんが最も愛した場所があいりん総合センターなのだ。建て替え後でもアーカイブ事業としてこの旧センター内部をVRとかERとか3Dとかで立体的に再現し、案内人にカマやんが就任、なおも（上の写真にあるような）丸く巨大な柱に腰かけていることを私は夢想している。**マジで。

激しい老朽化と耐震強度の弱さのため、建て替えてもっと良くしようと地域が決めたわけね

そう

条件違反
覚えてろ！おまえのこと一生忘れへんからな
求人
求人
ハ〜ハッハッハ 一生と言ってももうわずかしかあれへんがな
エッ
ほんまや いつのまにか70歳になっとるわ
アーハハ カマやん老いたり
1942年頃の生まれと推定されている
生活力
ムムッ
まさか！
クルッ
ベチョッ
ワーハハハ ワシの勝ちじゃ
クソ〜〜 よけられたか
しかし長い闘いもまもなく終る
ハトのフン
あいりん総合センター
ここもほどなく建て替えじゃ ポポンスケ！ポポコよ！
ハトにまで名前つけてこのビルを楽しみ尽くした男や
ミスターあいりんセンターやな

痕　　跡

40年続くこの漫画作品の中でカマやんがこうやってたそがれる場面がどれほど多かったか

このビルも近く閉鎖→建替えられる

SNSかく乱

こういう時代錯誤族が増えて地元では困っています

2019年6月

漫画カマやんが遺す底辺労働者の実相

カマやんの就労現場40年史

↑1970年代 ↑1980年代 ↑1980年代後半 ↓1990年代 ↓2000年代 ↓2010年代

本書

「今月はお気楽な座談会にでもしようや」「いいわね。カマやんの近況とか。漫画連載も長いわよね。1977年から、かれこれ42年。単行本で8冊。まもなく9冊目？」「カマやんも当初は30歳代やったのが、もう70歳代後半。どう？　これほどに長く漫画の中で人生やってみて」「ホロ楽しかったというか。戦災孤児で、日雇い労働者で、人生丸ごと旅人で。50～60年代は遠洋貨物船で手伝い。80年代後半からは円高を活用して、カネが少し貯まれば世界のスラム放浪。90年代からは野宿の時代、70歳代の今は都会の仙人暮らし。ほんまに自由奔放な人生をやらせてもろうたわ。思い残すことは無い。ガハハ」

「単行本を読み返してみたらね、半世紀にわたる日本下層労働者が置かれた状態とその変容のユニークな記録の書となってると思う。描かれ続けてきたのは労働・アブレ・酒・汗・涙・仲間。お笑いで包んで」「**80年代以前は**建設現場も飯場もまだどこか牧歌的。仕事中にさぼるギャグも多い。タコ部屋をからかうブラックな笑いも。中東の砂漠のプラント工事現場からの遁走話も実話やし。人々は素朴でエネルギッシュね」「バブルの時代にはカマやんは違和感を発信している」「その時期以外はどっぷり〝時代と寝た〟。ガハハ」「90年代以降は変化が激しい。老いが忍び寄り、仕事も警備員をしたり。外国人労働者とも働く。労働現場は殺伐化」「**2000年代以降は、**野宿場面が増えて哀愁がただよう反面、たくましさと助け合いも逆に増しているわ。就労支援、自立支援やまちづくりの団体とか新キャラが登場。私も含めて（笑）。高齢者特別清掃事業の場面も増え、草刈り現場で故郷の山河に郷愁を抱く高齢者の姿が私は好き」「**08年のリーマンショック後は**アルミ缶回収仕事で牧歌性が復活。カマやんは生活保護を受けず、仙人のような徘徊者のような日々。さて、どんな終幕になるやら」

「やり残したことは？」「一つあるでぇ。ある日区役所の住民課に行ったら、あなたは漫画のキャラやから住民票は無いと言われたんや。くやしかったわ。これだけ生きてきたのに。実在する人間になりたい。潜ちゃん、たのむわ」「ウ～ムム…（汗）。つらいなあ。みんなの心の中に永く実在してくれ。アハアハ（汗）」

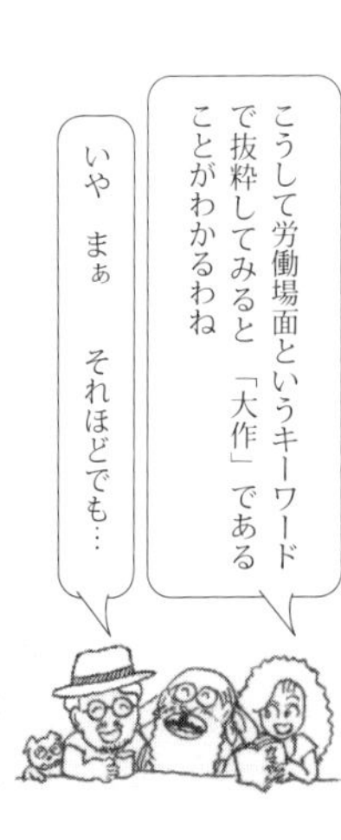

こうして労働場面というキーワードで抜粋してみると「大作」であることがわかるわね
いや　まぁ　それほどでも…

労働生産性

建設労働者不足のため
現場に復帰（73歳）

昼メシ何時までくっとんじゃコラッ！
絵本
おむすびコロリン
のようになりまして
ギャハッハッハ

アホ〜
出入り禁止や
なななんでや？急に……
アンタののどかさはもう現場では通用せえへんねん

賃金デフレ

労働条件明示のあいりん地域方式
毎月の更新が義務付けられている
あれ？
求人
求人
△△建設
10,000円
10日間
猛虎土建

は、80年代発行……
よおこんな古いのを張り出すなァ
有効期限1987年12月末まで
印
西成労働福祉センター

取りかえろや！
もったいないがな
求人
虎土建

賃金が同じとこまで下がってきたんやで
リサイクル品でええがな
80年代発行
2012年発行
猛虎土建
一般土工
9000円
猛虎土建
一般土工
9000円

徘徊コース

釜ヶ崎の徘徊王（はいかいおう）
すっかりボケて……
クリニックはこっちやで

みんな本日はお疲れ様やったなァ
建設

夕方の釜ヶ崎には 路上でその日の賃金を支払う風景がたまに残っている
ホレ
ホレ

社長ワシまだやで
しまったまたひっかかった
コラ〜〜返さんか〜〜

これが カマやんがいつまでも地下タビ姿でいる理由カモ

老いる雇用主

敬天愛人
おやっさん
もう一度ワシら労働者をいじめてくれやッ

もう一度日本一のブラック企業めざしてがんばろーやッ
!!

じゃかあしゃい ヒト聞きの悪いことばっかり
おちおち死んでられんわ

凸凹建設株式
あんたならではの励ましで元気になったよ おおきに
また呼んでや

2019年9月
貧困者の街ほど人生ドラマがある

職業紹介
う〜ん　このオッサンは漫画でしか
表現できひんわ
求人
求人
求人
求人
自分さがしの頃の私
（25歳）
求人
求人
求人
？
こらこら　ヒトを何や思うてんねん
ワシにもドラマがある
知ってる

私が1975年（23歳）に釜ヶ崎に来て、自分でも予期せず漫画を描き始めたのは、そこが街角に物語があふれるまちだ（った）からだ。もともと新今宮駅界わいは明治・大正の産業都市、大・大阪の時代から仕事や文化で全国の人々を惹きつけてきた。そうした人々や庶民のエネルギー・人生ドラマ・喜怒哀楽を表現する大衆演劇の芝居小屋や上方落語の寄席がいまだ息づいている独特の都市空間である。**その一画を成す釜ヶ崎もまた、社会的矛盾を背負って下層移動、落層移動した人々を惹きつける街である。絶望・憎悪・焦燥・安堵・希望…。人間の数だけ人生ドラマが渦巻いていた（いる）。**人間の街、大阪風のおもろい街だ。学生時代に映画研究会にも属していた私は、ジャンルは何でもいいから表現せずにはいられない衝動をかきたてられた。**そこに山があるから登るように、そこにカマやんたちがいたから漫画を描き始めた。**

ここの日雇い労働者、生活困窮者たちは受け手としてだけでなく、一人ひとりが草の根表現者となりうる潜在的な要素を持っている。たとえば、学生ゼミなどを対象にしたまち歩きスタディ・ツアーで、波瀾万丈の自分史や見てきた釜ヶ崎史を素朴に語る行為すら、聴く者にしばしば感動を与え、広い意味での表現活動であることがわかる。語る側も自分の言葉をしっかり聴いてもらえることで他者とつながる喜びを感じ、人生の肯定につながり、それはやがて生きていく励みになる。そうした事例を私はまち案内人として頻繁に経験している。**自分史を語ることはタブーではなく、ほんとうは自分を語りたいし、表現したいのだ。**素朴な語りからさまざまなジャンルの表現活動に進む活動は、アートNPOやひと花センター、西成市民館、各支援団体などで盛んに行われている。素敵なことだ。

こうした潜在力を引き出すうえで不可欠なものは、①表現や語りの〈発表の場〉が日常的にあること、②表現方法を教える人たち〈インストラクター〉が存在すること、③継続性を保つには質の高いもの、プロフェッショナルなもの、つまり〈ほんまもん〉と触れ合えるようにすること、などがあげられる。そうして、まちそのものが丸ごと舞台となる。読者のみなさんの街ではどのように展開しているだろうか。

断　層

全国各地の断層を次々と発見していく偉大な地質学者
自宅でも研究に没頭し、日夜日本国民の安全のために働く
予知
そんなえらい先生がなんでザセツしてこの街へ？
ハンコ!!
離婚届け
家庭内の大きな断層をずっと見のがしてたんです

深い人生経験

講演依頼
OKしてもよいが
ワシの話など若者には無意味やぞ
とんでもありません
と、OKです!
無意味と言い切るのは悟りを開いてるからや
現代の仙人の話が聞けるわきっと
幹部会
そしたらこのイヌがやなアハハ
人生哲学セミナー
激動の人生を語り尽くす
カマやん
ほんとに丸っきり無意味な話でしたね
会社
犬の話ばっかりや時間のムダやったわクソ～
アホラシ

2020年9月

青年Rの苦難と「西成の力」実感論

の、その後

*これは7年半前（2013年2月）に書いた私生活の吐露（本章259頁）の続編です。その時以来ずっと心配してくださっている方々のためにも再び書きました。ご容赦ください。

ご心配やサポートをいただいた世の中の皆様。ほんとうにありがとうございました。涙が出ました

我が家の次男Rは優秀なサッカー少年で、U-16までは年代別の日本代表候補に選ばれるほどだった。ある試合での大ケガが原因でもう闘病生活12年になる。医療体制ずさんな地方高校クラブ（サッカー留学）だったために、左肩鎖骨骨折程度なのに、固定処置の甘さ・リハビリの不備・慢性疲労症候群との誤診などが続き、3年もかかってそこの処置の不備が真因と判明した時には、すでに吐き気・めまい・痛みの頑固な症状が深く浸透していた。これまで行脚した病院・施設数は（この時点で）50にも達しよう。なにせ3～4時間間隔でベッドに伏さないと活動できない。高校は通信制への転校で切り抜け、大学は半年で中退。頑迷なこの症状は人生の「同伴者」とせざるを得ず、就労自立模索の苦闘が続く。豊中市パーソナル・サポートセンター等に通いつつ、夕刊紙やピザ配達の短時間アルバイトを試みる。**力を発揮したのは「西成」だった。症状がしんどくなったら横になって寝る、楽になったら仕事を再開という職住密接形なら何かをできる可能性があるので、**私のまちづくり仲間の簡易宿所オーナーが1部屋を自由に利用させてくれた。これが大きかった。近隣の就労支援施設、A'ワーク創造館で数日間だけの「イラストレーター」基礎講座を修了できたことで、心に何かの変化が始まり→まちづくり合同会社でのパソコン打ち込みバイト→ゲストハウスの受付係（外国人旅行者が宿泊に来た場合だけの助っ人バイト。独学で懸命に身につけた英会話力が奏功）→社会のどん底・西成だからこそできる知人・友人・相談相手の獲得→webデザインの先生に学びつつ、その手伝いのアルバイト→その仕事で複数社から健康上の制約を承知で「正社員に」との声がかかる→その1社に今月から挑戦開始。「住」はその会社近くの民泊を暫定的に活用（なるほど。こんな使い方があるのか）。テレワーク化の時流も追い風だ。苦しみ抜き、がんばり、ともかくここまでたどり着いた（涙）。もう29歳。かつての仲間たちは何人もJリーグで活躍中だ。見る目によっては〝西成〟まで転落したサッカー・タレント」的なことになるだろうが、どっこい、西成だからヒトを再生できるという事例だ。親としても私は西成が持つ力に深く感動&感謝している。しかし、この道、まだ続く。医学よ、早く進歩してほしい。

超多忙人生

夏の引きこもり

2020年12月

私の祖父の話をしよう
～大都市大阪の光と影～

私にとって西成がホームタウンとなる、運命の赤い糸の吐露です

大正・昭和初期の釜ヶ崎風景
1910～1930 年頃　絵・ありむら潜

1898 年（明治 31 年）に大阪市の「宿屋営業取締規則」（木賃宿条例）が制定され、1900 年代初め（明治 30 年代後半）から木賃宿は新営業地として今の釜ヶ崎一帯の紀州街道沿いに市内外から移り始めた。1903 年に現在の新世界一帯で第 5 回内国勧業博覧会が開催された頃だ。1910 年代半ばには早くも 50 軒前後、1 万人規模の木賃宿街になった。やがて 1923 年の関東大震災から 1930 年代の世界大恐慌へと続く。

（以上の解説文は最近の研究を反映させたもの。詳細は『新今宮駅周辺の歴史・地理探訪～ここまで掘り下げた！～第 1 弾』33p 萩之茶屋地域周辺まちづくり合同会社発刊を参照されたい）

今回はこの後ろ姿の大工さんの物語や

この絵は私の1993年の作だが、釜ヶ崎学習者ならどこかで見たことがあるだろう。**実は大工道具を担いだ後ろ姿の男は私の祖父、直吉爺さんの若い時のつもりだ。**私の生家は鹿児島県の限界集落で今はもう消滅した、貧しい山村にある。直吉はそこから大阪に出て出稼ぎ大工となった。たぶん、1910年代（大正時代）だったろう。当時は建築の職人さんたちは現・阿倍野区の美章園界わいが集住地域だったようで、そこと飛田遊郭から新世界一帯を生活圏としていたようだ。隠居後に、小学生の私に囲炉裏端でつぶやいていたものだ。「都会じゃゼン（銭）が無かと、ない（何）もできんと。恐ろしかとこじゃっと」と。関東大震災が勃発すると、復旧・復興工事の大工仕事がどっと出て東京へ移り、稼ぎに没頭したようだ。同じ大工だった父・叔父も、そして叔母まで西成区にからむが省略。私は1975年に京都の大学を卒業して就職先に偶然釜ヶ崎の地を選んだ。祖父の言葉を事後に想い出し、この一帯とは赤い糸で結ばれているのだと悟った。そして、私の次男Rと西成との関係も本章286頁で書いたとおりで、「西成の力」によって救われている。

今、大阪都構想によって大阪の盛衰が議論されているが、かつて大・大阪は日本資本主義の中心であり、港湾交易や鉄道網の発達で天王寺駅から新今宮駅一帯を含めた大阪市南部が玄関口だった。だから、数々の博覧会もこの地で開催された。移動に便利な要衝の地であればこそ木賃宿街も一角に成立し、それが（流動性を特徴とする）日雇い労働者の街・釜ヶ崎をも形成した。**この界わいで我が直吉爺さんは隆盛の光もスラムの影も見ただろう。**どんな喜怒哀楽があっただろうか。「どこでもドア」があれば、少年時代に戻って囲炉裏端でしっかりと、詳細な聴き取り調査をし直してみたいものだ。私は今、この地域のタウン紙の編集者として歴史地理に向き合っていて、つくづくそれを想う。そして、新今宮駅一帯は1960年代からの「釜ヶ崎としての60年間」だけでなく、「〝宿の街〟として成立してきた120年間」というスパンでとらえ直すことが自然なことだと、直吉爺さんから感じとる。

カエルの合唱
都会に残る田んぼでもカエルが鳴いとる
ゲコゲコゲコ
貧乏で50年前に家を出て
ワケがあって帰れなくなってしもた
ゲコゲコゲコ
捨てたふるさとが近頃なつかしいてなつかしいて
この季節さぞカエルの大合唱やろなァ
いいえ、田んぼの作り手などおらずカエルすら鳴かないのが日本の山村だ
さみしいよ～
春の日
高齢者特別清掃の休憩時間
よお見イそこに鳥の卵がある
田舎育ち
おお～見分けがつかん
敵をあざむくための擬態という
おおッ
親鳥も擬態や
イカルチドリ
!
ポカポカ
ごめんただの石コロを抱いてた…
こっちか
そそっかしいヤツはどこの世界にもいるものだ

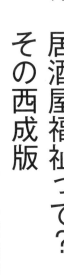

2021年3月

居酒屋福祉って？ その西成版

このお店の一番の良さは地元民も旅人も、多様な客層がごく自然に会話してしまうこと

コロナ禍による打撃で頭が変容してしまって「あんた、頭がヘンよぉ」（ズッコケ）と言われそうだが、今月は居酒屋論だ。福祉とは？ の社会科学的定義とは別に、世の中には「〇〇福祉」というのが多数あり、それなら「居酒屋福祉」も入れてよと言いたい。店内でのやりとりに心が落ち着く「居場所」であったり、心療内科顔負けの「心のリハビリ施設」であったり、こわい顔での会議後にいっきに顔がゆるみ議論や合意が進む第2「会議室」、いや本会議室だったり。西成には客の単身高齢者が日々の飲み薬を忘れないように、預かって「投薬管理」までしてくれる店もある。日本庶民にとって必須の「多機能施設」である。しかも、和・洋・韓・中華と何でもござれの食事メニューが安く・同じテーブルで食べられる。そのことを理由に、NHK番組「クール・ジャパン」では「母国で広めたい日本の食文化」として「居酒屋」が1位に輝いていた。

私自身の行きつけはこの挿絵のような店構えと雰囲気の、典型的な昭和レトロの居酒屋だ。15人で満席。片隅で都会的孤独を肴にしても呑めるが、話題によっては店全体が一つになってやりとりできたり、大相撲中継などでは一瞬のパブリック・ビューイングになったり、社会的ディスタンスも伸縮自在だ。**そう、映画（原作は漫画）の『深夜食堂』そっくりなのだ。**なにせ店主の名前が「しんや」だし。この店独特の客筋のおもしろさはその絶妙な地理的位置のせいだ。日雇い労働者や外国人個人旅行者の多い釜ヶ崎の簡易宿所街と、摩訶不思議な場末感が漂う山王地域（黒岩重吾の小説の舞台でもあり、飛田新地や大衆演劇場があり、上方落語の寄席なども近隣にある）のちょうど境界にある。だから、時間帯によってカウンターに座る客筋が変わり、時にはそれが仲良く融合する。西成らしく昼から開店しているが、仕事を終えた建設日雇い労働者やその親方、地元商店街の商売人さんたち、この界わいの宿泊者、近隣の大衆芸能やジャズの演者・奏者・その追っかけさんたち、遅くには会議が終わった私たち（まちづくり会議参加者）などだ。**釜ヶ崎に居ると、労働者層だけが視野に入って考え方が偏狭になったり、他の社会階層との分断型発想に陥りやすい。そうした弊害を緩和するためにもこういう居酒屋はありがたい。**とつぶやくと、コロナ禍なのに勝手にその店に向かう私の両足であった。コラコラッ…！

あいづちテレビ

西方浄土

読者の中にも該当者がいる

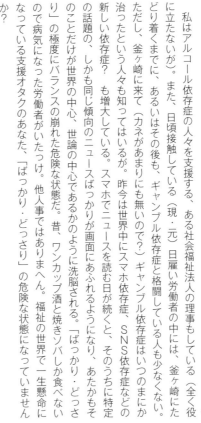

2021年7月

あなたも私も、依存症？

「コレコレ　いつまでもこの街におらんと　自分の人生をやりなさい！
釜ヶ崎依存症やでェ　アハハ」

私はアルコール依存症の人々を支援する、ある社会福祉法人の理事もしている（全く役に立たないが）。また、日頃接触している（現・元）日雇い労働者の中には、釜ヶ崎にたどり着くまでに、あるいはその後も、ギャンブル依存症と格闘している人も少なくない。ただし、釜ヶ崎に来て（カネがあまりにも無いので？）ギャンブル依存症はいつのまにか治ったという人々も知ってはいるが。昨今は世界中にスマホ依存症、SNS依存症などの新しい依存症？も増大している。スマホでニュースを読む日が続くと、そのうちに特定の話題の、しかも同じ傾向のニュースばっかりが画面にあふれるようになり、あたかもそのことだけが世界の中心、世論の中心であるかのように洗脳される。「ばっかり・どっさり」の極度にバランスの崩れた危険な状態だ。昔、ワンカップ酒と焼きソバしか食べないので病気になった労働者がいたっけ。他人事ではありまへん。福祉の世界で一生懸命になっている支援オタクのあなた、「ばっかり・どっさり」の危険な状態になっていませんか？

先日私は、某大手新聞社の人事異動で釜ヶ崎エリアも担当することになった若い記者を連れてまち歩きをしていた。私自身が開発した仕事で、そうやって基礎学習的な研修をしてもらうのだ。理解困難な地域ほど地域内部の誰かがやらないといけない。すると、案内途中の路上で旧知のある男性に出会った。私をしげしげと見つめる彼の目には「あれ〜、あんた、センター職員を10年も前に退職しているのに、まだこの街におるんか？」と書いてある。**そして、気の毒そうに言った。「あんたも釜ヶ崎依存症なんやなあ…」と。**カマガサキ・イゾンショウ⁉　なるほど〜、言いえて妙やなぁ。確かに当たっているかも（笑）。在職中は私は「定年後は屋久島に移住したい。あの世界自然遺産の、苔むした幽玄な原生の森の中で世俗を脱却した余生をおくりたい」と本気で準備していた。家族の事情と若干の公的事情もあって未だ実現できないでいる。ただし今の居心地も悪くないどころか、年々心地よさが高まっている。釜ヶ崎こそ桃源郷とさえ感じ始めていたが、ははぁ〜、釜ヶ崎依存症やったんか。なるほどォ〜（汗）。感心している場合ではないので、あらためて人生の残りの時間の「多様性のある展開」に再着手している。手遅れかな？（笑）。

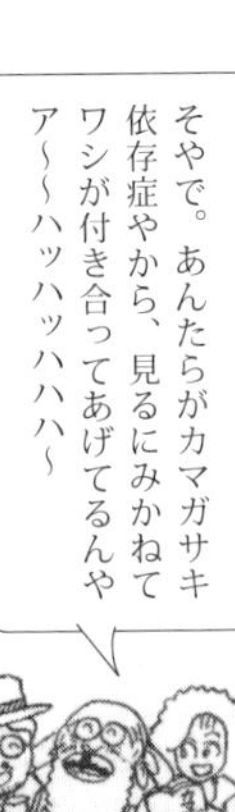

そやで。あんたらがカマガサキ
依存症やから、見るにみかねて
ワシが付き合ってあげてるんや
ア〜〜ハッハッハハハ〜

充実タイム

あカマやん！たのみがあんねん
スマン ワシ忙しくて

ワシもう推定79歳やで
残り時間一分一秒を楽しまな

すごいこと言うなァ
で何をするんやろ…

結局ボォ〜〜〜としてるだけやないか
わかっとらんなァ これがいちばん気持ちええんや
ア〜ハハハ
トシとればわかる

エコジイサン

レジ
レジ袋はどうなさいますか？
いらん
ラーメン

アッハラマキに！
サッ

ハラマキってそんなふうに使うの？
フフフ名づけて

SDGs（エスディジーズ）ハラマキ
すごい！さすが先進国のジイサン
おそれいりました
留学生

2021年12月

トシとると、先人たちの姿がよく見える

釜ヶ崎風景　明治後期
～ありむら潜のイメージ～

↓マッチ工場とその社宅
現・JR関西線(1889年～)
児童労働
現・西成区太子付近

釜ヶ崎風景　江戸・明治前期
～ありむら潜のイメージ～

ガハハ　ワシは歴史も徘徊する

私は今は、「萩まちだより」というタウン誌の編集・発行（隔月）の仕事もしている。対象エリアは釜ヶ崎区域を含む（ＪＲ＆南海）新今宮駅界わいだ。歴史地理学の視点でこの一帯を掘り起こす記事満載だ。**単なる歴史でもなく、単なる地理でもない。現・新今宮駅界わいという地域空間が歴史的にどのように使われ、それが今日の使われ方にどのように影響し、つながっているのかを掘りまくる記事だ。**大阪市立大学都市研究プラザの水内俊雄教授や西成情報アーカイブの吉村智博学芸員が主要な発掘人である。ほぼオタク系の読み物なのだが、これがまた実にオモロイ。ほんの少し（千数百年）前の古墳時代まではこの一帯は海で、聖徳太子という日本史の巨人が建立した四天王寺のある上町台地だけが陸地だった（今の東大阪市一帯もかつて海だった）。大きな坂になっているこの一帯が大坂（大阪）の始まりで、それを背骨に東が東成郡、西が西成郡。そのおひざ元である旧・今宮村と天王寺村を共通のベースとして当地域の歴史が拓かれた。20世紀初頭には早くも近代文化創造業界を引っ張る企業（クラブ化粧品で知られる中山太陽堂やシャープペンシル製造のプラトン文具社）やアミューズメントパーク（新世界一帯）が広がり、交通の至便性ゆえの宿の街（木賃宿街）も成立した。きらびやかな一画と、都市流入の生活困窮者が密集する一画が併存する、まさに大・大阪の光と影が同居する歴史地理である。それが編集作業の中で私にはよく見えてきた昨今だ。**世間的には「釜ヶ崎」一辺倒のイメージが強いが、とんでもなく多様性あふれる一帯なのだ。貧困・福祉の分野で活躍した人々の系譜もすごい。**１９１１年（明治44年）には貧民対策に乗り出した中村三徳たち（大阪自彊館設立）。孤児救済の石井十次。久保田鉄工（今日のクボタ）の創業者・久保田権四郎らによる貧困児童への就学支援（私立徳風小学校開設）。邦寿会今宮診療所をささえた現サントリーの創業者・鳥居信治郎。今宮保護所（無料シェルター）での守屋高恒医師夫婦。戦後の「釜ヶ崎の赤ひげ」こと本田良寛医師。彼らをはじめ、宗教・行政等関係でも有名・無名の人々の奮闘があった。何よりも無名の貧困生活者たち一人ひとりのかけがえのない人生がそこにあった。日本最初の福祉施設とされる悲田院を開設した聖徳太子という大々先輩も含めて、貧困に向き合ってきた先人たちの姿が見える。それが、私のもう一つの仕事、当地のスタディ・ツアーのガイドに役立つ。そう、歴史地理がおもしろいジジイになったのじゃよ。

たしかに。昔の人たちがトモダチみたいに感じられようになる

生きる知恵

ホテル
アしまった
昼メシ今日
2回食って
もうた
めし
またきてね〜

ギャ〜ハッハッハ
月末に、カネ貸してと言われても知らんぞオ

その心配いらんでェ近頃のカマやせん
なんでや？

代わりに朝めし晩めしをよく忘れるから採算とれてんねん
器用なボケ方やな……

タイムスリップ

カマやんが釜ヶ崎銀座通り（旧・紀州街道）を徘徊していると突然景色が変わった
休んでいきなはれ
茶

この付近の江戸時代にタイムスリップしてしまったようだ
ダンゴ

まことにのどかな風景だった（歴史の事実）

どんな夢見てるか知らんがほっといたろ
ポカポカ
休日
NPO
NPO
高齢者特別清掃事業の仲間たちの思いやりだった

カマやんが「未来」を徘徊してみたら　こうだった

実は「萩まちだより」に載せたけど、全然反応なかった…アハアハアハ

カモ

2022年新春
タイムスリップ in 大阪・新今宮駅界わい
〜子どもスペシャル・2050年頃〜

言い出しっぺ：臣永正廣 夢想責任者：ありむら潜

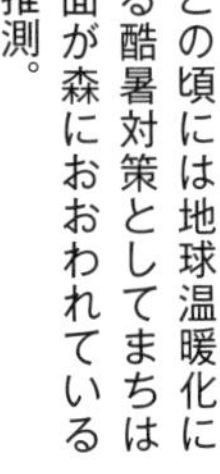

この頃には地球温暖化による酷暑対策としてまちは全面が森におおわれていると推測。

↓出生率のますますの減少、リモートワーク普及による全国分散居住で大都市部にもかなりの空き空間が発生。土地利用用法も大変貌

↓西成界わいでは併せて「紀州街道と里山と宿のある原風景」も再現したことからなかなか風情のある、やすらぎのあるまちに変貌

↓どこよりも多民族多文化共生が進むと推測

↓加えて、「交通の至便性」と「社会的包摂力」という、この地の伝統的な二大利点が継承・アップデイトされて、「多様な人々への就労支援に優れたまち」へ

↓2026年頃に開設されたジョブセンターを利用する大人といっしょに子供たちも集まってくるまちへ変貌

↓2000年代初頭に始まるボトムアップ型のまちづくりがめざした「再び子供たちの声が聞こえるまちへ」という悲願は達成されるのだった。

みんなでがんばれば、だいたいなんとかなる…。ほんまかいなぁ〜

森におおわれてる

いらっしゃい！

(1)子どもたちの遊び場も兼ねている

(2)相談や講習の間に遊べる

(3)ビオトープ・田畑・トンボ・蛍

(4) ビニールハウスで野菜や花づくり、ホンモノ体験

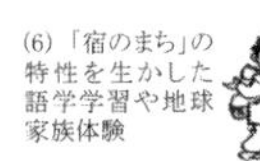

(5) 無料低額・起業支援レストラン

(6)「宿のまち」の特性を生かした語学学習や地球家族体験

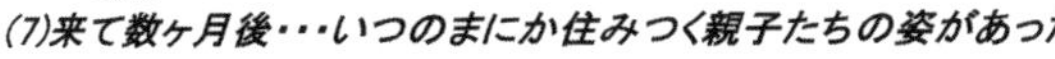

(7)来て数ヶ月後・・・いつのまにか住みつく親子たちの姿があった

誠に地味な夢ですんまへん。子供たちが心豊かに暮らせる街になってほしいのです

2022年5月

屋久島の原生林で考えた

写真（すべて白谷雲水峡　撮影：2022年4月）
1）巨岩を包み込んで根を伸ばす（これがほんまの包摂力）
2）倒木更新（先代の木が倒れても、そのまま朽ちて次世代の苗の「畑」の役割をして、次世代の成長を支援する）
3）切株更新（人の手で伐採されても、その切株の上に次世代がりっぱに育つ）
4）合体木（1本の杉に数種類の樹木がからみあって共生する）
5）こうして幽谷の原生林が栄える

久しぶりに屋久島の森に入って来た。かつて私は定年退職後の移住先としてこの島を考えていたほどだ。なにせ鹿児島県薩摩半島の山村にある私の生家から直線距離で80キロしかない。**生命力、貧困と豊かさ、福祉、多様性、共生とかを考える素材にもなると私は思う**ので、今回はこれを話題とする。

もともと太古に海底から花崗岩が隆起してできた岩だらけの島なので、**実は土壌は無いに等しい貧困な島だ**。それがなぜ世界自然遺産に登録されるほどの豊かな原生林ができたのか。南の海から流れてくる黒潮（暖流）がこの島にぶつかり、暖かい上昇気流が生まれて雲となる→目の前にそびえ立つ山々（宮之浦岳は1936メートル）にぶつかり、1年中、山に雨を降らせる→島の岩々を水分たっぷりの苔が包み込む→苔を土壌代わりとして幽玄の深い森が形成される→その循環だ。アニメ映画「もののけ姫」の舞台にもなった。写真で説明しよう（上の左から）。樹木たちには「岩をも砕く強さ」はない。まず苔の支援を得てそこで苗を育て、根を伸ばしに伸ばして岩を文字どおり包み込んで（つまり、包摂して）、地面を求めて長～く広～く這っていく。栄養分が貧弱なので杉などは年間に1ミリ程度しか成長できない。逆に、これが長寿の秘訣となる（詳細略）。これを基礎に、杉をはじめ樹木たちの生きざまは柔軟性・多様性・共生性・持続性に満ちている。老いや自然災害で倒木となっても、それを苔むした畑代わりにして次世代の苗が着生し、育っていく。命のリレーの母胎となる。これを**倒木更新**と言い、初代杉、二代杉、三代杉は屋久島では一般名詞である。**切株更新**もある。もともと稲作もできない貧しい島で、江戸時代に島津藩は年貢の代わりに杉の巨樹の木材を大量に納めさせた。その巨大な切株もまた倒木更新と同じ役割を果たす。1本の杉にヒメシャラ、サクラツツジ、ヤマグルマ等の多様な樹木がからみあって、闘いながらも共生する**合体木**も多い。樹上には着生植物が繁茂して独自に小さな「森」を形成していたりもする。**縄文杉に代表される巨樹たちは実は江戸時代にはあまりに貧相で役に立たない落ちこぼれの木だった。気長に？　生き延びて大逆転、今は島の宝、救世主となっている。**どう？　社会福祉とか現代人の生き方のキーワードが埋蔵されていると思いませんか？

ホームタウンの実感

似て非なり

2023年2月

若返り策 まず自ら実行したゾ

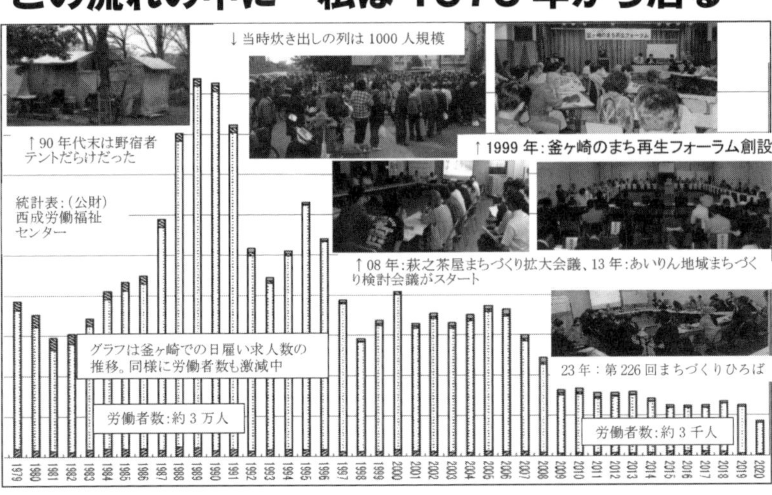

と言っても、私自身が30歳代後半くらいに戻ったわけではない。今月から私の肩書の「釜ヶ崎のまち再生フォーラム事務局長」から「事務局長」をついに外せたのだ。バトンタッチできたのだ。渡した相手は新進気鋭の社会学者。関西学院大学人間福祉学部の、若くしてすでに教授の白波瀬達也さん。心強い。よかったぁ〜！　感謝！　再生フォーラムは釜ヶ崎でのまちづくり参画者（町会長、事業家、法律家、各種団体スタッフ等々）や研究者群から成る30人弱の小規模な集団だ。1999年の創設以降ずっと、**まちづくりの①プラットホーム機能、②シンクタンク機能、この2つの役割を果たしてきた、**と考えている。これを機に若返りを徹底して、運営も社会発信も当地域の新状況に合わせてアップグレードしていくことになる。全国津々浦々でそうだろうが、釜ヶ崎でも諸団体（社会運動体も含む）運営の若返りが困難で、それ自体が切実な地域課題だといえる。町会長さんたち（10組織）の状況を筆頭に。いろいろな会議体の場で、出席者それぞれが「若返らなあきませんなぁ…」「サッカーのアンダー23大会のように、我々も出席者を若手に限定した開催でもしますかぁ（笑）」などと、ため息まじりのやりとりが常態だ。簡易宿所では次世代に引き継げないオーナーなどは外国資本に売却してしまう状況もある。それでも、地域内諸団体横断型の「西成若手会」というのがこの数年前からつくられ、ゆっくりだが前進はしている。今は新今宮駅界わいの近未来の骨格を決めている時期なので、将来世代がまちづくりのこの輪に加わわることはマストだ。

さて、自分のことに戻る。1975年から釜ヶ崎にもう48年いる。**当初は「まちづくり」という発想や手法で状況を改善するという考えは皆無だった。労働環境改善の一本槍だった。95年の阪神淡路大震災での経験と悔恨、96年の国連人間居住会議（HABITATⅡ）での「人間居住」という概念&実践からの学び（97年に釜ヶ崎居住問題懇談会を常設）を経て、98年にNPO法がこの国に成立してから再生フォーラムが始まった。想えば、長くやってきたものだ。**あ、今後は何するのかって？　いや、関わる対象は同じだ。再生フォーラムだって事務手伝いや渉外担当としてささえ続ける。すでに中心はまちナビ事業で、スタディ・ツアーのガイドやタウン誌の編集だ。この本で書いてきたとおりだ。ぼちぼちと歩む老境の、初心者の日々である。

よおがんばったなぁ

はい まだ続きます

マスク外し

今日も生きる

以上のように本書では、地域の人々ががんばっていることを書いてきた。もちろん、きれい事ばかりではない。たとえば、この絵のようなこともある。でも、次の頁が大事だぁ

エピローグ
逆流も常にあるけれど

たとえば、貧困ビジネス系の問題は昔から姿・形を変えて周期的に表面化してきます。

野宿生活者に劣悪な住居&ぼったくりサービスを提供する「囲い込みビジネス」、生活保護受給者への「過剰診療・不正請求の医療機関」横行などです。

2024年の今は、障がい者就労継続支援B型作業所をめぐる問題が地域で話題になっています。

これは特にコロナ禍の期間中に進行した全国共通の事象であり、まずは行政が取り組むべき課題となっています。

「福祉関係者」なら高い志と厳しい自律心が求められるのですが……。

釜ヶ崎はこういう逆流に常に遭遇しながら、でも今は全体は大きく前進しています。この本ではそれを伝えようとしてきたのです。

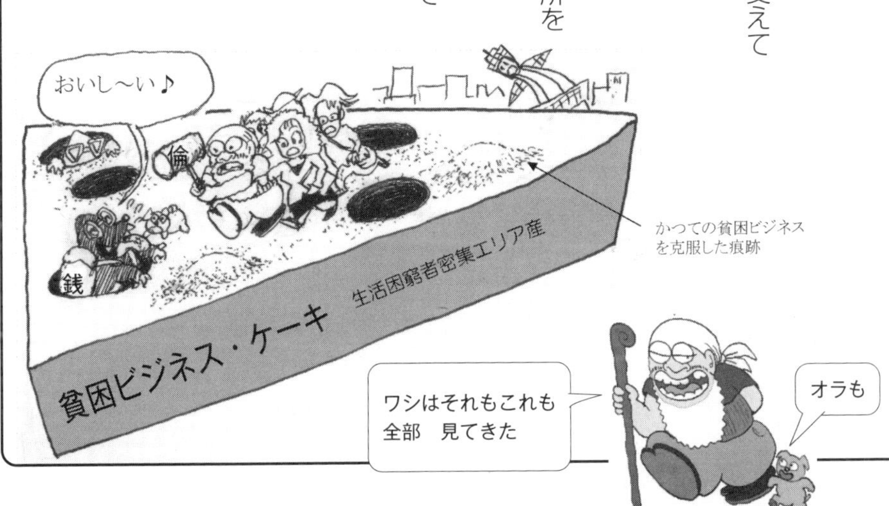
おいし〜い♪
倫
銭
貧困ビジネス・ケーキ
生活困窮者密集エリア産
かつての貧困ビジネスを克服した痕跡
ワシはそれもこれも
全部　見てきた
オラも

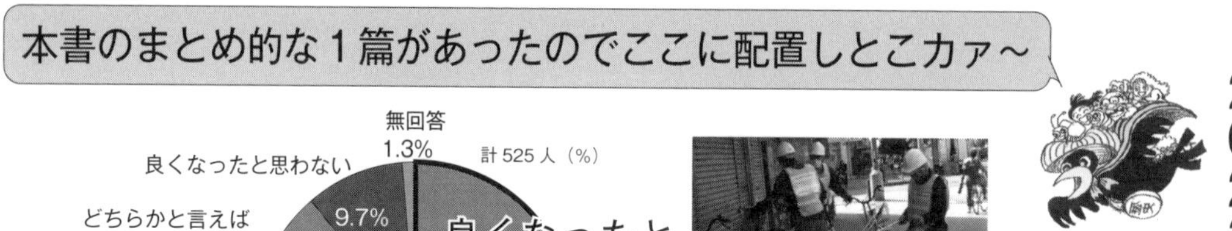

本書のまとめ的な１篇があったのでここに配置しとこカァ～

2023年7月

誰だってより快適に住みたいから あたりまえ

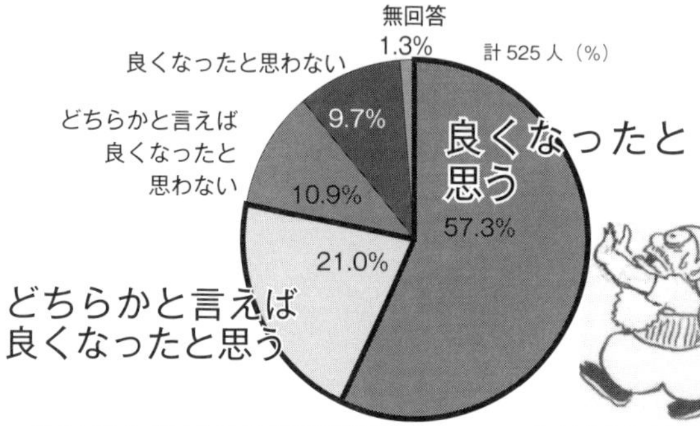

計525人（%）
良くなったと思う 57.3%
どちらかと言えば良くなったと思う 21.0%
どちらかと言えば良くなったと思わない 10.9%
良くなったと思わない 9.7%
無回答 1.3%

あいりん地域の生活環境改善について 地域住民自身も約８割が肯定的に評価
2023年3月22日～25日調査

出典：あいりん地域の環境改善に関するアンケート調査の報告（萩之茶屋地域周辺まちづくり合同会社）

↑〈施策の例〉通称まち美化パトロール（地域労働者を雇用）

この事実は
オ重～い

私はこの本で大阪市西成区の釜ヶ崎（＝あいりん地域）のまちづくりのことをずっと書いてきた。「ほんまにそうなん？　熱心な支援団体・個人ほどよくある独りよがりなんちゃうの？」と疑う向きもあるだろう。けっこう。それでこそ健全な思考だ。このたび、その回答にもなるアンケート調査報告書が出たので、紹介する。上図参照。これは西成区役所が地元の萩之茶屋地域周辺まちづくり合同会社に委託・実施したもので、同地域内のあちこちの場所（室内外）から計５２５人に聴いている。高齢・日雇い労働者系の回答者の割合が相対的に多いのは、街がそういう人口構成だから、むしろ正解だ。ここでは字数制限のために思いっきり結論だけを述べることをご容赦。**全体の８割が好評価している。高い！**　個別項目では「良くなったと思うところ」はごみの不法投棄対策４１％、違法露店対策１７％、迷惑駐輪対策１５％、薬物対策８％と続く。「まだ改善が進んでいないこと」の質問でも同じ項目が並ぶが、むしろ「伸びしろ」だと考えれば良い。ただ、薬物対策はそこにも１％しか出てこないほどの改善評価ぶりだ。

この調査結果から、私が個人的に言いたいこと。「西成だから、ましてや釜ヶ崎だから、カオスや混沌、ハチャメチャがないとおもろないわ。改善されたら、つまらん」「西成〝潜入〟ものをＳＮＳや軽薄メディアで発信できなくなるから、つまらんわ」。改善されると社会的矛盾の象徴性が薄まるので、「ボランティアや社会貢献でがんばっている自分の役割を見失うので困る。私が行き場を失う」（ズッコケ…）「我々がやりたい反権力闘争の拠点にできなくなるから困る、コマル」（汗、汗）というエゴイスティックなホンネ。これが右から左まで、広く存在している。そもそも。濃淡はあるが。これほど、そこに住んでいる人々、とりわけ生活困窮者、課題を抱えた人々を侮辱した視線はない。**誰だって人間らしく快適に住む権利と能力があるのだ。勝手な「期待」への強烈な反証だと私は読む。そして、今までやってきたまちづくり総体の上にこうした結果があると言いたい。**積み重ねてきたものは次のようなものだ。高齢者特別清掃事業（１９９４年～）、脱野宿から孤立化を防ぐ総合的な支援事業（１９９８年頃～）、違法な屋台・露店や公園問題への対案づくり（２０１０年頃～）、覚せい剤撲滅キャンペーン＆行進（２０１０年頃～）、地域内外からのごみの不法（持ち込み）投棄防止や迷惑駐輪防止＆啓発対策（２０１４年～）、あいりん総合センターの建て替え協議プロセス（２０１４年～）、この街の良さを再発見・再確認し伸ばす共同ビジョンづくり＆実体促進模索（２０１４年～）等々だ。そうしたものの結果だと読む。

＊施策はまだまだありますが、字数制限のため省略。

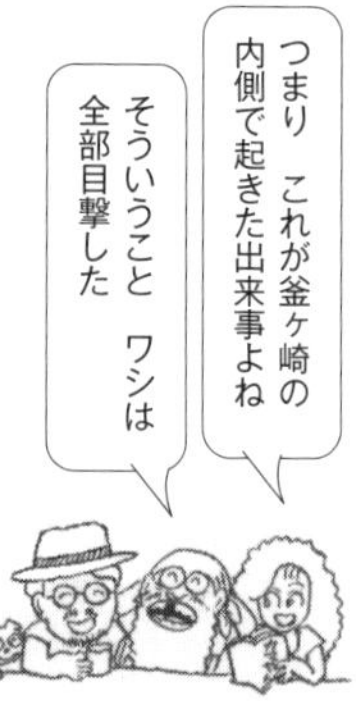

つまり　これが釜ヶ崎の内側で起きた出来事よね

そういうこと　ワシは全部目撃した

2024年2月

大切なものは継承しつつ、外国人住民と新しい章へ

↓（上）NPO法人が始めたベトナム人の子供たちのためのベトナム語教室、（下）同じく大人のための日本語教室
（写真提供は当該NPO法人）

↑高齢者人口の急速な自然減（死亡）で昼間もガラガラの釜ヶ崎銀座通り

カマやんそっくりのご長老発見。タオルは首に巻き、アゴヒゲも有り。（本文には無関係、笑）

↑代わって増える外国人定住者や旅行者

釜ヶ崎の変化をずっと見てきた徘徊王カマやんは近頃嘆く。「仲間たちがどんどん死んでいく。銀座通りを歩いても恐ろしいほどヒトがいてへん。寂しいもんや」。団塊の世代の元日雇い労働者たちが70歳代半ばに達して、他区とは比較にならないスピードで高齢者人口が減っていく。なにせ男性の平均寿命が73歳の地域なのだ。現役労働者数もかつての2万3千人～3万人が今や2千人程度と推計される。**それでも、西成区の人口動態は高齢化率**（65歳以上の総人口比率）**がついに止まり、人口減も止まり、人口増に転じている**ようだ。どういうことか？　**それだけ外国人住民が増えているのだ**（本書第3章252頁で詳述）。それだけ多文化共生の促進は喫緊の課題なのだが、苦戦してきた。ところが、大いなるヒントや可能性を示す出来事が起きている。私が今働いているまちづくり合同会社の隣りの部屋に昨年夏、在日ベトナム人を支援するNPO法人が設立された。ベトナム人が運営の主体で、理事長はベトナム人のお坊さんだ。有能な日本人副理事長もいる。その活動や地域連携があっという間に広がりつつある。たとえば、①外国人が日本社会で安全・安心に暮らせるように相談・サポートする事業に相談が全国から押し寄せている。②毎週末にはベトナム語教室、日本語教室が始まった。親向けには日本語教室だが、子供たちにはベトナム語教室なのだ。子供たちは早くも日本語がネイティブであり、むしろ母語を教科書を使ってきちんと学ぶことのほうがニーズなのだ。それくらい状況の進展が速い。③地域における具体的連携の進展。私が気がつけば、もう近隣の地域団体との防災協定を締結し、能登半島地震が発生すると、その団体と共にキッチン・カーなどを持ち込んで、被災地の同胞を含む被災者支援活動に打って出ていた。行動が早い。若い。表情が明るい。子供が多い。**日常の暮らしの中に外国人住民当事者たちと共同のNPOの相談窓口が一つできただけでこんなにも状況が動いていくものなのか。**示唆的である。何もベトナム系に限ったことではないだろう。多国籍的なソーシャル・ミックスが進むことに釜ヶ崎側から言えること。就労支援の領域では「**釜ヶ崎労働者たちが辿ってきた負の歴史を同じように繰り返させてはいけない**」「**外国人住民を包摂していくことは、日本人で排除された人たちをも包摂し、住みやすくしていくことにつながる**」等。もちろん数が増えれば、排外主義の流れも現れるだろうが。日本の中の課題先端地域・実践先行地域たる西成・釜ヶ崎もいよいよ本格的に新しい章に入る。

ついにフィナーレ！
涙ぐましい努力ぶりが世間に伝わればうれしい

幸　福　論

そこよね。加えて、改革やまちづくりも不可欠。
それがこの本で言いたいことやったのよ

以上や。見てきたように、この街の人々の大チャレンジの中身がだいたいわかったかな。しかし、まちづくりとは次々とまた新たな課題が押し寄せてくるものなのだ。そやから、まだまだ紆余曲折は続く。全国の皆様にはご理解とお見守りをお願いするばかり

ムムム
もうおしまいかい
徘徊王としては物足りん
もいっぺん　廻ってくるわ
ドテッ

【資料10】 このまち歩きツアーは2004年より実績を重ねてきました。毎年のようにやって来る大学ゼミも珍しくありません。本書の著者ありむら潜が案内します。一度ご利用してみてはいかがですカァ～？ ＊資料提供 新今宮LLP

漫画『**カマやん**』の作者ありむら潜**が案内**　**実施団体：新今宮LLP**（新今宮エリア魅力向上有限責任事業組合）

釜ヶ崎のまちスタディ・ツアーのご案内

釜ヶ崎の実際や貧困地域のまちづくりを「学びたい」「役立ちたい」「良い報道をしたい」方におススメ

内容：
パワポでの事前解説＋まち歩き＋語り合い

オプション
＋「紙芝居劇団むすび」や「こどもの里」なども仲介
＋報道関係者研修コース

完全オンライン版も開始！
（まち歩き部分はグーグル・ストリートヴューを活用してガイド）大学ゼミにも好評採用

【報道関係者研修コース】
概要：あいりん地域に不慣れのまま報道することによる誤謬やトラブルが頻発するため、取材の前に同地域に関する正確な基本情報の提供やまち案内、及び目的に合った取材方法の提案や助言などを行なう。テーマによっては取材先（地元の諸団体や個人、研究者）につなぐことも。
構成：通常のスタディ・ツアー＋特別レクチャー（過去問題となった報道事例を紹介）+記事執筆段階でのアシスト。
信頼関係ができれば、その後の取材にも諸情報の提供でご協力しています。

【目的】
1）ホームレス問題や釜ケ崎（≒あいりん地域）でのまちづくりに関する現地訪問を受け入れ、相互理解（学びあい）を深めること。
2）それを通じて、社会と釜ヶ崎地域との架け橋となること。
3）「おっちゃんガイド」や「人生の語り部」となってもらうことで、単身高齢者等の生きがいづくりや小さな仕事づくりに寄与すること。
4）国内や海外の貧困集中地域における対策やまちづくりについて共に考えること

【対象者】 一般市民・学生・研究者・公務員・ジャーナリスト等々で、事業の目的(上記)を理解していただける方

【方法】 実施団体のスタッフ（通常は、漫画「カマやん」の作者・ありむら潜）が地域をガイドし、この街に住んでいる人々の暮らしぶり、人々が取り組んでいるさまざまな活動や課題について体感します。「人生の語り部」となった元労働者（日雇い仕事や野宿経験のある単身高齢者で、生活保護受給中の方が多い）の方々との懇談も組んでいます。 所要3時間半程度

スタディ・ツアー 実施状況

年度	回数（≒団体）	参加（人）
2004（後半）	14	78
2005	23	238
2006	29	293
～途中省略～		
2012	48	392
2013	25	263
2014	30	381
2015	29	491
2016	23	318
2017	38	436
2018	34	493
2019	37	419
2020	19（OL 7）	168（OL102）
2021	16（OL 3）	188（OL95）
2022	23（OL 1）	260（OL28）
2004～2022	502	5,625人

＊2023年4月以前は「釜ヶ崎」スタディツアーのみ実施。それ以後は「新今宮」スタディツアーも追加実施（統計算入） OL:オンライン

【参加者像】大学生（ゼミごとの場合も）・院生・留学生、行政関係者、福祉・医療・介護従事者、学校の先生グループ、人権問題グループ、建築家やまちづくりNPO、国連機関日本事務所（WHO）、JICA、外国領事館、ホームレス文化芸術支援NPO、途上国支援日本NGO、日本研究外国人、ジャーナリスト、地方議員団、生協、労金、僧侶グループ、環境系雑誌、ボランティア主婦・・・・etc

【参加後の感想】
「行ってはいけない街と言われて育ったが、参加してよかった」「街や人のイメージが全く変わった。安全で、つながりづくりを大事にしている」「知ることがまず自分が釜ヶ崎にできる貢献だと思った」「生きるための工夫や手助けがされていた」「インクルーシブでレジリエントなまちづくりが模索されている」（萩まちだより2018年11月号などに特集）

【参加費】 3,000円／人＋（報道関係者研修コースは別途2,000円／人）
＊事業維持費、資料費、人生の語り部＝単身高齢者の方々へのお茶代、地域の困窮者支援諸団体への寄付金（還元金）等として申し受けます。
＊留学生含む学生さんなど経済的配慮の必要な方々は割引相談に応じます。オンライン版は今のところ双方協議のうえで決めています。

【最低遂行人員】 3人（2人以下の場合は他団体の日程に合流してもらう場合あり。ご相談ください）。最大は条件付きで30人程度まで可。

【その他オプション事例】 高齢者の紙芝居劇グループ「むすび」とも連携しています。上演見学＆懇談希望の場合は仲介します。所要45分。こどもの里へもつなぎます。所要30分から。（各受け入れ先へ別途謝金（資料印刷代等）をお願いしています）

【実施曜日・時間】 なるべく日曜日以外の午前・午後（平日歓迎）

お問合わせ＆お申込み：新今宮LLP（新今宮エリア魅力向上有限責任事業組合）
メール wonder@shin-imamiya-osaka.com または arimura1000@gmail.com（ありむら潜）
＊氏名（団体）や連絡先の他に、実施希望日（できれば複数。平日参加の可否も）、おおよその参加人数等を予めお知らせください。
〒557-0002 大阪市西成区太子1－4－2 太子中央ビル203号
萩之茶屋地域周辺まちづくり合同会社内 （ツアー専用電話）090-9283-7252

【資料１１】新今宮スタディ・ツアー

前頁の「釜ヶ崎のまちスタディ・ツアー」のまち歩きエリアを JR 新今宮駅一帯に広げたバージョンです。この界わいは「6つの聖地」があると考えることができ、多様性と社会的包摂性を肩肘張らずに学べる地域です。所要 2 時間のダイジェストコースです。2023 年度から地域諸団体との共同（西成区役所も協力）で取り組んでいます。新今宮駅界わい全体を巡るか、釜ヶ崎エリアに特化するかで選んでいただき、共にご利用ください。ありむら潜はどちらのガイドもしております。　＊資料提供　新今宮 LLP

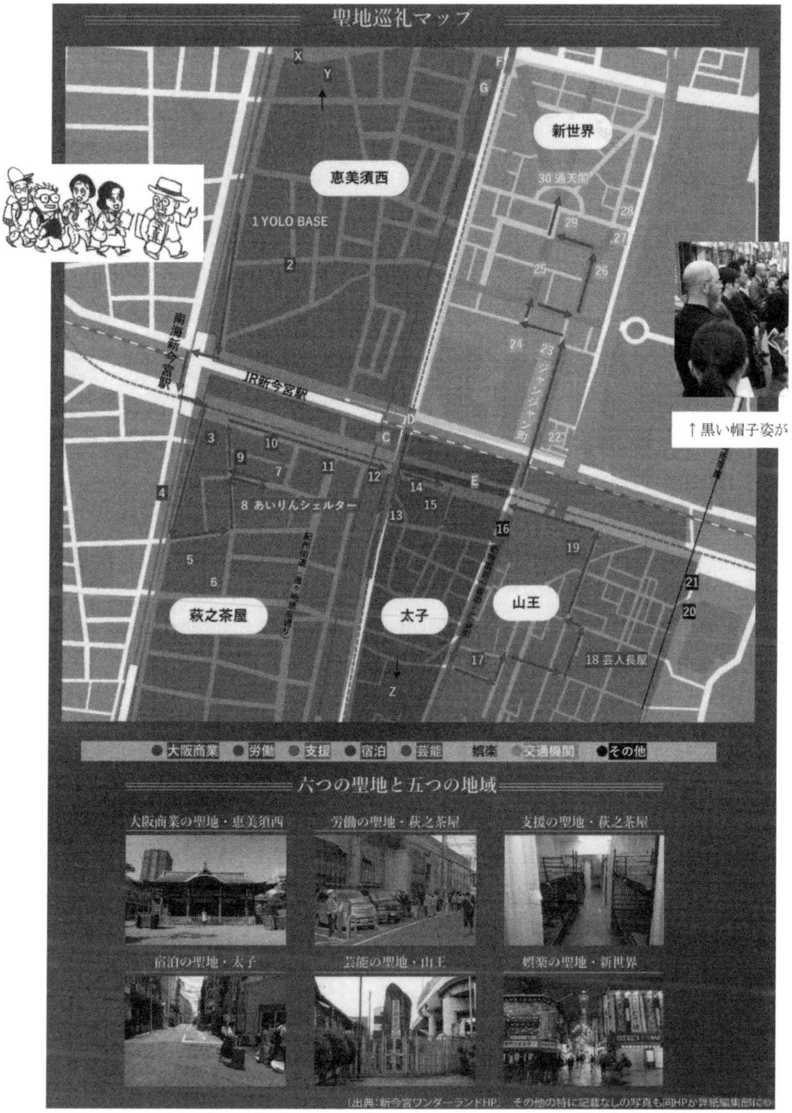

聖地巡礼マップ

恵美須西　新世界　萩之茶屋　太子　山王
1 YOLO BASE　8 あいりんシェルター　18 芸人長屋　30 通天閣
JR新今宮駅　南海新今宮駅　ジャンジャン町

↑黒い帽子姿が

● 大阪商業　● 労働　● 支援　● 宿泊　● 芸能　娯楽　● 交通機関　● その他

六つの聖地と五つの地域

大阪商業の聖地・恵美須西　労働の聖地・萩之茶屋　支援の聖地・萩之茶屋
宿泊の聖地・太子　芸能の聖地・山王　娯楽の聖地・新世界

（出典：新今宮ワンダーランドHP。その他の特に記載なしの写真も同HPか弊紙編集部にの

▼お申し込み：新今宮ワンダーランドのホームページより
https://shin-imamiya-osaka.com/　⇒ご案内と申込欄あり

▼お問合せ：557-0002 大阪市西成区太子 1-4-2　太子中央ビル 203 号
新今宮エリア魅力向上有限責任事業組合（略称新今宮 LLP）
（ツアー専用電話）090-9283-7252　　arimura1000@gmail.com

あとがき

釜ヶ崎とは

明治期まで実際にあった地名とは別に、現在通称されている「釜ヶ崎」とは大阪市のJR新今宮駅の南側の萩之茶屋1丁目〜3丁目を中心としたエリアを指します。行政的には、これに東隣の太子や山王の一部のエリア、西隣の花園北の一部エリアも加えて「あいりん地域」と呼ばれたりします。そこは日本でも有数の貧困集中地域です。そして、その貧困の内容や姿、形は時代と共に徐々に変わってきています。見方を変えれば、労働の聖地、支援の聖地、宿泊の聖地と呼ぶべき側面を持っています。

我が釜ヶ崎人生とは

結局、人類は「戦争」と「貧困」というテーマで葛藤し続けてきました。ウクライナ戦争やコロナウイルスによるパンデミックがなかなか収束しない今も、まさにそうです。どうすれば、人類はこの2つを克服できるのか？

私はこのうちの貧困という普遍的なテーマに、釜ヶ崎で、向き合ってきたと言えます。釜ヶ崎という「貧困論の鉱脈」からアクセスしているとも言えます。そのことを大学卒業直後の1975年から、同地域内の公的機関の職員として日雇い労働者の就労支援・総合支援という立場でやり始め、加えて1999年以降はNPO的団体の一員としてまちづくりの推進という立場でもやってきました。そして、3つ目が漫画描き。これは釜ヶ崎という「貧困論の鉱脈」を掘り下げる「ツール」だとも思っています。エッセイも含めて。今日まで約50年間、やってきたことはシンプルに言えばそういうことかも。まさにこの、比喩の絵のとおりです。今はもう、カマやんも私もすっかり白髪、白髭になってしまいましたが。

Since 1975
「ニイチャン、へんなもので掘ってんなあ・・・」
Sen.

2010年に描いたイラスト
今も心境は変わらない

はい。地球の深部にある、マントル層という“普遍的真理”に向かって　ペンで掘り下げているつもりです。私なりに。

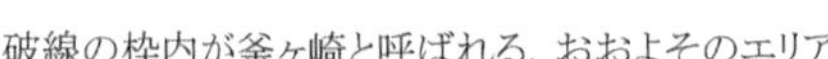
破線の枠内が釜ヶ崎と呼ばれる、おおよそのエリア

今回の出版に至った経過と本書の特徴

本書はそのまちづくりという共同の営みの2012年から2023年までの漫画作品やエッセイをまとめたものです。漫画は、公益財団法人西成労働福祉センターが、その利用者である日雇い労働者向けに発行している「センターだより」にも連載されたものです。エッセイは月刊誌「福祉のひろば」（発行：社会福祉法人大阪福祉事業財団）に連載されたものです。いずれも今も続いています。漫画単行本としては9冊目です（他にブックレットが1冊）。

これまでの各本の特徴の変化を見ると、釜ヶ崎への私の向き合い方の変化が反映されています。

1986年出版の第1冊目から1993年出版の第5冊目までは釜ヶ崎の諸問題の社会的告発と、そこで生きる主人公カマやんの人生のおもしろさ、どん底の笑いの紹介が中心でした。やがて、バブル経済崩壊をきっかけとした暗黒の1990年代を経て、「まちづくりで状況を打開する」という方法論が実際の支援現場で出てきました。私が事務局長をしてきた釜ヶ崎のまち再生フォーラムはその登場に大きく寄与したと考えています。単行本も、1998年に出版した6冊目の『カマやんの曲がり角』を経て後は、7冊目の『カマやんの野塾』（2003年出版）、8冊目『カマやんの夢畑』（2012年出版）と続きますが、それらは「まちづくりで状況を打開」するための実践記録の色彩が濃く出てきています。

そして、今回9冊目の本書。2012年に大阪市が「西成特区構想」という政策を打ち出したことで、区・市・府・国まで巻き込んだ「まちづくりで状況打開」手法が文字どおり地域ぐるみの取り組みとなり、大きく前進しましたが、その内側からの記録となっているつもりです。この期間は当地域にとって単なる10数年間ではなく、百年に一度とも呼べるほどの変革の時間でした。その「覗き窓」でもありましょう。

ただしですね、カマやんというおっちゃんのキャラクターは第1冊目からほとんど変わっていないように、私自身思います。

理由は、私が潜り（もぐり）の漫画家としてデビューしたまま、その後何も進化していない証拠かもしれません。いやいや。そこは釜ヶ崎の変わらぬもの、一貫しているその良さを表現している、とでも言わせてください。

人々に感謝です

信じられないことですが、気がつけば私も70歳をとっくに越えてしまいました。私程度の者がこのトシで、こうしてまたも単行本化できたのも、そのコンテンツとなるまちづくりの濃密な実践内容が伴ったのも、ただたださまざまな人との出会いに恵まれ、豊かな協働ができたからです。

人生でお会いしたすべての一人ひとりにありがとうを申し上げたい。

若かりし頃は私自身も釜ヶ崎に「漂着」した立場でしたが、ここが私の祖父の時代から不思議な縁があった土地だったこともあって（本書第4章288頁「祖父の話をしよう」参照）、自分なりにしっかり納得できる展開でした。

みなさん、ありがとうございます。

撮影:岡部友介氏　2022年2月

【著者紹介】

ありむら潜　ARIMURA Sen

漫画家／新今宮スタディツアー・ガイド／あいりん地域まちづくり会議地域委員

経歴

1951年　鹿児島県生まれ

1975年　立命館大学経済学部卒業

大阪市西成区のあいりん地域（釜ヶ崎一帯）で日雇い労働者の就労支援をする公益財団法人西成労働福祉センター職員として労働相談・生活相談等に従事（2017年に定年退職）

1977年　同センター広報紙「センターだより」に4コマ漫画連載開始（定年退職後の現在も続く）

1982年　「ヤングコミック」（少年画報社）にて「カマやん」連載開始。2足のワラジ路線本格化

1999年　NPO釜ヶ崎のまち再生フォーラム事務局長（～2022年）

2013年　大阪市による「西成特区構想」開始に伴い、あいりん地域まちづくり会議有識者委員（～2020年3月）、同地域委員（現在まで）を務める

2017年　萩之茶屋地域周辺まちづくり合同会社（まちナビ事業部）に所属して、タウン紙「萩まちだより」発行やまち歩きガイドを担当

著書：『漫画　ホームレスじいさんの物語　震災・ガレキを越えて　カマやんの夢畑』（2012年、明石書店）、『Hotel New 釜ヶ崎』（1992年、秋田書店）、『カマやんの野塾』（2003年、かもがわ出版）、『釜ヶ崎〈ドヤ街〉まんが日記①～⑤』（1987～1998年、日本機関紙出版センター）、『最下流ホームレス村から日本を見れば（居住福祉ブックレット）』（2007年、東信堂）等

カマやんの　日本一めんどくさい
釜ヶ崎まちづくり絵日誌

2024 年 6 月 15 日　　初版第 1 刷発行

著　者　ありむら　潜
発行者　大　江　道　雅
発行所　株式会社 明石書店
〒 101-0021 東京都千代田区外神田 6-9-5
電 話　03（5818）1171
FAX　03（5818）1174
振 替　00100-7-24505
https://www.akashi.co.jp/
装　　丁　清水肇（プリグラフィックス）
印刷・製本　モリモト印刷株式会社

（定価はカバーに表示してあります）　ISBN978-4-7503-5756-0